1 AULA
INTERNACIONAL PLUS

Jaime Corpas

Eva García

Agustín Garmendia

PEDAGOGICAL COORDINATION

Neus Sans

About Aula internacional Plus

AULA INTERNACIONAL was first published with the aim of offering a modern, efficient and accessible textbook for Spanish learning, featuring the most advanced communication techniques. The response to the textbook could not have been better: hundreds of language schools and thousands of teachers have relied on our textbook over the years, and many hundreds of thousands of students have used it to learn Spanish.

AULA INTERNACIONAL PLUS is a careful update to the textbook that remains true to its initial objectives, including putting students at the centre of the learning process; prioritising meaningful use of the language; offering a modern vision of Spain and Spanish speaking countries that is free of stereotypes; and making teaching easier. In addition, this edition brings together contributions from over 1,000 textbook users, updates the subject matter, approaches and texts, renews the illustrations, offers greater flexibility and further integrates digital materials.

The textbook you hold in your hands was designed for you. Thank you for choosing **AULA INTERNACIONAL PLUS**.

ABOUT THE UNITS IN **AULA INTERNACIONAL PLUS**

EMPEZAR

The first double-page spread in the unit features an explanation of the activity to be carried out at the end of the unit, and the communicative, grammatical and vocabulary resources that will be used. The unit topic is approached through an activity that helps students activate their prior knowledge, and allows you to have an overview of the vocabulary required.

COMPRENDER

This double-page spread features a range of texts and documents (web pages, emails, newspaper articles, brochures, tests, advertisements, etc.) for you to work on. The texts provide a context for the basic linguistic and communicative content of each unit. They act as the basis for basic comprehension activities.

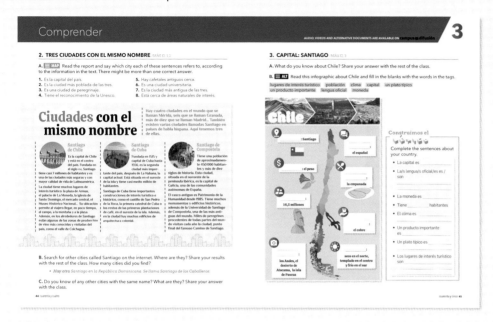

EXPLORAR Y REFLEXIONAR

Over these four pages you will work actively on observing the Spanish language –through texts and short excerpts– using these resources to practice the language in a guided way. This allows you to discover how the language works across all its different aspects (morphological, lexical, syntactic, functional, textual, etc.), while reinforcing your grammar knowledge.

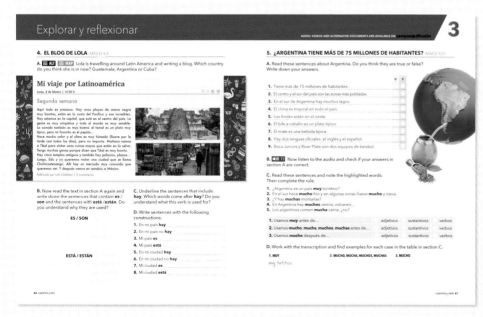

About Aula internacional Plus

LÉXICO

This section includes the basic vocabulary for the unit, which is shown in a very visual way. Students can discover collocations to help them learn how Spanish words are combined.

GRAMÁTICA Y COMUNICACIÓN

This page includes grammar recaps and exercises that allow you to understand how the Spanish language works and how it is used in communication.

PRACTICAR Y COMUNICAR

The three pages in this section are dedicated to linguistic and communication practice, with a range of suggested activities. This is a section for practising how language works through communicative mini-tasks that put the unit contents into practice. Many of the activities are based on your background as an individual, as a student, and as a group. This means students can use their experiences and their perception of their surroundings in real and meaningful communication.

At the end of this section, the textbook suggests a number of tasks involving different skills that are brought together in a final activity —written or oral— that allows learners to see their progress and check their Spanish skills.

VÍDEO

All the units finish off with a different type of video including reports, interviews and short films. The media is available on **campus difusión**, and brings learners closer to the social and cultural reality of Spanish-speaking countries.

THE UNITS ARE ROUNDED OFF WITH THE FOLLOWING SECTIONS AT THE END OF THE BOOK

MÁS EJERCICIOS

This section covers seven pages in each unit and includes practical activities to help you go over the linguistic aspects you have already studied. Although the exercises are designed for independent work, they can also be used in class.

MÁS GRAMÁTICA

As a complement to the *Gramática y comunicación* section in each unit, this section includes more extensive explanations and the conjugations for all the verb tenses studied up to this level.

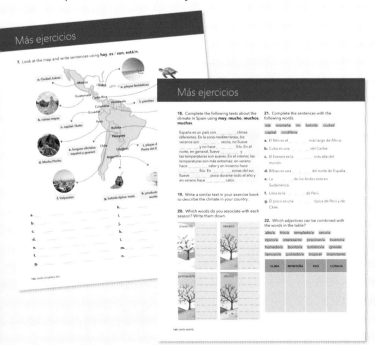

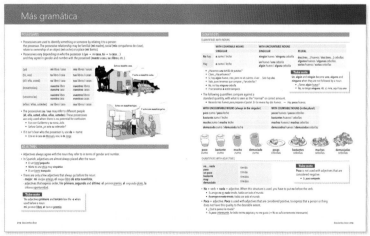

About Aula internacional Plus
UNDERSTANDING THE TEXTBOOK

This icon indicates which activities come with an audio file, which is available on **campus difusión**.

ALT|CO

This icon indicates that a different oral text is available on **campus difusión**, in a different variety of Spanish than the one shown in the book (indicated by the country's initials).

In some cases, the units include audiovisual media to illustrate vocabulary, grammatical and cultural phenomena, etc.

/MÁS EJ. 9,10

This indicates which exercises in the *Más ejercicios* section are related to an activity.

✚ P. 153

This reference indicates which section of *Más gramática* students should go to in order to learn more about this grammar topic.

Construimos el

This section allows students to work with the most important and useful vocabulary (for their needs) in a personal and meaningful way.

CÁPSULA DE FONÉTICA

All the units include a phonetics capsule, available on **campus difusión**. It is an animated video with very visual explanations to help you work on and improve your intonation and pronunciation in Spanish.

✚ Para comunicar

These tables include linguistic resources to help students express themselves and produce texts with more complex vocabulary.

/ Para comparar

These tables offer notes on a number of different issues (linguistic, social, cultural, etc.) and give students the chance to observe and compare with their own language or culture.

≡ MAP

The texts marked with this icon have an alternative version on **campus difusión**. These texts allow students to see how collocations and prepositions are used in Spanish, making them easier to learn.

≡ ALT

In addition to the texts provided in the book, the activities marked with this icon have an alternative text on **campus difusión**. This means you can work on the unit content through different texts and topics.

ALT|DIGITAL

This icon identifies the activities students can carry out using digital tools (apps, websites, etc.). **campus difusión** has a worksheet with the guidelines that need to be followed.

Aula internacional Plus and Campus Difusión

For a more interactive experience, all the digital resources for **AULA INTERNACIONAL PLUS** are available on:

campus 👥 difusión

- ✓ Audio and video content
- ✓ Phonetics capsules
- ✓ Text mapping
- ✓ Digital alternatives
- ✓ Alternative audio and texts
- ✓ Interactive digital book in two formats (flipbook and HTML)
- ✓ Transcriptions of the audios
- ✓ Projectable worksheets
- ✓ Complementary worksheets
- ✓ Annotated edition for teachers
- ✓ Exams and tests
- ✓ Course planning
- ✓ Glossaries

campus.difusion.com

P. 10

0 /
EN EL AULA

LEARN HOW TO INTRODUCE YOURSELF, ASK QUESTIONS IN CLASS AND SAY HELLO AND GOODBYE

saying hello and goodbye · in the classroom · numbers from 1 to 10 · the alphabet · resources to develop your learning abilities in Spanish class

PHONETICS
intonation of partial questions and answers

P. 14

1 /
NOSOTROS Y NOSOTRAS

GET TO KNOW YOUR CLASSMATES BETTER

COMMUNICATION RESOURCES
ask for and give personal information · saying hello and goodbye

GRAMMAR RESOURCES
gender in nationalities and professions · the verbs **ser**, **tener** and **llamarse** · personal pronouns

VOCABULARY RESOURCES
numbers · nationalities · professions · workplaces

PHONETICS
vowels

BIENVENIDOS

P. 28

2 /
QUIERO APRENDER ESPAÑOL

TALK ABOUT YOUR RELATIONSHIP WITH SPANISH AND SPANISH CULTURE

COMMUNICATION RESOURCES
expressing intentions · explaining the motivations for what you do · talking about what you to do in different languages

GRAMMAR RESOURCES
gender · definite articles (**el**, **la**, **los**, **las**) and indefinite articles (**un**, **una**, **unos**, **unas**) · the **presente de indicativo**: regular verbs ending in -**ar**, -**er**, -**ir** · uses of **por**, **para** and **porque**

VOCABULARY RESOURCES
languages · activities in language class · leisure activities

PHONETICS
connectors

P. 84

6 /
DÍA A DÍA

DISCOVER YOUR CLASSMATES´ HABITS AND AWARD PRIZES

COMMUNICATION RESOURCES
talking about habits · expressing frequency · asking for and giving the time

GRAMMAR RESOURCES
the **presente de indicativo** of irregular verbs · pronominal verbs · **yo también** / **yo tampoco** / **yo sí** / **yo no** · **primero** / **después** / **luego**

VOCABULARY RESOURCES
days of the week · times of day · daily activities

PHONETICS
intonation: narration and enumeration

P. 98

7 /
¡A COMER!

CREATE A SET MENU AND CHOOSE THE DISHES YOU LIKE

COMMUNICATION RESOURCES
learning how to get by in bars and restaurants · asking for and giving information about food · talking about eating habits

GRAMMAR RESOURCES
the verbs **poner** and **traer** · direct object pronouns (**lo**, **la**, **los**, **las**) · uses of **de** and **con**

VOCABULARY RESOURCES
food · ways of cooking · utensils and recipients · typical dishes in Spain and Latin America

PHONETICS
the **che** and the **jota**

P. 112

8 /
EL BARRIO IDEAL

IMAGINE AND DISCOVER THE IDEAL NEIGHBOURHOOD

COMMUNICATION RESOURCES
discover villages, neighbourhoods and cities · talk about what you like the most about a place · ask for and give directions · express tastes and highlight aspects

GRAMMAR RESOURCES
quantifiers (**algún**, **ningún**, **mucho**…) · prepositions and adverbs of place (**a**, **en**, **al lado de**, **lejos**, **cerca**…)

VOCABULARY RESOURCES
services and places in cities · adjectives to discover neighbourhoods and cities

PHONETICS
dipthongs

P. 42

3 /
¿DÓNDE ESTÁ SANTIAGO?

TEST YOUR KNOWLEDGE OF THE HISPANIC WORLD

COMMUNICATION RESOURCES
describing places · expressing existence and location · talking about climate and the weather

GRAMMAR RESOURCES
uses of **hay** · the verb **estar** · the superlative · quantifiers: **muy, mucho / mucha / muchos / muchas** · **qué, cuál / cuáles, cuántos / cuántas, dónde, cómo**

VOCABULARY RESOURCES
climate and the weather · geography · information about countries · cardinal points· seasons

PHONETICS
accentuation

P. 56

4 /
¿CUÁL PREFIERES?

GO SHOPPING AT A MARKET

COMMUNICATION RESOURCES
identifying items · expressing needs · buying in shops: asking for products, asking about prices, etc. · talking about preferences

GRAMMAR RESOURCES
demonstratives: **este / esta / estos / estas, esto · el / la / los / las** + adjective · **qué** + noun, **cuál / cuáles · tener que** + infinitive · the verbs **ir** and **preferir**

VOCABULARY RESOURCES
numbers over 100 · colours · clothes and accessories · objects in daily use · uses of the verb **llevar** · combinations with the verb **ir**

PHONETICS
the **erre**

P. 70

5 /
TUS AMIGOS SON MIS AMIGOS

INTRODUCE AND DESCRIBE A PERSON

COMMUNICATION RESOURCES
talking about physical appearance and personality · expressing and comparing likes, dislikes and interests · asking about likes and dislikes · talking about personal relationships

GRAMMAR RESOURCES
the verb **gustar** · quantifiers (**muy, bastante, un poco**) · possessives · **también / tampoco** · diacritical accents

VOCABULARY RESOURCES
family · personality adjectives · music

PHONETICS
intonation in questions

P. 126

9 /
¿SABES CONDUCIR?

CHOOSE THE IDEAL CANDIDATE FOR A JOB

COMMUNICATION RESOURCES
talking about past experiences · talking about skills and abilities · talking about people's strengths and weaknesses

GRAMMAR RESOURCES
the **pretérito perfecto · saber** + infinitive · **poder** + infinitive

VOCABULARY RESOURCES
professions · personality adjectives · skills and abilitites · quantifiers

PHONETICS
pronunciation of /p/, /t/, /k/

P. 140

MÁS EJERCICIOS

P. 204

MÁS GRAMÁTICA

P. 230

GLOSARIO

1. ME LLAMO ANDERSON. ¿Y TÚ?

A. Introduce yourself to your classmates.

- • *Hola, me llamo Anderson. ¿Y tú? ¿Cómo te llamas?*
- ○ *Me llamo Giovanna.*

B. Now write your name on a piece of paper and place it on the table.

2. SONIDOS

A. 🔊 01 In which conversations are they speaking Spanish? And in which conversations are they speaking another language? Listen and note down your answer.

	1	2	3	4	5	6	7	8	9
HABLA ESPAÑOL									
OTRAS LENGUAS									

B. 🔊 01 Listen to the dialogues in Spanish again. Can you understand anything?

3. HOLA, ¿QUÉ TAL?

🔊 02 Listen to these ways of saying hello and goodbye. Write down the number according to the order you hear them.

SALUDOS		DESPEDIDAS	
¿Cómo estás?		¡Hasta pronto!	
Buenas tardes		Chau	
Buenos días		¡Hasta luego!	
Buenas noches		¡Adiós!	
Hola			
¿Qué tal?			

1	uno
2	dos
3	tres
4	cuatro
5	cinco
6	seis
7	siete
8	ocho
9	nueve
10	diez

4. ¿CÓMO SE ESCRIBE?

A. 🔊 03 🔊 **ALT | MX** Listen to the letters of the alphabet and repeat them.

A	a	**A**lberto	**Ñ**	eñe	Espa**ñ**a
B	be	**B**uenos Aires	**O**	o	**Ó**scar
			P	pe	**P**érez
C	ce	**C**uba	**Q**	cu	**Q**uito
D	de	**D**iego	**R**	erre	**R**amón
E	e	**E**lena	**S**	ese	**S**ara
F	efe	**F**ederico	**T**	te	**T**eresa
G	ge	**G**arcía	**U**	u	**U**ruguay
H	hache	**H**onduras	**V**	uve	**V**enezuela
I	i	**I**gnacio	**W**	uve doble	**W**alter
J	jota	**J**avier			
K	ca	**K**enia	**X**	equis	Ále**x**
L	ele	**L**uis	**Y**	ye	**Y**alta
M	eme	**M**aría	**Z**	zeta	**Z**aragoza
N	ene	**N**atalia			

B. Which words in the table above are countries or cities?

C. Your teacher will decide on a letter. If your name starts with that letter, say your name and spell it.

- *Ese.*
- *¡Yo! Susan: ese, u, ese, a, ene.*

5. LAS COSAS DE LA CLASE

A. Do you know what these things are called? Work in pairs to match the pictures with their names.

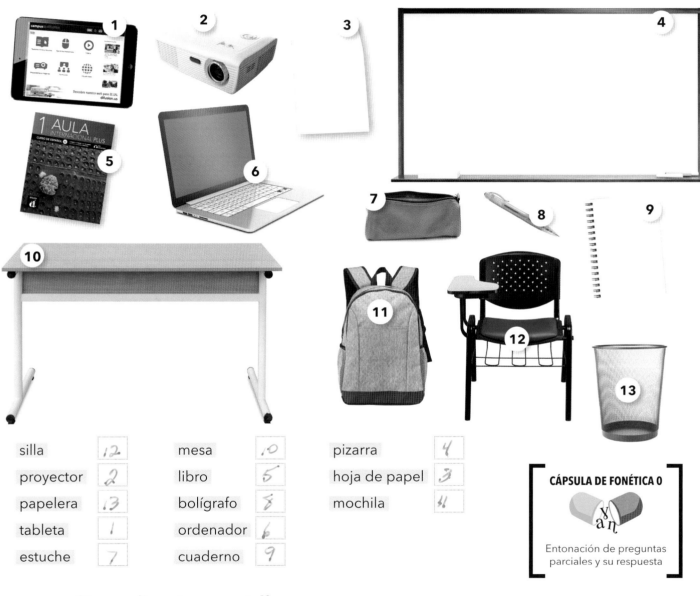

silla	12	mesa	10	pizarra	4
proyector	2	libro	5	hoja de papel	3
papelera	13	bolígrafo	8	mochila	4
tableta	1	ordenador	6		
estuche	7	cuaderno	9		

- *¿Cómo se dice esto en español?*
- *Pizarra.*

- *¿Qué significa "ordenador"?*
- Computer.

- *¿Cómo se pronuncia "pizarra"?*

B. Are there other things in the classroom? Do you bring other objects to class? Find the words in Spanish and share them with the class.

CÁPSULA DE FONÉTICA 0

Entonación de preguntas parciales y su respuesta

➕ Para comunicar

→ ¿Cómo se dice esto en español?

→ ¿Qué significa "ordenador"?

→ ¿Cómo se pronuncia "pizarra"?

6. ¿QUÉ SIGNIFICA "VALE"?

Do you understand these phrases?

1 / NOSOTROS Y NOSOTRAS

DURING THIS UNIT YOU WILL	COMMUNICATION RESOURCES	GRAMMAR RESOURCES	VOCABULARY RESOURCES
GET TO KNOW YOUR CLASSMATES BETTER	• ask for and give personal information • saying hello and goodbye	• gender in nationalities and professions • the verbs **ser**, **tener** and **llamarse** • personal pronouns	• numbers • nationalities • professions • workplaces

Empezar

1. PALABRAS EN ESPAÑOL /MÁS EJ. 1

A. Look at the pictures. Which words do you understand? Write them in your exercise book.

B. Share the words you have noted down in section A with a classmate.

- *"Calle" significa* street.

2. LOS NOMBRES EN ESPAÑOL /MÁS EJ. 2

A. Read this comic. What is the full name of the main character? Write down other names people call you in your exercise book.

B. Discuss your answers with your classmates. You can talk in English.

1. ¿Dónde se encuentra el protagonista en cada una de las viñetas?

2. ¿Qué relación crees que hay entre Francisco y los demás personajes?

3. ¿Cuáles de estas formas de dirigirse a una persona te parecen formales y cuáles te parecen informales?

- señor Martínez
- Francisco
- Martínez
- señor Martínez Ortega
- Francisco Martínez Ortega
- Paquito
- mi amor

C. What about you? Does everyone call you the same thing? If you like, you can share your answer with the class.

- *Yo me llamo Janina, pero mis amigos me llaman Nina.*

Construimos el

Make a list of different ways to say hello and talk to someone you know in Spanish. Are there equivalents in English? When would you use these phrases?

3. ALT | DIGITAL ESTUDIANTES DE ESPAÑOL /MÁS EJ. 3-5

A. ☰ MAP All of these people study Spanish, except one. Which one?

Me llamo Lea y soy canadiense. Trabajo en un laboratorio. Soy científica. Tengo 41 años.

Hola, soy Gibson. Soy brasileño, de Goiânia, y trabajo de cocinero. Tengo 30 años.

Me llamo Ulrich. Soy alemán y soy estudiante de Arquitectura. Tengo 23 años.

Me llamo Maha y soy marroquí. Soy diseñadora de moda. Tengo 29 años.

Hola, mi nombre es Andrés. Soy argentino y soy profesor de español. Tengo 35 años.

Hola, mi nombre es Chloé. Soy francesa y soy periodista. Tengo 35 años.

B. Do you know which country the people are from? Work together in pairs, and write down your answers. If you don't know how to write a word, look it up in the dictionary or on the internet.

- *Canadiense es de Canadá, ¿no?*
- *Sí. ¿Cómo se escribe Canadá en español?*
- *Ce, a, ene, a, de, a, con acento en la última a.*

canadiense: from Canada

CÁPSULA DE FONÉTICA 1

Vocales

C. Where do you think the six people in section A work or live? Fill in the labels with the places.

en una universidad   en un laboratorio   en un taller

en una escuela de lenguas   en un restaurante   en un canal de televisión

1. Read: *en un laboratorio*
2. Gibson: ....
3. Ulrich: ....

4. Maha: ....
5. Andrés: ....
6. Chloé: ....

D. Read each of the texts and copy the structures into a table to talk about names, nationalities, professions and age.

NOMBRE	NACIONALIDAD	PROFESIÓN	EDAD
Me llamo...			

E. Fill out your details. Then, introduce yourself.

Nombre: ....
Nacionalidad: ....
Profesión: ....
Edad: ....

- *Hola, me llamo Paul, soy inglés y soy traductor. Tengo 25 años.*

+ Para comunicar

11 **once**	20 **veinte**	30 **treinta**		uno
12 **doce**	21 veintiuno	40 **cuarenta**		dos
13 **trece**	22 veintidós	50 **cincuenta**		tres
14 **catorce**	23 veintitrés	60 **sesenta**	**y**	cuatro
15 **quince**	24 veinticuatro	70 **setenta**		cinco
16 **dieciséis**	25 veinticinco	80 **ochenta**		seis
17 **diecisiete**	26 veintiséis	90 **noventa**		siete
18 **dieciocho**	27 veintisiete			ocho
19 **diecinueve**	28 veintiocho			nueve
	29 veintinueve			

4. EN LA RECEPCIÓN /MÁS EJ. 6-9

A. 🔊 04-06 At the reception desk in a Spanish school, three students are providing their personal details. Listen and fill in the replies.

Barbara   brasileño   675312908   913490025   Katia   periodista   19   27   estudiante

Escuela de español

Nombre:	Paulo	Apellido:	De Souza	Edad:	
Nacionalidad:		Profesión:			
Correo electrónico:	paulo102@gmail.com			Teléfono:	

Nombre:		Apellido:	Vigny	Edad:	
Nacionalidad:	Francesa	Profesión:	Camarera		
Correo electrónico:	999vigny@hotmail.fr			Teléfono:	

Nombre:		Apellido:	Meyerhofer	Edad:	24 años
Nacionalidad:	Alemana	Profesión:			
Correo electrónico:	meyerhofer@gmail.com			Teléfono:	No tiene

B. 🔊 04-06 Listen again, and write down what each of these questions is asking about.

Para preguntar…

1. la nacionalidad / el lugar de origen.
2. el correo electrónico.
3. el nombre.
4. la profesión.
5. la edad.
6. el número de teléfono.

¿Cómo te llamas? ☐

¿Cuál es tu nombre? ☐

¿Cuántos años tienes? ☐

¿A qué te dedicas? ☐

¿En qué trabajas? ☐

¿Tienes correo electrónico? ☐

¿Tienes móvil? ☐

¿Cuál es tu número de teléfono? ☐

¿De dónde eres? ☐

5. ¿USTEDES SON ESTUDIANTES?

A. Read these conversations at a university. Where are the people from?

1.
● Hola, ¿**tú** también eres estudiante?
○ Sí, hola, me llamo Luciano. Soy argentino. ¿Y **vos**?
● Yo me llamo Carlos y soy colombiano.

2.
● Hola, ¿**ustedes** son estudiantes?
○ Sí, somos Marta y Miguel, de España. ¿**Vosotros** también sois estudiantes?
● Sí. Venimos de Chile.

B. Look at the words in bold in section A. Which words are used to talk to one person, and which words are used to talk to more than one person?

6. LETRAS Y SONIDOS /MÁS EJ. 10, 11

🔊 07-08 Listen to the following words and note down how the letters in bold are pronounced.

/x/ como Javier	/g/ como Gael

1. **g**inecólogo
2. **j**ueza
3. blo**gu**ero
4. **J**iménez
5. len**g**uas
6. bel**g**a
7. ciru**j**ana
8. **j**efa
9. **gu**ineano
10. in**g**eniera
11. traba**j**o
12. lin**g**üista
13. psicólo**g**o
14. nicara**g**üense

/k/ como casa	/s/ o /θ/ como pizarra

1. fran**c**esa
2. **c**orreo
3. sui**z**a
4. na**c**ionalidad
5. ar**qu**itecto
6. **c**ubano
7. médi**c**a
8. **qu**é
9. **z**umba
10. vene**z**olano

/ Para comparar

→ Do these sounds exist in English? How are they written? Do any of these sounds not exist in English? Which ones?

→ In English, are there any letters or groups of letters that are pronounced differently depending on where the speaker comes from (like the letter **z** in Spanish)?

Vocabulario

SALUDAR Y DESPEDIRSE

Buenos días.
Buenas tardes.
Buenas noches.
¡Hola!

Hola, ¿qué tal?
Hola, ¿cómo estás?
¡Adiós!
¡Hasta luego!

NÚMEROS /MÁS EJ. 12-14   ⊕ P. 207

0	cero	24	veinticuatro
1	uno	25	veinticinco
2	dos	26	veintiséis
3	tres	27	veintisiete
4	cuatro	28	veintiocho
5	cinco	29	veintinueve
6	seis	30	treinta
7	siete	31	treinta y uno
8	ocho	32	treinta y dos
9	nueve	33	treinta y tres
10	diez	34	treinta y cuatro
11	once	35	treinta y cinco
12	doce	36	treinta y seis
13	trece	37	treinta y siete
14	catorce	38	treinta y ocho
15	quince	39	treinta y nueve
16	dieciséis	40	cuarenta
17	diecisiete	50	cincuenta
18	dieciocho	60	sesenta
19	diecinueve	70	setenta
20	veinte	80	ochenta
21	veintiuno	90	noventa
22	veintidós	99	noventa y nueve
23	veintitrés	100	cien

DATOS PERSONALES

(el) nombre: Virginie
(el / los) apellido/s: Butel
(la) edad: 28
(el) móvil, (el) celular: 631745871
(el) correo electrónico: virgibtl@gmail.com
(el) número de teléfono: 914445238

PROFESIONES /MÁS EJ. 15

científico/a

cocinero/a

estudiante

diseñador/a de moda

periodista

profesor/a

traductor/a

enfermero/a

camarero/a

secretario/a

deportista

comercial

LUGARES DE TRABAJO

una universidad
un gimnasio
un laboratorio
un hospital
un periódico
un bar
un restaurante
un taller
un banco

una empresa (de transportes / de telecomunicaciones…)
un despacho (de abogados / de arquitectura…)
una agencia (de publicidad / de viajes…)
una tienda
un supermercado
una escuela (de lenguas / de yoga…)

GENDER /MÁS EJ. 16   ⊕ P. 208-209

NATIONALITIES

MASCULINE	FEMININE	MASCULINE AND FEMININE
-**o**	-**a**	
italian**o**	italian**a**	
brasileñ**o**	brasileñ**a**	
argentin**o**	argentin**a**	belg**a**
consonant	consonant + **a**	marroqu**í**
		estadounid**ense**
alem**án**	alema**na**	canad**iense**
ingl**és**	ingle**sa**	
franc**és**	france**sa**	
portugu**és**	portugue**sa**	
español	españo**la**	

PROFESSIONS

MASCULINE	FEMININE	MASCULINE AND FEMININE
cociner**o**	cociner**a**	
secretari**o**	secretari**a**	period**ista**
profeso**r**	profeso**ra**	estudi**ante**
jue**z**	jue**za**	

 Professions that have the same form for both masculine and feminine: **comercial, chófer, policía, agente, modelo**.

PERSONAL PRONOUNS   ⊕ P. 216

	SINGULAR	PLURAL
1st person	yo	nosotros / nosotras
2nd person	tú, vos, usted*	vosotros / vosotras, ustedes*
3rd person	él / ella	ellos / ellas

* **Usted** is a formal way of talking to someone. In less formal situations you can use **tú**, while in other situations you can use **vos**, and sometimes the two are alternated. **Vosotros/as** is the informal way to refer to several people in European Spanish, where **ustedes** is the formal way. **Vosotros** is not used in American Spanish, where **ustedes** is the only option to talk to several people at once, in both formal and informal speech.

THE VERBS SER, TENER AND LLAMARSE /MÁS EJ. 17, 18
⊕ P. 224-225

	SER	TENER	LLAMARSE
(yo)	**soy**	**tengo**	me llam**o**
(tú, vos)	**eres, sos**	**tienes, tenés**	te llam**as**, te llam**ás**
(él, ella, usted)	**es**	**tiene**	se llam**a**
(nosotros/as)	**somos**	ten**emos**	nos llam**amos**
(vosotros/as)	**sois**	ten**éis**	os llam**áis**
(ellos/as, ustedes)	**son**	**tienen**	se llam**an**

TALKING ABOUT PERSONAL INFORMATION
/MÁS EJ. 19-22

- **¿Cómo te llamas / se llama?**
- ○ **Me llamo** Daniel.

- **¿Cuál es tu / su nombre?**
- ○ Daniel.

- **¿Cuál es tu / su apellido?**
- ○ Vigny.

- **¿De dónde eres / es?**
- ○ **Soy** alemán. **Soy de** Berlín.

- **¿Eres / Es francesa?**
- ○ **Sí, soy de** París.
  No, soy italiana.

- **¿Cuántos años tienes / tiene?**
- ○ **Tengo** 23 años.

- **¿Tienes / Tiene móvil?**
- ○ **Sí, es el** 627629047.

- **¿Tienes / Tiene correo electrónico?**
- ○ **Sí,** pedro86@aula.com.

- **¿En qué trabajas / trabaja?**
- ○ **Soy** estudiante y **trabajo como** recepcionista en un hotel.

- **¿A qué te dedicas / se dedica?**
- ○ **Trabajo en** un banco.
  Trabajo de camarero.
  Soy comercial.

7. ALT|DIGITAL EL TANGO, ARGENTINO

A. Which country do these things come from? Write down their nationality in your exercise book. Pay attention to gender!

el tango   el sushi   la pizza   el flamenco   la balalaica   el cruasán

El tango es argentino.

B. In pairs, think of four things and write down the nationality of each one.

C. Now read your list to another pair, so they can guess where each thing comes from.

- *La* bossa nova.
- *¿Brasileña?*
- *¡Sí!*

8. ALT|DIGITAL MIS PALABRAS /MÁS EJ. 23, 27, 28

A. Think of four words that are important to you. Do you know how to say them in Spanish? Look them up in the dictionary or ask your teacher.

- *¿Cómo se dice love en español?*
- *Amor.*
- *¿Cómo se escribe?*
- *A, eme, o, erre.*

B. Look for pictures of the words you chose in section A and prepare a presentation.

C. Present your words to the class and write any new words down in your exercise book.

- *Amor, casa, familia y amigos.*
- *¿Qué significa "amigos"?*
- Friends.

9. ALT DIGITAL PERSONAS INTERESANTES /MÁS EJ. 24

A. Search for these people on the internet and fill in their details.

Germaine Franco

Nacionalidad

Profesión

José Andrés Puerta

Nacionalidad

Profesión

Ana de Armas

Nacionalidad

Profesión

Inti Castro

Nacionalidad

Profesión

Vero Boquete

Nacionalidad

Profesión

B. Think of two famous people who you find interesting and fill out the details for each person. Look up information on the internet if you need to.

Nombre: _____
Apellido/s: _____
Nacionalidad: _____
Profesión: _____
Edad: _____
Redes sociales: _____

C. Present your chosen people to the rest of the class.

- *Se llama Phoebe Waller-Bridge. Es actriz, guionista y directora. Es inglesa y tiene…*

➕ **Para comunicar**

→ Se llama…
→ Es periodista / belga…
→ Tiene 30 / 45… años.
→ Su nombre / apellido / Instagram es…

10. ALT|DIGITAL LAS PERSONAS DE LA CLASE /MÁS EJ. 25

A. You will be making a poster using information about someone in your class. Ask questions.

B. Create your poster, adding photos and drawings if you want.

11. UNA FIESTA

WATCH THE VIDEO

A. ▶1 Juan is organising a party at his house. Watch the video and fill in the information you have about the people talking in the kitchen.

	NACIONALIDAD	PROFESIÓN
1. Melissa		
2. Tom		
3. Lucía		
4. Felipe		

AFTER WATCHING THE VIDEO

B. Imagine you are at a party. People are chatting to you. How would you react?

1. Hola, ¿qué tal? ....

2. Me llamo Óscar. ¿Tú cómo te llamas? ....

3. ¿En qué trabajas? ....

4. ¿De dónde eres? ....

C. In groups, make a video with conversations you might have at a party. First, everyone should invent some personal details (name and surname, profession, age, phone number, email address, etc.). Next, record the video using these details.

2 / QUIERO APRENDER ESPAÑOL

DURING THIS UNIT YOU WILL

TALK ABOUT YOUR RELATIONSHIP WITH SPANISH AND SPANISH CULTURE

COMMUNICATION RESOURCES

- expressing intentions
- explaining the motivations for what you do
- talking about what you do in different languages

GRAMMAR RESOURCES

- gender
- definite articles (**el, la, los, las**), indefinite articles (**un, una, unos, unas**)
- the **presente de indicativo**
- uses of **por, para** and **porque**

VOCABULARY RESOURCES

- languages
- activities in language class
- leisure activities

Empezar

1. IMÁGENES DE LA CULTURA HISPANA /MÁS EJ. 1

A. Match the pictures to the following aspects of Hispanic culture. There are several different options.

- la historia
- la comida
- el arte
- la música
- la vida nocturna
- la literatura
- el cine
- la naturaleza
- los pueblos y las ciudades

B. Which of these topics interests you the most?

- *Para mí, la historia.*
- *Para mí, la vida nocturna.*

2. ESTE FIN DE SEMANA /MÁS EJ. 2-5

A. Unai has some great plans for the weekend. Which things on the list does he plan to do?

- escuchar música
- ir a un concierto
- ver la televisión
- ir a una exposición
- salir de noche

- visitar lugares históricos
- ir al cine
- salir a cenar
- cocinar
- ir de compras

- ir a la playa
- leer
- jugar a videojuegos
- ir de excursión
- hacer un curso de teatro

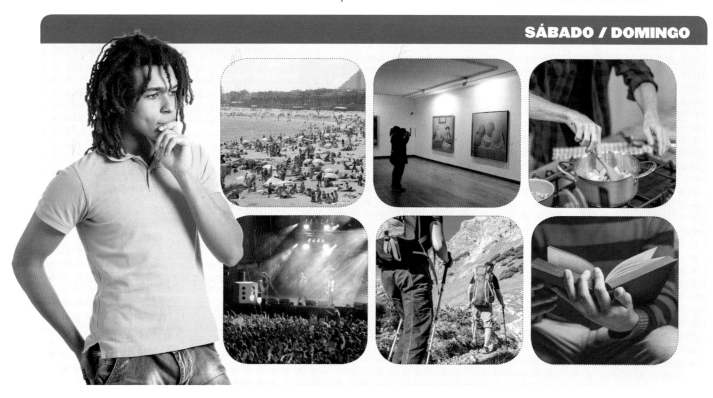

SÁBADO / DOMINGO

- *Quiere ir de excursión.*

B. Underline the verbs on the list in section A. What are the three different verb endings?

....

C. What about you? Do you want to do any of the things on the list at the weekend? Is there anything else you want to do? Talk about it with a classmate.

- *Yo, el sábado, quiero salir de noche. ¿Y tú?*
- *Yo también. Y quiero ir al cine.*
- *Pues yo quiero ir de excursión a...*

→ *ir al* cine, *ir al* teatro
→ *ir a la* playa
→ *ir a un* concierto, *ir a una* exposición
→ *ir de* compras
→ *salir a* cenar, *salir de* noche, *salir con* amigos/as
→ *visitar* lugares históricos / a la familia
→ *aprender* idiomas / a bailar

3. HABLAR UN IDIOMA /MÁS EJ. 6, 8

A. [≡ MAP] Read this text. According to the text, which activities allow you to be in contact with other languages? Can you think of any more? Discuss it with someone else from class.

¿ERES PLURILINGÜE?

Decimos que una persona es plurilingüe cuando se comunica en más de una lengua. En la actualidad, este fenómeno es muy común y existen cada vez más contextos en los que estamos en contacto con otras lenguas de manera natural: viajar (por turismo o por trabajo), ver series o películas de países de todo el mundo, leer y escribir en redes sociales, tener compañeros y compañeras de trabajo de diferentes nacionalidades, estudiar en otro país, etc.

B. [◁)) 09] [◁)) ALT|ES] Listen to the dialogue. Do you think Daniela is plurilingual? Why, or why not?

C. [◁)) 09] [◁)) ALT|ES] Listen to the dialogue again. What does Daniela do in each language?

D. What about you? Are you plurilingual? Make a list of the activities in your daily life that allow you to be in contact with other languages. Then share them with the rest of the class.

– Ver series y películas (en inglés y en francés).

▮ Para comparar

Some Spanish speaking countries have more than one official language:

Bolivia: Spanish, Quechua, Aymara, Guarani and 34 other native languages.

Paraguay: Spanish and Guarani.

Peru: Spanish, Quechua, Aymara, and other native languages.

Spain: Spanish, Catalan, Galician, Basque and Aranese.

Equatorial Guinea: Spanish, French and Portuguese.

Is there more than one official language in your country? Do you know of any other countries with several official languages?

Construimos el

Write down activities that you can do in your free time to learn or improve a language and learn about its culture.

– Escuchar música.
– Escribir en redes sociales.

Explorar y reflexionar

4. ¿FEMENINA O MASCULINA? /MÁS EJ. 11, 12

A. Mark the words you think are masculine with an M and the ones you think are feminine with an F.

teatro — trabajo *M* — noche *F*

revista — cine *M* — playa *F*

película *F* — clase *F* — historia *F*

coche *M* — serie — diccionario *M*

curso *M* — comida *F* — diario

B. Pay attention to the word endings in the previous activity and relate them.

1. Los nombres terminados en **-a**   **a.** ... normalmente son masculinos.
2. Los nombres terminados en **-o**   **b.** ... normalmente son femeninos.
3. Los nombres terminados en **-e**   **c.** ... son masculinos o femeninos.

CÁPSULA DE FONÉTICA 2

Enlaces de palabras

5. ¿QUIERES VER UNA PELÍCULA? /MÁS EJ. 13

A. Read these dialogues and fill in the table with the correct articles.

1.

- Quiero leer un libro en español.
- ¿Sí? El último libro de Poniatowska está muy bien.

2.

- ¿Quieres ver una película?
- ¡Sí! Quiero ver la nueva película de Almodóvar.
- ¡Buena idea! Las películas de Almodóvar son siempre muy interesantes.

B. Read the dialogues again and think about how you would translate these articles in your own language.

ARTÍCULOS DETERMINADOS

	SINGULAR	PLURAL
MASCULINO	.... libro	los libros
FEMENINO	.... película	.... películas

ARTÍCULOS INDETERMINADOS

	SINGULAR	PLURAL
MASCULINO	.... libro	unos libros
FEMENINO	.... película	unas películas

6. ¿HABLAS INGLÉS? /MÁS EJ. 14-19

A. Read this chat. What do Laura and Mark want to do?

B. Highlight the forms of the verbs **hablar**, **comprender** and **vivir**, and fill in the table.

	HABLAR	COMPRENDER	VIVIR
(yo)	*hablo*	*comprendo*	*vivo*
(tú)	hablas	*comprendes*	*vives*
(él / ella, usted)	habla	comprende	vive
(nosotros/as)	*hablamos*	comprendemos	*vivimos*
(vosotros/as)	habláis	comprendéis	vivís
(ellos/as, ustedes)	*hablan*	comprenden	viven

C. Now conjugate the following verbs in your exercise book: **estudiar**, **aprender** and **escribir**.

 Laura
Hola, busco a alguien para practicar inglés.

Mark
Hola, yo soy irlandés. Hablo inglés y estudio español.

 Laura
¿Vives en España? ¿En Madrid?

Mark
Sí, vivo en Madrid. Estudio Arquitectura en la Universidad Politécnica.

 Laura
¡Qué bien! Los dos vivimos en Madrid.
Comprendes bien el español, ¿no?

Mark
Sí, comprendo casi todo, pero quiero hablar mejor.
Vivo con una chica inglesa y siempre hablamos inglés...

 Laura
Yo quiero mejorar mi inglés por mi trabajo. Trabajo en un hotel y muchos turistas no hablan español.

7. YO HAGO MUCHOS EJERCICIOS /MÁS EJ. 9-10, 22-23

A. 🔊 **10** Listen to these four people and write down what each person does to improve their Spanish and learn things about Hispanic culture.

1 ISMAEL

2 KELLY

3 GRAHAM

4 IOANA

....

B. What about you? Do you do any of these things to improve your Spanish? Or anything else? Talk about it with someone else in class.

- *Yo visito páginas web en español y leo blogs.*
- *Yo hago muchos ejercicios de gramática en casa.*

C. Tell the rest of the class what your classmate does to study Spanish.

- *Martin hace muchos ejercicios de gramática.*

8. QUIERO, QUIERES, QUIERE

A. Which of these things do you want to do in the future? Pick two.

☐ Aprender otros idiomas.
☐ Vivir en un país hispanohablante.
☐ Tener amigos/as de habla hispana.
☐ Trabajar en un país de habla hispana.
☐ Pasar las vacaciones en un país hispanohablante.
☐ Estudiar en una universidad hispanoamericana.

B. Now compare your answers with your classmates.
Then fill in the sentences, as shown in the example below.

1. Yo quiero *tener amigos de habla hispana.*
2. Mi compañero *John* quiere *vivir en Perú.*
3. *Anne* y yo queremos *estudiar en una universidad latinoamericana y pasar las vacaciones en Cuba.*
4. *Katerina y Michael* quieren *pasar las vacaciones en España y aprender otros idiomas.*

1. Yo quiero ....
2. Mi compañero/a .... quiere ....
....
3. .... y yo queremos ....
4. .... y .... quieren ....

C. Now, can you conjugate the verb **querer**?

	QUERER
(yo)	*quiero*
(tú)	qu**ie**res
(él / ella, usted)	*quiere*
(nosotros/as)	*queremos*
(vosotros/as)	queréis
(ellos/as, ustedes)	*quieren*

D. Now compare the verb **querer** with another verb that ends in **-er**: **comprender**.
Do they have the same endings? How do they differ?

9. **ALT|DIGITAL** ¿POR QUÉ ESTUDIAN ESPAÑOL? /MÁS EJ. 20, 21

A. All of these people study Spanish. Why do you think they do? Compare your answers with another person in your class.

- Para leer en español.
- Por su trabajo.
- Para viajar.
- Porque su novio es colombiano.
- Para chatear con sus amigos.
- Porque quiere vivir en Costa Rica.

  - *Tom estudia español para chatear con sus amigos.*

TOM  **SAM**

VANESSA  **ANDRÉ**  **ORNELLA**  **CRIS**

B. Note how **por**, **para** and **porque** are used. How would you say the same thing in English?

Motivos actuales:		Planes de futuro / Motivos en el futuro:	
EN ESPAÑOL	**EN MI LENGUA**	**EN ESPAÑOL**	**EN MI LENGUA**
por + sustantivo *por su trabajo*		**para** + infinitivo *para leer en español*	
porque + verbo conjugado *porque su novio es colombiano*		**porque** + quiero / quieres… + infinitivo *porque quiere vivir en España*	

C. Why do you want to learn Spanish?

Quiero aprender español…

porque ....

para ....

por ....

Vocabulario

ASPECTOS RELACIONADOS CON LA CULTURA

la historia

la comida

la música

la literatura

la naturaleza

los pueblos y las ciudades

el arte

el cine

la vida nocturna

IDIOMAS

(el) inglés   (el) ruso
(el) francés   (el) árabe
(el) alemán   (el) italiano
(el) chino   (el) español

❗ In Spanish, the name of the language is almost always the same as the masculine form of the name for the inhabitants of the place the language is from.

ACTIVIDADES DE OCIO Y DE LA CLASE DE LENGUA

Ir a   un concierto   un museo   una exposición   la playa   el cine*   el teatro*

Ir de   compras   excursión

Salir a   cenar   bailar
Salir de   noche
Salir con   amigos/as   mis compañeros/as

Hacer   un curso de teatro
  un intercambio con un/a nativo/a
  ejercicios de gramática
  fotos

Ver   la televisión   una serie   una película

Escuchar   música   la radio   un pódcast

Leer   el periódico   una revista   un libro

Escribir   un mensaje   un texto   un diario

Hablar   un idioma   español
Hablar con   nativos/as   hispanohablantes

Visitar   páginas web   lugares históricos
  a la familia   a los/as amigos/as

Practicar   la pronunciación   español

Jugar a   videojuegos   el fútbol*   el tenis*

Aprender   un idioma   idiomas   inglés
Aprender a   bailar   tocar la guitarra

* a + el = al

NOUN GENDER ⊕ P. 208

In general, nouns that end in **-o** are masculine, with some exceptions: **la mano**, **la moto(cicleta)**, **la foto(grafía)**. Nouns that end in **-a** are feminine, but there are several exceptions: **el idioma**, **el pijama**, **el sofá**, **el clima**, **el sistema**… Nouns that end in **-e** can be masculine or feminine: **la gente**, **el cine**…

THE DEFINITE ARTICLE ⊕ P. 209-210

	SINGULAR	PLURAL
MASCULINE	**el** curs**o**	**los** curs**os**
	el mensaj**e**	**los** mensaj**es**
FEMININE	**la** play**a**	**las** play**as**
	la seri**e**	**las** seri**es**

THE INDEFINITE ARTICLE ⊕ P. 209-210

	SINGULAR	PLURAL
MASCULINE	**un** curs**o**	**unos** curs**os**
	un mensaj**e**	**unos** mensaj**es**
FEMININE	**una** play**a**	**unas** play**as**
	una seri**e**	**unas** seri**es**

TALKING ABOUT MOTIVATION /MÁS EJ. 26 ⊕ P. 221

¿Por qué + conjugated verb?	**CURRENT MOTIVATIONS**
	Por + noun
	Por mi trabajo.
	Porque + conjugated verb
	Porque trabajo con españoles.
¿Por qué estudias español?	**FUTURE PLANS/ FUTURE MOTIVATIONS**
	Para + infinitive
	Para viajar por Latinoamérica.
	Porque quiero / quieres… + infinitive
	Porque quiero trabajar con españoles.

PRESENTE DE INDICATIVO: REGULAR VERBS THAT END IN -AR, -ER AND -IR ⊕ P. 224

	HABLAR	COMPRENDER	ESCRIBIR
(yo)	habl**o**	comprend**o**	escrib**o**
(tú, vos)	habl**as**, habl**ás**	comprend**e**, comprend**és**	escrib**es**, escrib**ís**
(él / ella, usted)	habl**a**	comprend**e**	escrib**e**
(nosotros/as)	habl**amos**	comprend**emos**	escrib**imos**
(vosotros/as)	habl**áis**	comprend**éis**	escrib**ís**
(ellos/as, ustedes)	habl**an**	comprend**en**	escrib**en**

PRESENTE DE INDICATIVO: THE VERB HACER

	HACER
(yo)	ha**go**
(tú, vos)	hac**es**, hac**és**
(él / ella, usted)	hac**e**
(nosotros/as)	hac**emos**
(vosotros/as)	hac**éis**
(ellos/as, ustedes)	hac**en**

EXPRESSING INTENTIONS AND PLANS ⊕ P. 221, 224

	QUERER	+ INFINITIVE
(yo)	qu**ie**ro	
(tú, vos)	qu**ie**res, quer**és**	
(él / ella, usted)	qu**ie**re	**viajar**
(nosotros/as)	quer**emos**	**aprender** idiomas
(vosotros/as)	quer**éis**	**vivir** en España
(ellos/as, ustedes)	qu**ie**ren	

- ¿Qué **queréis hacer** este fin de semana?
- Yo **quiero leer** y **pasear**.

10. ALT|DIGITAL UN PAÍS EN IMÁGENES /MÁS EJ. 27

A. In pairs or small groups, make a photo exhibition about a Spanish speaking country. First, choose the country, then find pictures related to some of the following aspects.

- la historia
- la comida
- el arte

- la música
- la vida nocturna
- la literatura

- el cine
- la naturaleza
- los pueblos y las ciudades

B. Now, present your chosen country to the rest of the class.

COLOMBIA

La historia:
Simón Bolívar
y la bandera de Colombia

La música:
el vallenato

El arte:
escultura de Botero

La comida:
maíz de colores

La naturaleza:
parque nacional Tayrona

La literatura:
Laura Restrepo
y el realismo mágico

Los pueblos y las ciudades:
Cartagena de Indias

C. Each person should choose a country to visit and explain why.

- *Yo quiero visitar Colombia por la historia y para visitar los pueblos y las ciudades.*

11. ALT|DIGITAL ¿QUÉ QUIERES HACER EN ESTE CURSO?

A. Write down the things you can do to learn Spanish during this course.

Buscar información en internet y chatear.

['swe ño]

Practicar la pronunciación y...

Cocinar platos típicos...

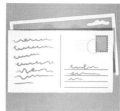

Escribir postales y...

Ir de excursión y...

NOTICIAS
ROCK LATINO

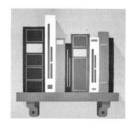

Fin

B. The teacher will write down the students' suggestions on the blackboard. Next, in small groups, decide which three things you want to achieve during the course.

En este curso, nosotros queremos...

- *Yo quiero hablar mucho en clase, ver películas en español y leer periódicos y revistas. ¿Y tú?*
- *Yo quiero escuchar canciones.*

C. Now, write down what you want to do and discuss it with the rest of the class.

12. `ALT` `DIGITAL` EL ESPAÑOL Y YO /MÁS EJ. 24, 25, 28

A. ▶2 A Spanish student talks about her relationship with Hispanic culture.
Watch the video and fill in the details below.

Nombre: Yanling
Nacionalidad: ....
Lugar de residencia: ....
Lenguas que habla: ....
Por qué estudia español: ....
Qué cosas hace para aprender español: ....
Planes para el futuro: ....

B. Now write a testimonial like the previous one, talking about your relationship with
Hispanic language and culture. These questions can help you write your text.

1. ¿Cómo te llamas y de dónde eres?
2. ¿Dónde vives y dónde estudias español?
3. ¿Qué lenguas hablas?
4. ¿Por qué estudias español?
5. ¿Qué cosas haces para aprender español?
6. ¿Qué quieres hacer para mejorar tu español?
7. ¿Tienes planes para el futuro? ¿Qué quieres hacer?

Me llamo Zhadyra y soy de Kazajistán. Vivo en Moscú y estudio español en una escuela de idiomas. Hablo kazajo, ruso e inglés. Estudio español porque...

C. Read your text out loud and record it. If you prefer, record a video like the one in section A.
Then share your testimonial with the rest of the class.

13. TURISTAS EN MADRID

BEFORE WATCHING THE VIDEO

A. Get together in groups and talk about what these things are. If you don't know what they are, look them up on the internet.

la paella   el flamenco   el Guernica   la Gran Vía de Madrid   el Reina Sofía
el Prado   el Thyssen-Bornemisza   las tapas   las cañas (de cerveza)

WATCH THE VIDEO

B. ▶ 3 Watch the video up until 00:47. Note down what each of the three interviewees are interested in.

	Yanet	Thaísa	Carlos
1. la comida		◯	◯
2. el arte		◯	◯
3. la música		◯	◯
4. la vida nocturna		◯	◯
5. la gente		◯	◯
6. el cine		◯	◯
7. la arquitectura		◯	◯

C. ▶ 3 Watch the rest of the video. What plans do the interviewees have for the next few days?

AFTER WATCHING THE VIDEO

D. Would you like to visit Madrid? Why, or why not?

E. Get together in groups and imagine that you are going to Madrid for the weekend. Decide what you would like to do.

Santiago
Santiago de **Compostela**
Santiago de **Chile**
Santiago de **Cuba**
Santiago **mapa**

Santiago de Chile   ①

Santiago de Cuba

Santiago de Compostela   ③

Mapamundi

DURING THIS UNIT YOU WILL	COMMUNICATION RESOURCES	GRAMMAR RESOURCES	VOCABULARY RESOURCES
TEST YOUR KNOWLEDGE OF THE HISPANIC WORLD	• describing places • expressing existence and location • talking about climate and the weather	• uses of **hay** • the verb **estar** • the superlative • quantifiers: **muy, mucho/a/os/as** • **qué, cuál/es, cuántos/as, dónde, cómo**	• climate and the weather • geography • information about countries • cardinal points • seasons

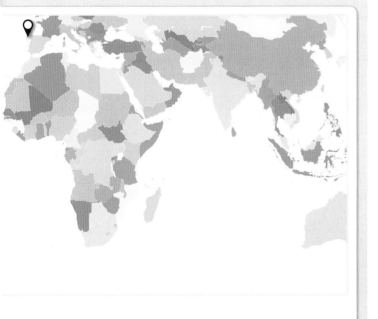

Empezar

1. CIUDADES QUE SE LLAMAN SANTIAGO

Look at the pictures and read the comments from the people below. Which city is each person talking about?

JULIA

"Por fin en Santiago, después de un largo camino".

RAMÓN

"Santiago, la segunda ciudad más importante de la isla".

MARIANA

"Santiago, la capital del país, con sus montañas nevadas. ¡Es la cordillera de los Andes!".

2. TRES CIUDADES CON EL MISMO NOMBRE /MÁS EJ. 1, 2

A. `☰ MAP` Read the report and say which city each of these sentences refers to, according to the information in the text. There might be more than one correct answer.

1. Es la capital del país.
2. Es la ciudad más poblada de las tres.
3. Es una ciudad de peregrinaje.
4. Tiene el reconocimiento de la Unesco.

5. Hay cafetales antiguos cerca.
6. Es una ciudad universitaria.
7. Es la ciudad más antigua de las tres.
8. Está cerca de áreas naturales de interés.

Ciudades con el mismo nombre

Hay cuatro ciudades en el mundo que se llaman Mérida, seis que se llaman Granada, más de diez que se llaman Madrid... También existen varias ciudades llamadas Santiago en países de habla hispana. Aquí tenemos tres de ellas.

Santiago de Chile

Es la capital de Chile y está en el centro del país. Fundada en el siglo XVI, Santiago tiene casi 7 millones de habitantes y es una de las ciudades más seguras y con mayor calidad de vida de Latinoamérica.

La ciudad tiene muchos lugares de interés turístico: la plaza de Armas, el palacio de La Moneda, la iglesia de Santo Domingo, el mercado central, el Museo Histórico Nacional... Su ubicación permite al viajero llegar, en poco tiempo, al campo, a la montaña y a la playa. Además, en los alrededores de Santiago están algunas de las zonas de producción de vino más conocidas y visitadas del país, como el valle de Colchagua.

Santiago de Cuba

Fundada en 1515 y capital de Cuba hasta 1556, es la segunda ciudad más importante del país, después de La Habana, la capital actual. Está situada en el sureste de la isla y tiene casi medio millón de habitantes.

Santiago de Cuba tiene importantes construcciones de interés turístico e histórico, como el castillo de San Pedro de la Roca, la primera catedral de Cuba o los restos de las primeras plantaciones de café, en el sureste de la isla. Además, en la ciudad hay muchos edificios de arquitectura colonial.

Santiago de Compostela

Tiene una población de aproximadamente 450 000 habitantes y más de diez siglos de historia. Esta ciudad, situada en el noroeste de la península ibérica, es la capital de Galicia, una de las comunidades autónomas de España.

El casco antiguo es Patrimonio de la Humanidad desde 1985. Tiene muchos monumentos y edificios históricos, además de la Universidad de Santiago de Compostela, una de las más antiguas del mundo. Miles de peregrinos procedentes de todas partes del mundo visitan cada año la ciudad, punto final del famoso Camino de Santiago.

B. Search for other cities called Santiago on the internet. Where are they? Share your results with the rest of the class. How many cities did you find?

- *Hay otra Santiago en la República Dominicana. Se llama Santiago de los Caballeros.*

C. Do you know of any other cities with the same name? What are they? Share your answer with the class.

3. CAPITAL: SANTIAGO /MÁS EJ. 3

A. What do you know about Chile? Share your answer with the rest of the class.

B. ☰ **ALT** Read this infographic about Chile and fill in the blanks with the words in the tags.

lugares de interés turístico   población   clima   capital   un plato típico
un producto importante   lengua oficial   moneda

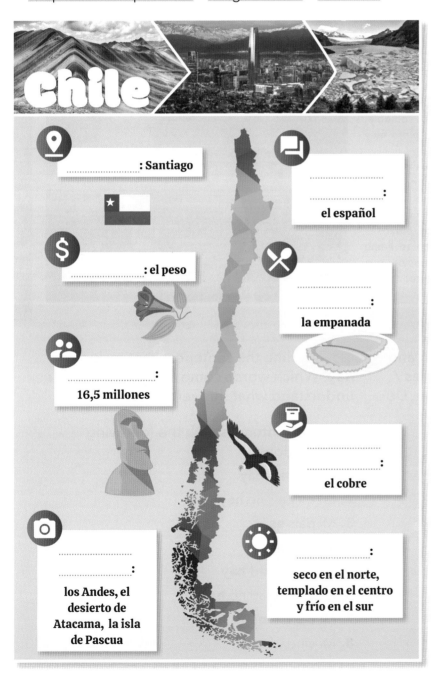

.... : Santiago

.......................:
el español

.... : el peso

.......................:
la empanada

.......................:
16,5 millones

.......................:
el cobre

.......................:
los Andes, el desierto de Atacama, la isla de Pascua

.......................:
seco en el norte, templado en el centro y frío en el sur

Construimos el
MÉXICO

Complete the sentences about your country.

- La capital es ....
- La/s lengua/s oficial/es es / son ....
....
- La moneda es ....
- Tiene .... habitantes
- El clima es ....
....
- Un producto importante es ....
- Un plato típico es ....
....
- Los lugares de interés turístico son ....
....
....

4. EL BLOG DE LOLA /MÁS EJ. 4-8

A. ☰ **ALT** ☰ **MAP** Lola is travelling around Latin America and writing a blog. Which country do you think she is in now? Guatemala, Argentina or Cuba?

Mi viaje por Latinoamérica

Lunes, 4 de febrero | 15:50 h

Segunda semana

Aquí todo es precioso. Hay unas playas de arena negra muy bonitas, están en la costa del Pacífico y son increíbles. Hoy estamos en la capital, que está en el centro del país. La gente es muy simpática y todo el mundo es muy amable. La comida también es muy buena: el tamal es un plato muy típico, pero mi favorito es el pepián...

Hace mucho calor y el clima es muy húmedo (llueve por la tarde casi todos los días), pero no importa. Mañana vamos a Tikal para visitar unas ruinas mayas que están en la selva. Tengo muchas ganas porque dicen que Tikal es muy bonito. Hay cinco templos antiguos y también hay palacios, plazas... Luego, Edu y yo queremos visitar una ciudad que se llama Chichicastenango. Allí hay un mercado muy conocido que queremos ver. Y después vamos en autobús a México.

Publicado por Lola Ordóñez | 5 comentarios

B. Now read the text in section A again and write down the sentences that contain **es / son** and the sentences with **está /están**. Do you understand why they are used?

ES / SON

ESTÁ / ESTÁN

C. Underline the sentences that include **hay**. Which words come after **hay**? Do you understand what this verb is used for?

D. Write sentences with the following constructions.

1. En mi país **hay** ....

2. En mi país no **hay** ....

3. Mi país **es** ....

4. Mi país **está** ....

5. En mi ciudad **hay** ....

6. En mi ciudad no **hay** ....

7. Mi ciudad **es** ....

8. Mi ciudad **está** ....

5. ¿ARGENTINA TIENE MÁS DE 75 MILLONES DE HABITANTES? /MÁS EJ. 9,10

A. Read these sentences about Argentina. Do you think they are true or false?
Write down your answers.

	V	F
1. Tiene más de 75 millones de habitantes.	○	○
2. El centro y el sur del país son las zonas más pobladas.	○	○
3. En el sur de Argentina hay muchos lagos.	○	○
4. El clima es tropical en todo el país.	○	○
5. Los Andes están en el oeste.	○	○
6. El bife a caballo es un plato típico.	○	○
7. El mate es una bebida típica.	○	○
8. Hay dos lenguas oficiales: el inglés y el español.	○	○
9. Boca Juniors y River Plate son dos equipos de béisbol.	○	○

B. 🔊 **11** Now listen to the audio and check if your answers in section A are correct.

C. Read these sentences and note the highlighted words.
Then complete the rule.

1. ¿Argentina es un país **muy** turístico?
2. En el sur hace **mucho** frío y en algunas zonas llueve **mucho** y nieva.
3. ¿Y hay **muchas** montañas?
4. En Argentina hay **muchos** cerros, volcanes…
5. Los argentinos comen **mucha** carne, ¿no?

1. Usamos **muy** antes de…	○ adjetivos	○ sustantivos	○ verbos
2. Usamos **mucho**, **mucha**, **muchos**, **muchas** antes de…	○ adjetivos	○ sustantivos	○ verbos
3. Usamos **mucho** después de…	○ adjetivos	○ sustantivos	○ verbos

D. Work with the transcription and find examples for each case in the table in section C.

1. MUY

2. MUCHO, MUCHA, MUCHOS, MUCHAS

3. MUCHO

muy turístico

6. JUEGA Y GANA /MÁS EJ. 11, 12

A. ☰ **ALT** ☰ **MAP** A travel agency is giving away a trip to Mexico for customers who answer the following questions correctly. Do you want to try?

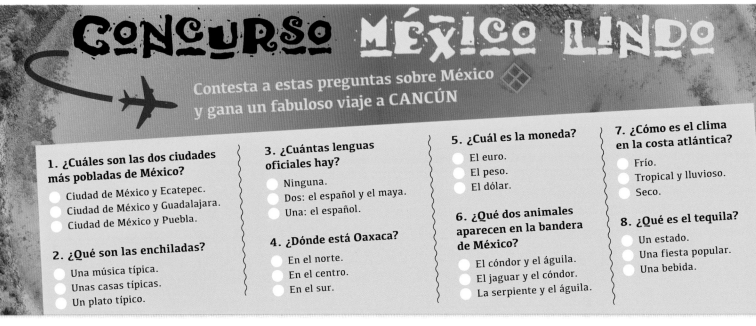

CONCURSO MÉXICO LINDO

Contesta a estas preguntas sobre México y gana un fabuloso viaje a CANCÚN

1. ¿Cuáles son las dos ciudades más pobladas de México?
- ○ Ciudad de México y Ecatepec.
- ○ Ciudad de México y Guadalajara.
- ○ Ciudad de México y Puebla.

2. ¿Qué son las enchiladas?
- ○ Una música típica.
- ○ Unas casas típicas.
- ○ Un plato típico.

3. ¿Cuántas lenguas oficiales hay?
- ○ Ninguna.
- ○ Dos: el español y el maya.
- ○ Una: el español.

4. ¿Dónde está Oaxaca?
- ○ En el norte.
- ○ En el centro.
- ○ En el sur.

5. ¿Cuál es la moneda?
- ○ El euro.
- ○ El peso.
- ○ El dólar.

6. ¿Qué dos animales aparecen en la bandera de México?
- ○ El cóndor y el águila.
- ○ El jaguar y el cóndor.
- ○ La serpiente y el águila.

7. ¿Cómo es el clima en la costa atlántica?
- ○ Frío.
- ○ Tropical y lluvioso.
- ○ Seco.

8. ¿Qué es el tequila?
- ○ Un estado.
- ○ Una fiesta popular.
- ○ Una bebida.

B. Look at the questions on the test and think about how you say them in your language. Which words would you use to translate **qué** and **cuál / cuáles**? Would you use the same words, or different ones?

1. **¿Qué** es el tequila?
2. **¿Qué** son las enchiladas?
3. **¿Qué** dos animales aparecen en la bandera de México?
4. **¿Cuál** es la moneda?
5. **¿Cuáles** son las dos ciudades más pobladas de México?

C. What are **dónde**, **cuánto/a/os/as** and **cómo** used for? Connect the sentences.

1. Usamos **dónde**...	**a.** ... para preguntar por la cantidad.
2. Usamos **cuántos/as**...	**b.** ... para preguntar por el modo.
3. Usamos **cómo**...	**c.** ... para preguntar por el lugar.

CÁPSULA DE FONÉTICA 3

Acentuación

D. Find information about a country in Central America or the Caribbean and fill out a form like the one below. Then ask a classmate to fill in the form for the country he or she has chosen.

Capital: Tegucigalpa
Lengua oficial:
Moneda:
Población:

Clima:
Un producto importante:
Un plato (o una bebida) típico:
Lugares de interés turístico:

- Mi país es Honduras.
- ○ ¿Cuál es la capital?
- Tegucigalpa.

7. MUNDO LATINO EN SUPERLATIVO /MÁS EJ. 13, 14

A. Read these interesting details about Spanish-speaking countries. Fill in the blanks.

1. El Aconcagua está en .... y **es la** montaña **más** alta **de** América.
2. El desierto de Atacama **es el** lugar **más** seco **del** planeta y está en ....
3. El volcán Arenal está en .... y es **uno de los** volcanes **más** activos **del** mundo.
4. **Es el** país **más** poblado **del** mundo hispano: ....
5. **Son las** dos ciudades **más** pobladas **del** mundo hispano: Buenos Aires y ....
6. **Son los mayores** productores de aguacates **del** mundo: .... y la República Dominicana.

B. 🔊 **12** Now listen to the audio and check your answers.

C. Think of some interesting facts about your country and write sentences like the ones in section A (at least one detail should be false). Then read the sentences to your classmates, who should try and guess which details are false.

8. ¿QUÉ TIEMPO HACE? /MÁS EJ. 15-17

A. These photos are from webcams in Spain. What's the weather like in the following places?

hace frío y nieva | hace sol | hace viento | está nublado / hay muchas nubes | hace calor | llueve

 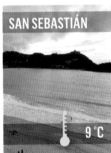    

TARIFA 25 °C | SAN SEBASTIÁN 9 °C | TENERIFE 33 °C | BARCELONA 15 °C | JACA -2 °C | SANTANDER 3 °C

B. Describe what the weather is like in your country or city.

En Gotemburgo, en verano hace sol y no hace mucho frío. Y en verano y en otoño llueve mucho. En invierno...

C. Describe the climate in one of the following places to someone else, who has to guess which place you are talking about.

1. la selva amazónica
2. Inglaterra
3. Mallorca
4. el desierto del Sáhara
5. Siberia
6. el Caribe

- *El clima es muy seco y llueve muy poco.*
- *¡Es el desierto del Sáhara!*

➕ Para comunicar

→ En verano
→ En otoño   hace...
→ En invierno   hay...
→ En primavera

Léxico

EL TIEMPO Y EL CLIMA

 Hace calor / frío.

 Hace viento.

 Está nublado. / Hay nubes.

 Llueve.

 Nieva.

El clima es templado / tropical / frío / árido / seco / cálido / húmedo.

DATOS SOBRE PAÍSES

- 📍 la capital
- 💬 la/s lengua/s oficial/es
- 💲 la moneda
- 👥 la población
- ☀️ el clima
- 🤲 el / los producto/s importante/s
- 🍴 el / los plato/s típico/s
- 📷 el / los lugar/es de interés turístico

PUNTOS CARDINALES

norte
noroeste — noreste
oeste — este
suroeste — sureste
sur

ESTACIONES DEL AÑO /MÁS EJ. 20

(el) invierno

(la) primavera

(el) verano

(el) otoño

GEOGRAFÍA /MÁS EJ. 21-24

el volcán

la montaña

la cordillera

el desierto

el río

el lago

la selva

el bosque

la costa

la península

la isla

la catarata

CONTINENTES Y OCÉANOS

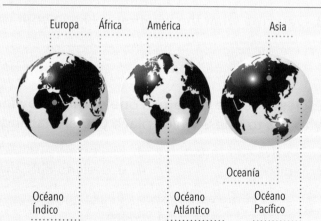

Europa África América Asia

Oceanía

Océano
Índico

Océano
Atlántico

Océano
Pacífico

DESCRIBE (¿CÓMO ES / SON?) AND DEFINE (¿QUÉ ES / SON?) PLACES, PEOPLE AND THINGS

SER + ADJECTIVE	**SER** + NOUN
Perú **es** muy _bonito_. **Los** peruanos **son** muy _amables_.	México **es** _un país_ muy turístico. **Las** rancheras **son** _canciones_.

EXPRESS EXISTENCE: HAY ⊕ P. 209-211

Hay is the impersonal present form of the verb **haber**, and is used to talk about the existence of something.

En Barcelona **hay un** estadio de fútbol muy grande.
En Ciudad de México **hay una** plaza muy famosa: El Zócalo.
En Paraguay **hay dos** lenguas oficiales.
En Costa Rica **hay muchos** parques naturales.
En Chile **hay muchas** montañas.
En Venezuela **hay** petróleo / selvas...
En España **no hay** petróleo / selvas...

❗ **Hay** does not change: it stays the same when talking about nouns in either the singular or plural form.

❗ **Hay** is never used with a definite article.
Hay el ~~lago precioso.~~ → **Hay un** lago precioso.

❗ Location can also go before or after **hay**.
En Barcelona **hay un** estadio de fútbol muy grande.
Hay un estadio de fútbol muy grande _en Barcelona_.

EXPRESS LOCATION: ESTAR ⊕ P. 220

	ESTAR
(yo)	**estoy**
(tú, vos)	**estás**
(él / ella, usted)	**está**
(nosotros/as)	**estamos**
(vosotros/as)	**estáis**
(ellos/as, ustedes)	**están**

Tikal **está** en Guatemala.
Las islas Galápagos **están** en Ecuador.

THE SUPERLATIVE ⊕ P. 215

The superlative is used to say that a place, person or thing has the maximum degree of a quality (larger, smaller, etc.) than anything else of the same type.

El Prado **es el** museo **más** famoso **de** Madrid.
Asunción **es la** ciudad **más** grande **de** Paraguay.
El Nilo y el Amazonas **son los** ríos **más** largos **del** mundo.
El Everest y el K2 **son las** montañas **más** altas **del** mundo.

QUANTIFIERS /MÁS EJ. 18, 19 ⊕ P. 213-214

MUCHO/A/OS/AS + NOUN

En esta región hay **mucho** _café_.
En esta ciudad hay **mucha** _contaminación_.
En España hay **muchos** _tipos_ de queso.
En México hay **muchas** _ciudades_ bonitas.

MUY + ADJECTIVE	VERB + **MUCHO**
El lago Maracaibo es **muy** _grande_. Las selvas de Venezuela son **muy** _húmedas_.	En el sur de Argentina _llueve_ **mucho**.

❗ **Mucho** (after a verb) and **muy** do not change form.

ASKING AND REPLYING ⊕ P. 219-220

- ¿**Cómo** es el clima en Cuba?
  ○ Tropical.

- ¿**Dónde** está Panamá?
  ○ En Centroamérica.

- ¿**Cuántos** habitantes hay en España?
  ○ 47 millones.

- ¿**Cuántas** lenguas oficiales hay en Perú?
  ○ Dos: el español y el quechua.

TO DEFINE: QUÉ

- ¿**Qué** es el mate?
  ○ Una infusión.

- ¿**Qué** son las castañuelas?
  ○ Un instrumento musical.

TO IDENTIFY: QUÉ + SUSTANTIVO, CUÁL / CUÁLES

- ¿**Qué** gran río nace en Perú?
  ○ El Amazonas.

- ¿**Qué** platos típicos hay en Perú?
  ○ Muchos: el ceviche, el cuy...

- ¿**Cuál** es la capital de Venezuela?
  ○ Caracas.

- ¿**Cuáles** son los dos países de habla hispana más grandes?
  ○ Argentina y México.

9. ¿OSOS EN ESPAÑA?

Four things on the map are not from Spain. What are they? Discuss your answers in pairs.

- *La Sagrada Familia está en España, ¿verdad?*
- ○ *Sí, está en Barcelona.*

- *No hay petróleo en España, ¿no?*
- ○ *No sé...*

10. ¿DE QUÉ PAÍS SE TRATA?

A. Guess which Spanish speaking country is being referred to in each case. Your teacher knows the answers.

1. Hay un río famoso por sus colores.

2. El Machu Picchu está ahí.

3. Es el país más grande de Hispanoamérica.

4. Hay dos lenguas oficiales: el español y el guaraní.

5. Es el país más largo y estrecho del mundo.

6. Está en Norteamérica.

B. Write six sentences like these ones, without mentioning the name of the country. Does your classmate know which country it is?

- *El Kilimanjaro está ahí.*
- ○ *¿Kenia?*
- *No.*
- ○ *¿Tanzania?*
- *Sí.*

CAÑO CRISTALES

MACHU PICCHU

11. ¿TE SORPRENDE?

A. **ALT DIGITAL** These photos show relatively unknown images from six countries in the Spanish speaking world. Do you know which ones they are? Write it down.

a. ....

b. ....

c. ....

d. ....

e. ....

f. ....

B. Now read the text and see which ones you got right.

1 La Colonia Tovar es un pueblo pequeño que está cerca de Caracas, en Venezuela. En este pueblo viven muchos alemanes y descendientes de alemanes; por eso, las casas tienen ese aspecto.

2 En España hay varios carnavales muy populares. Los más conocidos son los carnavales de Tenerife, Gran Canaria y Cádiz.

3 El béisbol es el deporte nacional de Cuba. Muchos cubanos aprenden a jugar al béisbol cuando son pequeños.

4 La Plata, en Argentina, es una ciudad completamente planificada, con forma de cuadrícula, construida a partir de 1882.

5 El Santuario El Rosario, en Michoacán, México, es una reserva natural de mariposas. Millones de mariposas monarca pasan aquí los meses de noviembre a marzo.

6 El salar de Uyuni está en Bolivia y es el desierto de sal más grande del mundo. Tiene unos 12 kilómetros y unos 10 000 millones de toneladas de sal.

C. Show a photo of a relatively unknown aspect of your country (or another country of your choice) and share it with the class.

12. ALT|DIGITAL UN PAÍS INTERESANTE /MÁS EJ. 25

A. Think of a country you are interested in or that you know well, and write a short text about it.

China es un país muy grande y muy interesante. Está en Asia y la capital es Pekín. Es el país más poblado del mundo. La lengua oficial es el chino mandarín, pero hay muchos dialectos y otras lenguas.

B. Now present it to the class.

C. Which of the countries presented do you want to visit?

- *Yo, China y Tailandia.*

13. ALT|DIGITAL UN CONCURSO SOBRE PAÍSES

A. Divide the class into two teams. Each team should prepare eight quiz cards with questions about countries (from the Spanish speaking world or otherwise).

CONCURSO EL MUNDO HISPANO

¿Cuál es la capital de Uruguay?

a. Asunción.
b. Montevideo.
c. Tacuarembó.

CONCURSO EL MUNDO HISPANO

¿Dónde está el volcán Arenal?

a. En Costa Rica.
b. En Venezuela.
c. En España.

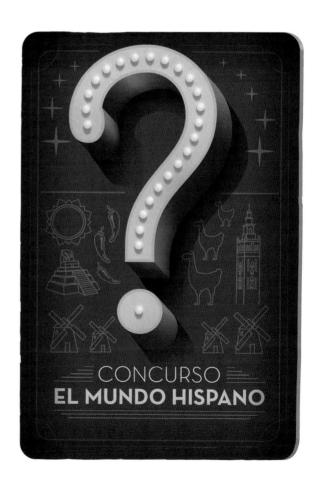

CONCURSO
EL MUNDO HISPANO

B. Each team should take turns to answer a question from the opposite team. The team has 30 seconds to answer. There is one point for each correct answer. The team with the most points wins.

14. CURIOSIDADES DE VENEZUELA

BEFORE WATCHING THE VIDEO

A. Before watching the video, read the following facts about Venezuela and mark which ones you think are true or false.

	T	F			T	F
1. Hay playas.		○		**5.** Tiene el mismo clima en todo el país.		○
2. No nieva nunca.		○		**6.** Hay tres sitios declarados Patrimonio de la Humanidad.		○
3. Hay selva.		○		**7.** Produce cacao.		○
4. Hay lagos muy grandes.		○		**8.** Hay tres lenguas oficiales.		○

WATCH THE VIDEO

B. ▶ 4 Now watch the video and check the answers for A.

C. ▶ 4 Watch the video again: What is special about these places? Write it down in your exercise book.

1. La zona de los Andes tropicales.
2. El lago de Maracaibo.
3. Los parques nacionales Parima Tapirapecó y Canaima.
4. El theobroma cacao.

5. La ciudad colonial de Coro y la Ciudad Universitaria de Caracas.
6. El Salto Ángel.
7. El teleférico de Mérida.

AFTER WATCHING THE VIDEO

D. In groups, choose one of the places in section C and look up pictures and information. Then create an interactive map of Venezuela with the rest of the class, presenting the information you have found.

4 / ¿CUÁL PREFIERES?

SEIS LUGARES
PARA IR DE COMPRAS

Mercadillo de El Rastro
Madrid (España)

Tienda Camper
Palma de Mallorca (España)

**Centro comercial Galerías Pacífico
Tienda Rossi & Caruso**
Buenos Aires (Argentina)

**Mercado artesanal
de Otavalo**
(Ecuador)

DURING THIS UNIT YOU WILL	COMMUNICATION RESOURCES	GRAMMAR RESOURCES	VOCABULARY RESOURCES
GO SHOPPING AT A MARKET	• identifying items • expressing needs • buying in shops: asking for products, asking about prices, etc. • talking about preferences	• demonstratives (**este / esta / estos / estas, esto**) • **el / la / los / las** + adjective • **tener que** + infinitive • the verbs **ir** and **preferir** • **qué** + noun, **cuál / cuáles**	• numbers over 100 • colours • clothes and accessories • everyday items • uses of the verb **llevar** • combinations with **ir**

Tienda Desigual
Barcelona (España)

Tienda Loto del Sur
Cartagena de Indias (Colombia)

Empezar

1. DE COMPRAS /MÁS EJ. 1

A. Look at the pictures and information about six places to shop. Which products are sold in each one?

- ropa
- zapatos
- bolsos
- libros
- productos de higiene
- artesanía

> • *En el mercado artesanal de Otavalo venden artesanía.*

B. Where do you buy the products in section A?

mercados   mercadillos   tiendas
internet   supermercados
centros comerciales

> • *Yo compro ropa en tiendas pequeñas.*
> ○ *Pues yo por internet, y siempre compro ropa de segunda mano.*

2. ROPA DE SEGUNDA MANO /MÁS EJ. 2-4

A. 🔊 13 🔊 ALT|CO ☰ MAP Mario and Carla want to buy second-hand T-shirts online. Listen to their conversation and mark which T-shirt they are talking about.

12 €
Camiseta de deporte

Camiseta de deporte, de la marca adidas, negra. Nueva cuesta 30 euros.

2 €
Camiseta

Camiseta de manga corta marrón, talla L.

7 €
Camiseta de rayas

Camiseta blanca y negra de rayas. Poco usada.

4.50 €
Camiseta de tirantes

Camiseta de tirantes, estampada, azul y marrón. ¡Es muy cómoda!

10 €
Camiseta rosa de tirantes

Top rosa de tirantes, talla S. Es muy elegante y fácil de llevar con vaqueros y faldas.

14 €
Camisa de mujer

Camisa de manga larga, estampada. Tejido muy agradable.

5 €
Camiseta de manga corta

Camiseta de manga corta, de rayas, talla M. 100 % de algodón.

3 €
Camiseta blanca

Camiseta de hombre de manga corta. Blanca, sencilla y muy cómoda. Está nueva.

B. Now, choose a T-shirt for yourself and one for someone else in the class. You can look at other T-shirts on websites selling second-hand clothing or websites for brands you like.

- *Para mí, la marrón, de manga corta. Para Julia, la de tirantes estampada, azul y marrón.*

3. YO NUNCA LLEVO SECADOR DE PELO /MÁS EJ. 5-7

A. Lucas is going to spend a summer weekend in an apartment on the coast. Do you know what the things he's packed to take with him are called?

○ una chaqueta
○ una camiseta
○ una camisa
○ unos pantalones cortos
○ un bañador
○ ropa interior
○ unas sandalias
○ una toalla de playa

○ un libro
○ unas gafas de sol
○ medicamentos
○ un cargador de móvil
○ el carné de identidad
○ dinero
○ una tarjeta de crédito
○ un peine

○ pasta de dientes
○ crema solar
○ un cepillo de dientes
○ champú y gel de baño
○ un secador de pelo
○ unas zapatillas deportivas

B. ▶ 5 Watch the video and check to see if you have linked the pictures to the right word.

Construimos el

ALT│DIGITAL Make a list of things you always take with you on holiday. Then compare your list with other people. What things do you agree on?

- *Yo siempre llevo un antifaz y unos tapones. Y cuando viajo por trabajo, siempre llevo un ordenador portátil.*
- *Pues yo, en verano, siempre llevo un bañador...*

4. ¿QUÉ TENGO QUE LLEVAR? /MÁS EJ. 8-11

A. What should you take with you in the following situations? Connect the sentences.

1. Voy de viaje al extranjero.
2. Voy de compras.
3. Voy a la playa a tomar el sol.
4. Voy al gimnasio.
5. Quiero alquilar un coche.

○ Tengo que llevar dinero o una tarjeta de crédito.
○ Tengo que llevar el carné de conducir.
○ Tengo que llevar ropa de deporte.
○ Tengo que llevar crema solar.
○ Tengo que llevar el pasaporte.

B. Do you know what **tener que** means? How do you say it in your language?

C. What should you take with you in these situations? Finish the sentences.

1. Esta tarde tengo clase de español. ....
2. Mañana es la fiesta de cumpleaños de Clara. ....
3. Para la cena en casa de Verónica y Jesús, ...

5. ALT|DIGITAL LLEVA UNA CHAQUETA MARRÓN /MÁS EJ. 13-14, 16

A. What are these people wearing? Link the pictures to their descriptions.

A B C D

CÁPSULA DE FONÉTICA 4

La erre

/ Para comparar

In Spanish, colour adjectives always go after the noun they refer to. What about in your language?

1. Lleva un jersey gris y una falda verde. ☐
2. Lleva unos pantalones azules y una camisa de cuadros azul y blanca. ☐
3. Lleva un vestido blanco y negro y unas sandalias azules. ☐
4. Lleva una chaqueta marrón y una gorra gris. ☐

B. Write down more sentences to describe the clothes and accessories worn by the people in section A.

C. Describe your three favourite items of clothing and your two favourite accessories.

6. LA AZUL ES MUY PEQUEÑA /MÁS EJ. 15

A. Read these sentences. Which item do you think each sentence refers to? Mark the right answers.

1. La azul es muy pequeña.
☐ un jersey
☐ una camiseta
☐ unas sandalias

2. Los verdes son muy bonitos.
☐ unas sandalias
☐ un bañador
☐ unos pantalones

3. Las más caras son las rojas.
☐ unos zapatos
☐ unas sandalias
☐ unos jerséis

4. ¡El negro es precioso!
☐ un bañador
☐ unas gafas de sol
☐ una camiseta

B. Which other items of clothing or accessories could these phrases refer to?

1. La azul es muy pequeña. ....

2. Los verdes son muy bonitos. ....

3. Las más caras son las rojas. ....

4. ¡El negro es precioso! ....

C. Have a look at the pictures in small groups, and answer the questions.

1. ¿Qué **maleta** es...
- más práctica?
- más moderna?
- más fea?

2. ¿Qué **gafas** son...
- más baratas?
- más elegantes?
- más bonitas?

93 €

12 €

29,90 €

3. ¿Qué **jersey** es...
- más clásico?
- más bonito?
- más caro?

24.90 €
17.99 €

95.70 €

4. ¿Qué **zapatos** son...
- más originales?
- más prácticos?
- más feos?

- ¿Qué maleta es más práctica?
- Para mí, *la amarilla*, porque es pequeña y...

7. ¿ESTA O ESTA? /MÁS EJ. 18

A. Read the conversations and pay attention to the words in bold. Write which noun they refer to below each conversation. Note down the gender and number of the noun.

¿Cuáles son más bonitas?
¿Estas o estas?

Las verdes.

1. Sustantivo: ....

☐ masculino   ☐ femenino   ☐ singular   ☐ plural

¿Cuáles prefieres?
¿Estos o estos?

Los negros.

2. Sustantivo: ....

☐ masculino   ☐ femenino   ☐ singular   ☐ plural

¿Cuál es más barato?
Este o este?

El gris.

3. Sustantivo: ....

☐ masculino   ☐ femenino   ☐ singular   ☐ plural

¿Cuál compro?
¿Esta o esta?

La azul.

4. Sustantivo: ....

☐ masculino   ☐ femenino   ☐ singular   ☐ plural

B. Now look at the conversations in section A for the gender and number markers that match with the nouns **sandalias**, **jersey**, **zapatos** and **camiseta**.

- ¿Cuáles son más bonitas? ¿Estas o estas?
- Las verdes.

C. Look at the picture on the right. What does **esto** mean? When is it used?

¿Esto qué es: una camiseta o un vestido?

8. ¡BINGO! /MÁS EJ. 19, 20

A. Here is your bingo card. Write out the numbers in words.

200 €	500 €	300 €	900 €	800 €	400 €	600 €	700 €
doscientos							
500 €	200 €	900 €	300 €	800 €	600 €	700 €	400 €
	doscientas						

B. 🔊 14 Let's play! Your bingo card should have eleven squares. Block out five of them. Pay attention to the gender of the numbers: Does the bingo caller say doscient**os** or doscient**as**?

9. EN LA TIENDA /MÁS EJ. 21-23

A. Read this conversation at a pharmacy and answer the questions.

- **Farmacéutica:** Hola, buenos días.
- ○ **Cliente:** Buenos días.
- **Farmacéutica:** ¿Qué desea?
- ○ **Cliente:** Quería una crema solar de factor 50.
- **Farmacéutica:** Pues mire, aquí tiene varias.
- ○ **Cliente:** ¿Cuánto cuesta esta?
- **Farmacéutica:** Esta, 19,39 euros. Es muy buena. Pero estas dos son más baratas.
- ○ **Cliente:** ¿Cuánto cuestan?
- **Farmacéutica:** Esta, 14,49 euros. Y esta otra, 10,90.
- ○ **Cliente:** Vale, pues me llevo esta, la de 10,90.

1. ¿Qué quiere comprar?

¿Cómo lo dice?

2. ¿Pregunta precios?

¿Cómo lo dice?

3. ¿Compra algo?

¿Cómo lo dice?

B. Now complete these questions with **cuesta** or **cuestan**.

1. ¿Cuánto .... estos zapatos?

2. Esta camiseta de aquí, ¿cuánto ....?

C. 🔊 15 🔊 ALT|MX A man is going shopping with a friend. Listen to the conversation and write down the missing information.

1. Quiere comprar ....

2. Al final compra ....

que cuesta ....

/ Para comparar

In most Spanish-speaking countries, shop assistants will talk to customers using *usted*. What are the different ways of talking to people in your language? How would you talk to these people in your language: a police officer, a teacher, someone who is 70 years old, a shop assistant aged 20?

Vocabulario

COLORES /MÁS EJ. 12

- ⬤ blanco/a/os/as
- ⬤ amarillo/a/os/as
- ⬤ rojo/a/os/as
- ⬤ negro/a/os/as
- ⬤ naranja/s
- ⬤ rosa/s
- ⬤ lila/s
- ⬤ verde/s
- ⬤ azul/es
- ⬤ gris/es
- ⬤ marrón/ones
- ⬤ beis

- • **¿De qué color es** el jersey?
- ○ *Amarillo.*

*Un**a** chaquet**a** roj**a**.*　　　　**Un** gorr**o** roj**o**.
*Un**as** sandali**as** roj**as**.*　　*Un**os** pantalon**es** roj**os**.*

NUMERALES　　　　　　　　　　⊕ P. 208

100	cien	1000	mil
101	**ciento** uno* / una	2000	dos mil
102	**ciento** dos	...	
...		10 000	diez mil
200	doscientos/as	20 000	veinte mil
300	trescientos/as	...	
400	cuatrocientos/as	100 000	cien mil
500	**quinientos**/as	200 000	doscientos/as mil
600	seiscientos/as	...	
700	**sete**cientos/as	1 000 000	un millón
800	ochocientos/as	2 000 000	dos millones
900	**nove**cientos/as	1 000 000 000	mil millones

*　Before a noun: ciento **un** euros.

3 453 276 = tres millones cuatrocientos/as cincuenta **y** tres mil doscientos/as setenta **y** seis.

LLEVAR / LLEVARSE /MÁS EJ. 24

*¿**Llevas** dinero? Necesito 10 euros.* (Have something on your person).
*Hoy **llevo** un vestido rojo, pero normalmente **llevo** vaqueros porque son muy cómodos.* (Wear something).

*Me **llevo** este jersey rojo. Es más barato que el verde.* (Choose an object out of several).

COMBINACIONES CON EL VERBO IR

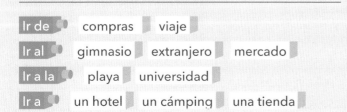

Ir de	compras	viaje	
Ir al	gimnasio	extranjero	mercado
Ir a la	playa	universidad	
Ir a	un hotel	un cámping	una tienda

ROPA Y ACCESORIOS

un jersey
un bolso
unos vaqueros
unas zapatillas deportivas

una camiseta
una pulsera
unos pantalones
unos zapatos

un vestido

un gorro
una bufanda
un abrigo
unas botas

una camisa
una falda
unas sandalias

unas gafas
una chaqueta
un cinturón

HABLAR DE ROPA

CAMISETA

PRECIO
cara
barata

ADJETIVOS PARA DESCRIBIR
bonita　　clásica
fea　　　　práctica
elegante　moderna
informal　original

CARACTERÍSTICAS
de manga corta　de rayas
de manga larga　de cuadros
de tirantes　　　estampada

DEMONSTRATIVES ⊕ P. 210-211

DEMONSTRATIVES + NOUN	DEMONSTRATIVES*	
este jersey	**este**	
esta camiseta	**esta**	**esto**
estos zapatos	**estos**	
estas sandalias	**estas**	

* When you don't know which noun is being referred to, it is possible not to mention it.

- **Estas** botas, ¿cuánto cuestan?
- ¡**Este** jersey es precioso!
- 40 euros.
- Pues yo prefiero **este**.
- ¿Y **estas**?

EL / LA / LOS / LAS + ADJECTIVE AND EL / LA / LOS / LAS DE + NOUN ⊕ P. 209-210

When you don't know which noun is being referred to, it is possible not to mention it.

¿Qué <u>coche</u> usamos: **el** nuevo o **el** viejo?

Luis quiere comprar la <u>camiseta</u> verde y Julia, **la** azul.

Los <u>zapatos</u> más caros son **los** negros.

Tenemos que llevar las <u>maletas</u> rojas y **las** negras.

¿Qué <u>camiseta</u> prefieres? Yo, **la de** tirantes.

el <u>coche</u> nuevo ➔ **el** nuevo	los <u>zapatos</u> negros ➔ **los** negros
la <u>camiseta</u> azul ➔ **la** azul	las <u>maletas</u> negras ➔ **las** negras
la <u>camiseta</u> de tirantes ➔ **la de** tirantes	

QUÉ + NOUN, CUÁL / CUÁLES /MÁS EJ. 17

⊕ P. 219-220

Qué + noun is used to ask about one object (or a person, animal, place, etc.) from a group of several of the same kind of thing.

- ¿**Qué falda** prefieres?
- Esta, la azul.

When asking about which object you are referring to, you can use **cuál** and **cuáles** without repeating the noun.

En esta tienda hay muchas <u>camisas</u>. ¿**Cuál** compro para mi hermana?

¿Qué <u>zapatos</u> compro? ¿**Cuáles** crees que son más elegantes?

CUESTA / CUESTAN

¿Cuánto cuest**a** est**e** <u>vestido</u>?

¿Cuánto cuest**an** est**os** <u>vestidos</u>?

EXPRESSING NEED: TENER QUE + INFINITIVE

	TENER	QUE + INFINITIVE
(yo)	**tengo**	
(tú, vos)	t**ie**nes, tenés	
(él / ella, usted)	t**ie**ne	**que** + llevar
(nosotros / nosotras)	tenemos	
(vosotros / vosotras)	tenéis	
(ellos / ellas, ustedes)	t**ie**nen	

Esta noche voy a una fiesta de cumpleaños. **Tengo que llevar** un regalo.

IRREGULAR VERBS THAT END IN -IR
⊕ P. 224

	PREFERIR	IR
(yo)	pref**ie**ro	**voy**
(tú, vos)	pref**ie**res, preferís	**vas**
(él / ella, usted)	pref**ie**re	**va**
(nosotros / nosotras)	preferimos	**vamos**
(vosotros / vosotras)	preferís	**vais**
(ellos / ellas, ustedes)	pref**ie**ren	**van**

BUYING IN SHOPS

SELLERS	BUYERS
Hola. / Buenos días. / Buenas tardes.	Hola. / Buenos días. / Buenas tardes.
¿Qué desea? / ¿Qué quería?	**Quería** unos zapatos (para hombre / para mujer). **¿Cuánto cuestan estos** (de aquí)?
x euros / pesos / dólares.	**Son un poco caros, ¿no?** / **¿Tiene algo más barato?**
Sí, **tenemos estos**.	(Pues) **me llevo** los negros.
Muy bien. ¿(Desea) alguna cosa más?	**No, gracias**.
Pues (son) 45 euros, por favor.	**Aquí tiene.**
Muchas gracias.	**Gracias**.

10. ¿QUÉ ROPA PREFIERES?

A. In pairs, talk about which clothes you would wear in these situations. You can search for other options on the internet.

- para ir a un festival de música pop en verano
- para hacer un viaje largo en coche

- para ir a tu trabajo o lugar de estudios
- para ir de excursión a la montaña

- *¿Qué ropa prefieres para ir a un festival de música pop?*
- *Yo, estos vaqueros, las zapatillas deportivas y…*

B. Take turns to present your choices for one of the situations in section A. Do any of your answers match?

- *Yo, para ir a un festival de música pop, los vaqueros, las zapatillas deportivas y la camiseta gris. Y también una chaqueta…*

11. ¿CUÁNTO CUESTA? /MÁS EJ. 25

Search the internet for a product you like and want to buy. Show it to other people in the class, so they can guess how much it costs.

- *Quiero comprar esta maleta. ¿Cuánto creéis que cuesta?*
- *60 euros.*
- *Más.*
- *120.*
- *Menos.*

12. UNA SEMANA FUERA

A. You're going to spend a week in one of these two places. In groups, choose the one you like the most.

B. Make a list of the clothes you want to wear, then discuss your choices with the class. Did you choose the same thing?

> • *Yo llevo tres camisetas de manga larga y dos pantalones largos.*
> ◦ *Pues yo llevo tres pantalones. Creo que tienes que llevar más porque son seis días y...*

C. Think about five more things you need and that you have to share. Make a list.

> • *Yo creo que tenemos que llevar una guía de viaje de Argentina y un...*

D. Now you have to decide how you are going to get these things. Do any of you have them already? Do you need to buy them?

> • *No tenemos guía, ¿verdad?*
> ◦ *No.*
> • *Pues tenemos que comprar una.*

6 DÍAS
5 NOCHES
BUENAVISTATOURS

HOTEL EN
BARILOCHE
(ARGENTINA)

ACTIVIDADES:
PASEOS A CABALLO Y ESQUÍ

6 DÍAS
5 NOCHES
BUENAVISTATOURS

APARTAMENTO EN
SANTANDER
(ESPAÑA)

ACTIVIDADES:
PASEOS POR EL CENTRO HISTÓRICO, RUTA GASTRONÓMICA Y SURF

13. ALT|DIGITAL CÓMO NOS VESTIMOS /MÁS EJ. 26

A. What clothes do the following people wear in your country? Discuss it in groups. Look up information on the internet if you need to.

- los / las policías
- los hombres / las mujeres de negocios
- los / las conductores/as de autobús
- los / las escolares de quince años
- los / las empleados/as de banco
- los / las camareros/as

> • *Los policías llevan unas botas negras, unos pantalones azules, una camisa azul claro y una corbata.*

B. What do you wear in the following situations? Discuss it with your classmates.

Para estar en casa   Para dormir   Para salir por la noche   Para ir a una boda

> • *Yo, para estar en casa, llevo una camisa negra, unos pantalones negros muy cómodos y unos calcetines gruesos de colores.*
> ◦ *Pues yo en casa siempre llevo un pijama.*

14. **ALT** | **DIGITAL** EL MERCADILLO DE LA CLASE

A. You are going to set up a market. Follow the steps below.

> **1.** Elige tres productos para vender (pueden ser de diferente tipo: ropa, accesorios, objetos de clase, etc.).
> **2.** Decide el precio para cada producto. Atención: el precio máximo es 50 euros.
> **3.** Coloca en la mesa tus productos.

B. Divide the class into buyers and sellers. The buyers have to buy two things to give to someone else (it can be someone from the class), and they can't spend more than 100 euros.

C. Now you can start to buy things. Then switch roles: the buyers become the sellers, and vice versa.

D. Present your purchases and say who each product is for.

> • *Estas gafas de sol son para mi hermano. Cuestan 22 euros.*

15. MIS TIENDAS PREFERIDAS

BEFORE WATCHING THE VIDEO

A. You are going to watch a video in which Diana shows us two of her favourite shops in Calle Santa Ana in Madrid (Spain). Find out more about the street: Where is it? What type of shops are there?

WATCH THE VIDEO

B. ▶6 Watch the video and fill in the table, decided which information you associate with each shop.

	Closet Club	Santa y Señora
1. Hay ropa de hombre y prendas para ocasiones especiales.		
2. Hay ropa sostenible, hecha con materiales reciclados.		
3. Hay vaqueros muy baratos de marcas conocidas.		
4. Hay diseños exclusivos de una diseñadora de moda.		

C. Describe three items of clothing that Diana shows in the video.

AFTER WATCHING THE VIDEO

D. In class, talk about which of the two shops you like more, and which of Diana's clothes you liked most.

E. Present your favourite shop to the class. If you prefer, you can make a video like Diana's.

5 / TUS AMIGOS SON MIS AMIGOS

MIS FOTOS

Con mis amigas en Islandia.

Con mi novio.

Con mi padre.

Con mi hermana y mi prima el día de su boda.

DURING THIS UNIT YOU WILL	COMMUNICATION RESOURCES	GRAMMAR RESOURCES	VOCABULARY RESOURCES
INTRODUCE AND DESCRIBE A PERSON	• talking about physical appearance and personality • expressing and comparing likes, dislikes and interests • asking about likes and dislikes • talking about personal relationships	• the verb **gustar** • quantifiers (**muy**, **bastante**, **un poco**) • possessives • **también** / **tampoco** • diacritical accents	• family • personality adjectives • music

Olivia Pons

+ Seguir

Con mi hermana y mis sobrinos.

Con mis compañeros de trabajo en un seminario.

Empezar

1. LAS FOTOS DE OLIVIA

A. Look at Olivia's photos. What do you think these words mean?

- amigas
- sobrinos
- hermana
- prima
- padre
- novio
- compañeros de trabajo

B. What is your best friend called? What about the people in your family? Do you have any photos you can share with the class?

- *Esta es Beate, mi mejor amiga...*

➕ **Para comunicar**

→ Este es David, mi mejor amigo / mi hermano / mi padre.

→ Esta es Emma, mi mejor amiga / mi hermana / mi madre.

→ Estos son Josef y Angela, mis mejores amigos / mis hermanos / mis padres.

→ Estas son Catherine y Uma, mis mejores amigas / mis hermanas.

2. **ALT│DIGITAL** ¿QUIÉN ES? /MÁS EJ. 1

A. A magazine is raffling off tickets to a concert. To enter, you have to fill in the form with the correct information about Jorge Drexler. Work in pairs.

músico   Lucero   San Francisco y Cádiz   el surf   El Cisne Azul (Madrid)

1964   Chico Buarque y Caetano Veloso   Montevideo   Prada   Felisberto Hernández

3 (Pablo, Luca y Leah)   *La luz que sabe robar*

HOW MUCH DO YOU KNOW ABOUT? Jorge Drexler

Lugar de nacimiento:

Año de nacimiento:

Segundo apellido: Nombre de su madre:

Hijos:

Profesión: Título de su primer álbum:

Músicos favoritos:

Deporte favorito:

Ciudades preferidas:

Escritor favorito:

Restaurante favorito:

- *Músico es su profesión, ¿no?*
- *Sí, ¿y Lucero?*

B. Draw a star and write five details about yourself. Then ask someone else in the class to guess what they refer to. Note: you can only reply yes or no.

- *¿Berlín es tu ciudad preferida?*
- *No.*
- *¿Tu lugar de nacimiento?*
- *Sí.*

C. Now tell the rest of the class an interesting fact about your classmate.

- *La ciudad preferida de Anja es Londres.*

> **CÁPSULA DE FONÉTICA 5**
>
> y
> a ʒ n
>
> La entonación en las preguntas

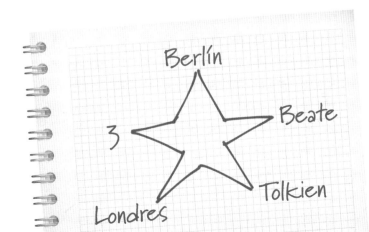

Berlín

Beate

3

Tolkien

Londres

3. CONTACTOS /MÁS EJ. 2-6

A. ☰ **MAP** Read these messages from three women on a language exchange website and have a look at their pictures. Then, write down who wrote each message.

Nombre: ....
Lengua materna: **español**
Quiero practicar: **inglés, francés y ruso**

¡Hola! Soy cubana. Tengo 41 años, soy periodista y me encanta aprender idiomas. Estudio inglés, francés y ruso. También me gusta cocinar, viajar y estar con mis amigos y amigas, pero mi gran pasión es la fotografía. ¡Un abrazo!

Nombre: ....
Lengua materna: **español**
Quiero practicar: **portugués y chino**

Hola, amigos y amigas. Soy mexicana y tengo 32 años. Estudio portugués y chino. Me gusta mucho leer, escribir y viajar, y me encantan el mar y todos los deportes. También me gusta salir de noche. Espero sus mensajes.

Nombre: ....
Lengua materna: **español**
Quiero practicar: **inglés y alemán**

¡Hola desde Bilbao! Tengo 35 años. Estudio inglés y alemán. Me gusta leer revistas de moda, pasear, ir al cine y sobre todo escuchar música. Mi grupo favorito es Calle 13. ¿Quieres conocerme? ¡Hasta pronto!

Amaia

Tania

María

B. ▶7 Watch the video messages from the three women and write down what else they say about their interests and hobbies.

C. ▶7 Watch the videos again and indicate who says what: Tania (T), María (M) or Amaia (A).

1. Soy muy extrovertida y aventurera. ☐

2. Soy muy divertida y habladora. ☐

3. Soy una chica normal y bastante sociable. ☐

4. Soy bastante activa. ☐

5. Soy muy abierta. ☐

6. Al principio soy un poco tímida. ☐

D. Which of the three women would you like to have a language exchange with? Discuss your answer with your classmates.

- *A mí, con María, porque* **parece** *muy simpática y, además,* **le gusta** *el kitesurf.*

Construimos el
LÉXICO

Write down your hobbies and your favourite things in a table.

Mis aficiones	Mis cosas favoritas
– ver películas	– plato: pasta
– ...	– ...

4. TIEMPO LIBRE /MÁS EJ. 7, 8

A. **≡ ALT** **≡ MAP** Four people talk about the music they like. Mark the information you agree with in the texts and discuss it with the others in your class.

Guillermo
24 años (Bogotá)

¿Qué tipo de música escuchas normalmente? Escucho mucho pop latino y reguetón. Y también vallenato.

¿Escuchas siempre música en español? No, también me gusta escuchar pop-rock en inglés.

¿Tus artistas favoritos? Me encantan Becky G, J Balvin y Rosalía.

Anabel
32 años (Barcelona)

¿Qué tipo de música escuchas normalmente? Me gustan muchos tipos de música, pero últimamente escucho mucha música electrónica.

¿Dónde escuchas música? En todas partes: en el coche, en casa, en el trabajo.

¿Tu cantante o grupo favorito? Calvin Harris, Dua Lipa...

Mónica
25 años (Madrid)

¿Qué tipo de música escuchas normalmente? Escucho mucha música independiente y mucha música electrónica también...

¿Dónde escuchas música? En casa, pero también me encanta ir a conciertos.

¿Tu cantante o grupo favorito? Me gustan mucho Dënver, Caloncho, La vida Bohème... y James Blake.

Diego
40 años (Buenos Aires)

¿Qué tipo de música escuchas normalmente? Música clásica y jazz. ¡Me encanta el jazz!

¿Dónde escuchas música? En casa. A mi mujer también le gusta la música y en casa tenemos muchos vinilos.

¿Y os gusta el mismo tipo de música? Ella prefiere la música soul, a mí me gustan más el jazz y la música clásica.

- *Yo también escucho pop latino.*
- *A mí también me gusta la música soul.*

B. Look for the sentences that include **gusta / gustan** or **encanta / encantan**. Do you understand the difference between the two forms? Fill in how they are used in the table below.

	GUSTA	GUSTAN	ENCANTA	ENCANTAN
Con un sustantivo en singular o con un verbo en infinitivo.				
Con un sustantivo en plural o con varios sustantivos.				

C. These verbs are always accompanied by a series of personal pronouns. Look for examples in the texts and fill in the table with the corresponding verb forms.

(A mí)			(A nosotros / nosotras)	nos	
(A ti)	te	gusta/n encanta/n	(A vosotros / vosotras)		gusta/n encanta/n
(A él / ella / usted)			(A ellos / ellas / ustedes)	les	

5. ¿A TI TAMBIÉN? /MÁS EJ. 11-12

A. Look at the cartoons Do you understand the highlighted expressions?

B. 🔊 16 🔊 **ALT|CU** Listen to someone talking about her likes and dislikes. Do you agree with her? Write down your reactions.

6. LA MÚSICA Y YO /MÁS EJ. 9,10

A. Do you like the things on the list below? Discuss it with someone else from class.

- cantar
- la música electrónica
- ir a festivales de música
- escuchar música con el móvil
- los conciertos de música clásica
- las canciones de Lady Gaga
- escuchar música en la radio
- ir a karaokes
- los bares con música en vivo
- los vinilos *vinyl*
- ir a conciertos

> ● *No me gusta mucho ir a festivales. Hay mucha gente. ¿Y a ti?*
> ○ *A mí sí, me encanta.*

➕ **Para comunicar**

+
  me encanta/n
  me gusta/n mucho
  me gusta/n bastante
  no me gusta/n mucho
−
  no me gusta/n nada

B. Do you like the same things? What do you disagree on? Talk about it with the class.

> ● *A mí no me gusta ir a festivales, pero a Noah sí.*
> *A los dos nos encantan los bares con música en vivo.*

7. LA FAMILIA DE PACO Y DE LUCÍA /MÁS EJ. 13-16

A. Look at this family tree of a Spanish family, read the sentences and fill in the blanks about their relationships.

- Paco es el **marido** de Lucía.
- Lucía es la **abuela** de Carla y de Daniel.
- Carla es la **hija** de Abel y de Luisa.
- Daniel es el **nieto** de Paco y de Lucía.
- Marta es la **hermana** de Abel.
- Paco es el **padre** de Marta y de Abel.
- Marta es la **tía** de Carla.
- Daniel es el **primo** de Carla.

B. Translate the words in bold into your language. What are the differences from Spanish?

- **Mis padres** (mi padre y mi madre)
- **Mis hijos** (un chico y dos chicas)
- **Mis hijos** (dos chicos)
- **Mis hermanos** (un chico y una chica)
- **Mis hermanos** (dos chicos)
- **Mi tío** (el hermano de mi padre)
- **Mi tío** (el hermano de mi madre)

Paco — Lucía
abuelo — [ ]
[ ] — mujer
[ ] — madre
Javier — Marta — Abel — Luisa
[ ] — hermano
[ ]
hijo — Daniel — Carla — [ ]
[ ] — nieta
[ ]

C. In pairs, read the information and draw a family tree.

Margarita Vidal Méndez
Tiene 69 años.
Es viuda. Tiene dos hijas y un hijo.

Ana Martín Vidal
Tiene 45 años.
Es ingeniera. Está casada.
No tiene hijos, pero es tía.

Ignacio Álvarez Guzmán
Tiene 41 años.
Está casado y tiene una hija.

Carlos Martín Ariza
Tiene 20 años.
Es soltero.
Es hijo único.

Gabriela Álvarez Martín
Tiene 17 años.
Tiene un primo.
Es hija única.

Leonor Martín Vidal
Tiene 38 años.
Está casada.
Es la tía de Carlos.

Jorge Martín Vidal
Tiene 47 años.
Está divorciado. Tiene dos hermanas. Tiene un hijo.

Karina Bolívar Hernández
Tiene 49 años.
Es médica y está casada con una ingeniera.

Diana Ariza Fisher
Tiene 40 años.
Es enfermera. Tiene un hijo con su exmarido.

- *Margarita es la madre de Ana, ¿no?*

8. DE VACACIONES CON MI FAMILIA

A. Read the conversation between Tere and Elena, and answer these questions.

- ¿Qué vacaciones te parecen más interesantes: las de Tere o las de Elena? ¿Por qué?
- ¿Y a ti? ¿Te gusta más ir de vacaciones con tus amigos/as o con tu familia? ¿Por qué?

B. Look at the words in bold in the chat and fill in the table.

	SINGULAR	PLURAL
1.ª persona del singular (yo)	.... hijo **mi** hija	**mis** hermanos .... hermanas

	SINGULAR	PLURAL
2.ª persona del singular (tú)	.... marido **tu** mujer	.... hijos **tus** hijas

	SINGULAR	PLURAL
3.ª persona del singular (él / ella, usted)	.... primo **su** prima	.... abuelos **sus** abuelas

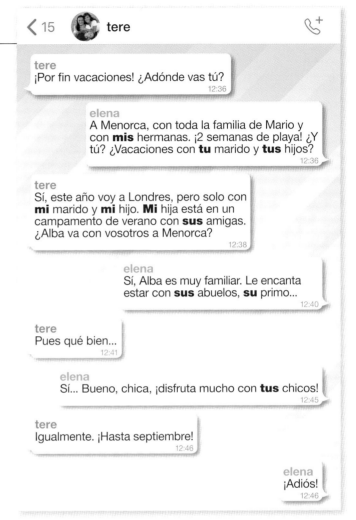

⟨ 15 tere ☎+

tere
¡Por fin vacaciones! ¿Adónde vas tú?
12:36

elena
A Menorca, con toda la familia de Mario y con **mis** hermanas. ¡2 semanas de playa! ¿Y tú? ¿Vacaciones con **tu** marido y **tus** hijos?
12:36

tere
Sí, este año voy a Londres, pero solo con **mi** marido y **mi** hijo. **Mi** hija está en un campamento de verano con **sus** amigas. ¿Alba va con vosotros a Menorca?
12:38

elena
Sí, Alba es muy familiar. Le encanta estar con **sus** abuelos, **su** primo...
12:40

tere
Pues qué bien...
12:41

elena
Sí... Bueno, chica, ¡disfruta mucho con **tus** chicos!
12:45

tere
Igualmente. ¡Hasta septiembre!
12:46

elena
¡Adiós!
12:46

9. ALT|DIGITAL ES RUBIA Y TIENE EL PELO LARGO /MÁS EJ. 19-20

A. Look at the pictures of these actors from the Spanish series *La casa de papel* and say which one matches each description.

- Es alta, rubia y tiene el pelo largo.
- Es bajito, moreno y tiene el pelo rizado.
- Es morena y tiene el pelo corto.
- Es alto, castaño y tiene bigote.
- Tiene barba.

B. Find a photo of a group of people (actors, a band, etc.): label them and describe them like in section A.

Vocabulario

ASPECTO FÍSICO

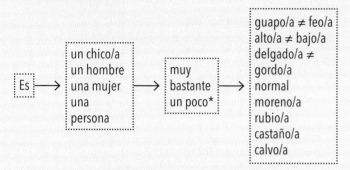

Es → un chico/a / un hombre / una mujer / una persona → muy / bastante / un poco* → guapo/a ≠ feo/a / alto/a ≠ bajo/a / delgado/a ≠ gordo/a / normal / moreno/a / rubio/a / castaño/a / calvo/a

* **Un poco** is only used with adjectives that are presented as negative.

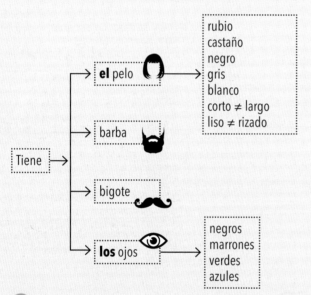

Tiene →
- **el** pelo → rubio / castaño / negro / gris / blanco / corto ≠ largo / liso ≠ rizado
- barba
- bigote
- **los** ojos → negros / marrones / verdes / azules

❗ You cannot say *Tiene su pelo rubio*; instead, you say *Tiene **el** pelo rubio*.

LA FAMILIA

*Paco y Lucía son **los padres de** Marta y **de** Abel.*
(Madre + padre = **padres**).

*Marta y Abel son **los hijos de** Paco y **de** Lucía.*
(Hijo + hija = hijos).

*Paco y Lucía son **los abuelos de** Daniel y **de** Carla.*
(Abuelo + abuela = abuelos).

*Marta y Abel son **hermanos**.*
(Hermano + hermana = hermanos).

For divorced people, you can use **exmarido** and **exmujer**.
For people in a relationship, you can use **novio/a**, **compañero/a** or **pareja**.

CARÁCTER

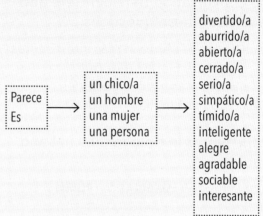

Parece / Es → un chico/a / un hombre / una mujer / una persona → divertido/a / aburrido/a / abierto/a / cerrado/a / serio/a / simpático/a / tímido/a / inteligente / alegre / agradable / sociable / interesante

- ¿Qué tal la nueva profesora?
- Bien, **parece bastante** interesante.

LA MÚSICA

PROFESIONES
músico/a
cantante
bailarín/a
compositor/a

LA MÚSICA

TIPOS DE MÚSICA
pop
rock
salsa
música electrónica
música clásica
jazz
flamenco

ACTIVIDADES
escuchar música
bailar
ir a conciertos
ir a festivales
escuchar música en vivo
tocar un instrumento
ir a karaokes

OTROS
grupo de música

LIKES, DISLIKES AND INTERESTS
➕ P. 215, P. 217-218, P. 222-223

THE VERB GUSTAR

(A mí)	**me**		
(A ti / vos)	**te**		el cine. (SINGULAR NOUNS)
(A él / ella / usted)	**le**	**gusta**	ir al cine. (VERBS)
(A nosotros / no-sotras)	**nos**		
(A vosotros / vo-sotras)	**os**		las películas de
(A ellos / ellas / ustedes)	**les**	**gustan**	acción. (PLURAL NOUNS)

❗ **Encanta/n** is not used with quantifiers (~~Me encanta mucho~~).

(A mí) **me encanta**	
(A mí) **me gusta mucho**	el flamenco (y también
(A mí) **me gusta bastante** ✶	el rock). *✶ a lot*
(A mí) **no me gusta mucho**	
(A mí) **no me gusta**	el flamenco (ni tampoco
(A mí) **no me gusta nada**	el rock*).

* **Y + no = ni**: *No me gusta el fútbol **ni** (tampoco) el tenis.*

❗ You can't say ~~Me gusta cine~~, the article is necessary: *Me gusta **el** cine.*

ASKING ABOUT LIKES AND DISLIKES

* **¿Te gusta** el jazz?
○ *Pues no, no mucho.*

* **¿Qué (tipo de)** música **te gusta (más)?**
○ *La música electrónica.*

* **¿Cuál** es tu color **favorito / preferido?**
○ *El verde.*

COMPARING LIKES AND DISLIKES

☺ • *Me encanta el golf.*　　☹ • *No me gusta nada el golf.*
☺ ○ ***A mí también.***　　☹ ○ ***A mí tampoco.***
☹ ○ ***A mí no.***　　☺ ○ ***A mí sí.***

***A mí me** gusta ir al cine, pero **a ella le** encanta ir de excursión.*
*Voy mucho al cine con mi marido. **A los dos nos** encanta.*

POSSESSIVES /MÁS EJ. 17, 18　➕ P. 212

Possessives are used to identify something or someone by relating it to a person. The relationship might be between family members (**mi** hermana), social (**mis** amigos, **mi** jefa), in relation to ownership (**mi** libro) or otherwise (**mi** autobús, **mi** calle).

	SINGULAR	PLURAL
1st person (yo)	**mi** padre **mi** madre	**mis** hermanos **mis** hermanas
2nd person (tú, vos)	**tu** padre **tu** madre	**tus** hermanos **tus** hermanas
3rd person (él / ella, usted)	**su** padre **su** madre	**sus** hermanos **sus** hermanas

❗ In Spanish, possessive adjectives agree with the object and **not** with the subject:
*Sara vive con **su padre**.*
*Sara vive con **sus padres**.*

Possessive adjectives are not accompanied by an article (~~el mi primo, la tu madre~~):

mi amigo Luis　　　　**mi** amiga Carla

DIACRITICAL ACCENTS /MÁS EJ. 21　➕ P. 206-207

Some words have an accent to differentiate them from other words that are written the same way.

mi (possessive): ***Mi** madre.*	**mí** (personal pronoun): *A **mí** me gusta.*
tu (possessive): ***Tu** madre.*	**tú** (personal pronoun): *¿**Tú** te llamas Marcelo?*
te (pronoun): *¿**Te** gusta?*	**té** (noun): *¿Quieres **té** o café?*
el (article): ***El** hijo de Juan.*	**él** (personal pronoun): ***Él** es de Bélgica.*
que (conjunction): *¿Este es el cantante **que** te gusta?*	**qué** (interrogative pronoun): *¿**Qué** quieres?*
como (conjunction): *Mi padre es alto y rubio **como** yo.*	**cómo** (interrogative pro- noun): *¿**Cómo** eres?*
porque (in answers): *Estudio español **porque** quiero hablar con mi cuñado.*	**por qué** (in questions): *¿**Por qué** estudias español?*

10. ALT|DIGITAL ¿TIENES HERMANOS?

A. Draw the family tree of someone else in your class. You will need to ask them questions about their family.

- *¿Tienes hermanos?*
- *Sí. Tengo dos hermanos: un hermano y una hermana. Mi hermana se llama Sara…*

B. Now your classmate will tell you something about each member of their family. Write it down on the family tree.

- *Mi hermana Sara toca el violín.*

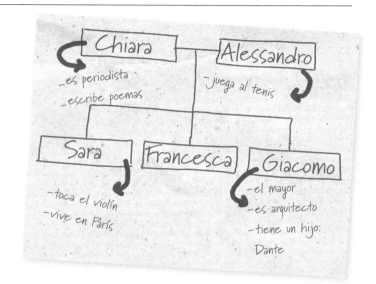

11. ALT|DIGITAL NUESTROS GUSTOS MUSICALES

A. Write a report with interviews about your music tastes and habits. Think of questions as a class and write them on the blackboard.

- ¿Cuál es tu canción preferida?
- ¿Cuál es tu grupo preferido?
- ¿Qué música te gusta para bailar?
- …

B. Now, choose five questions each, write them down and answer them.

C. Review what you have written in groups and prepare a report with all the interviews.

D. Read the interviews by other people and, if you want, listen to the music they like. Who shares the same music tastes as you? In what way?

12. ES UNA MUJER DE UNOS 30 AÑOS

A. 🔊 17 Listen to three students who are trying to guess the person, and say which of the following people they are describing.

Guillermo del Toro   **Lionel Messi**   **Sílvia Pérez Cruz**   **Daniela Vega**

Marc Márquez   **Maluma**   **Mireia Belmonte**   **Gustavo Dudamel**

B. Get together in groups and describe a famous person or character (real or fictional). The other classmates should try to guess who it is.

- *Es una chica de unos 25 años, morena, con el pelo largo. Es brasileña y es cantante.*
- *¿Anitta?*
- *¡Sí!*

➕ Para comunicar

→ un niño
→ una niña
→ un chico
→ una chica

→ un hombre / señor
→ una mujer / señora
→ un señor mayor
→ una señora mayor

→ Tiene 20 años.
→ Tiene unos 40 años. = Tiene aproximadamente 40 años.

13. ALT DIGITAL SOY UNA PERSONA BASTANTE TÍMIDA

A. What kind of person are you? Write a description of yourself on a piece of paper.

B. Your teacher should collect the pieces of paper and hand one out to each member of the class. Each student should guess who is being described on their piece of paper. Discuss your answers in groups.

- *Yo creo que este es Nils porque dice que es muy hablador y le gusta mucho el flamenco.*

➕ Para comunicar

→ Creo que soy una persona muy / bastante / un poco... y muy / bastante / un poco...
→ En mi tiempo libre me encanta...
→ Otras cosas que me gusta hacer son... y...
→ No me gusta/n nada... ni...
→ Mi color / deporte… favorito es el...
→ Mi comida / música… favorita es el / la...
→ Mis libros / actores… preferidos son...
→ Mis películas / ciudades… preferidas son...

14. **ALT** **DIGITAL** YO QUIERO CONOCER AL HERMANO DE FLAVIA /MÁS EJ. 22-23

A. Imagine you can invite someone you know to class (someone in your family, a friend, etc.). Prepare a description of them with the details in the form below.

- Persona elegida
- Relación conmigo
- Nacionalidad
- Profesión
- Edad
- Aspecto físico
- Carácter
- Gustos y aficiones

B. Present the person to the rest of the class. Your classmates will have to listen and choose the person they want to meet the most. They can also ask you questions.

- *Mi invitado se llama Pedro, es mi hermano y vive en Río de Janeiro, como yo. Tiene 29 años y es informático. Es un chico muy simpático y muy divertido: le gusta mucho bailar y conocer a gente nueva. Es brasileño, como yo, claro. Y es muy deportista: juega al fútbol y...*

- *¿Le gusta ir a la playa?*

C. Now each student should decide which guest they would like to meet, and explain why.

- *Yo quiero conocer al hermano de Flavia, Pedro, porque parece un chico muy divertido y activo. Además, a mí también me gusta bailar...*

Gabriela, 40 años Lucía, 27 años Laura, 22 años Mariano, 34 años

15. ¿QUÉ DICE DE TI LA MÚSICA QUE ESCUCHAS?

BEFORE WATCHING THE VIDEO

A. Do you think you can know what someone is like (their age, personality, etc.) through the songs they listen to? Discuss in class.

WATCH THE VIDEO

B. ▶8 Watch the video up until 00:44. What information does Lucía think she can know about a person through the music they listen to?

C. ▶8 Watch the rest of the video and write down the information that the participants get right about Mariano, Laura, Lucía and Gabriela.

Mariano	☐ hombre	☐ 34 años	☐ tímido	☐ amable	☐ tranquilo
Laura	☐ mujer	☐ 22 años	☐ calmada	☐ sociable	☐ inteligente
Lucía	☐ mujer	☐ 27 años	☐ romántica	☐ extrovertida	☐ seria
Gabriela	☐ mujer	☐ 40 años	☐ apasionada	☐ sensible	☐ simpática

AFTER WATCHING THE VIDEO

D. Do you have the same music taste as any of the people in the video? What about the same personality traits?

E. Play the same game in class. Write three songs you like on a piece of paper. Then listen to someone else's favourite songs (without knowing who chose them) and try to describe the person.

6 / DÍA A DÍA

¿Cuáles son tus momentos preferidos de la semana?

DURING THIS UNIT YOU WILL

DISCOVER YOUR CLASSMATES' HABITS AND AWARD PRIZES

COMMUNICATION RESOURCES

- talking about habits
- expressing frequency
- asking for and giving the time

GRAMMAR RESOURCES

- the **presente de indicativo** of some irregular verbs
- pronominal verbs
- **yo también / yo tampoco / yo sí / yo no**
- **primero / después / luego**

VOCABULARY RESOURCES

- days of the week
- parts of the day
- daily activities

👍 Lidia

Los lunes y los miércoles a la hora de cenar, porque estoy con mis hijas.

👍 Elena

Los domingos por la mañana, cuando paseo con mi perro.

👍 Blanca

Todas las mañanas cuando me levanto; hago media hora de yoga y me encanta.

👍 Sergio

Los jueves por la noche, porque toco con mi grupo de música.

👍 Adela

Los fines de semana, porque voy a la montaña con mis amigos.

Empezar

1. LOS JUEVES POR LA NOCHE
/MÁS EJ. 1

A. A blog asks its readers what their favourite time of the week is. Link what they are saying to the photos.

Lidia ☐

Elena ☐

Blanca ☐

Sergio ☐

Adela ☐

B. Do you do any of these activities?

- *Yo también hago yoga los lunes y los miércoles por la noche.*

➕ **Para comunicar**

→ los lunes
→ los martes
→ los miércoles
→ los jueves   → por la mañana
→ los viernes   → al mediodía
→ los sábados   → por la tarde
→ los domingos   → por la noche
→ el fin de semana

2. ¿TE LEVANTAS DE BUEN HUMOR? /MÁS EJ. 2

A. `☰ MAP` What time of the day do you feel the most awake, with the most energy? Take this test.

TEST

¿DE DÍA o DE NOCHE?

Todos conocemos a personas que son más activas y están en plena forma por la mañana; y también a personas que viven más por la noche... ¿Y tú? ¿Cómo eres?

1. ¿Te levantas de buen humor?
- Ⓐ **Sí, casi siempre.**
- Ⓑ **A menudo.**
- Ⓒ **Casi nunca.**

2. ¿Cuánto tiempo dedicas a desayunar?
- Ⓐ **Normalmente, media hora.**
- Ⓑ **Cinco o diez minutos.**
- Ⓒ **No desayuno nunca.**

3. Si tienes que estudiar, ¿qué prefieres?
- Ⓐ **Levantarme muy temprano.**
- Ⓑ **Estudiar durante el día.**
- Ⓒ **Estudiar por la noche.**

4. Tu jornada laboral es de seis horas. Elige tu horario ideal:
- Ⓐ **De 6 a 12 h.**
- Ⓑ **De 10 a 16 h.**
- Ⓒ **De 14 a 20 h.**

5. ¿A qué hora te sientes más productivo/a?
- Ⓐ **Temprano por la mañana.**
- Ⓑ **Durante el día.**
- Ⓒ **Por la noche.**

6. ¿En qué momento del día prefieres hacer deporte?
- Ⓐ **A primera hora de la mañana.**
- Ⓑ **Por la tarde.**
- Ⓒ **Por la tarde-noche.**

7. Normalmente a las 23 h te sientes...
- Ⓐ **muy cansado/a y con mucho sueño.**
- Ⓑ **cansado/a, pero todavía tienes energía para leer o ver la televisión un rato.**
- Ⓒ **con mucha energía.**

8. ¿Con qué frecuencia sales a tomar algo o a bailar?
- Ⓐ **A veces, en ocasiones especiales.**
- Ⓑ **Dos o tres veces al mes.**
- Ⓒ **Todos los fines de semana y, a veces, entre semana.**

9. ¿Con qué frecuencia haces planes después de clase o del trabajo?
- Ⓐ **Casi nunca.**
- Ⓑ **Una vez a la semana. A veces, dos.**
- Ⓒ **Casi todos los días.**

10. Cuando no tienes compromisos al día siguiente, ¿a qué hora te acuestas?
- Ⓐ **A la hora de siempre.**
- Ⓑ **Un poco más tarde de lo habitual.**
- Ⓒ **Nunca antes de la 1 o las 2 h.**

Resultados

MAYORÍA DE RESPUESTAS:

Ⓐ **Eres una persona que prefiere el día. Te acuestas temprano y, para ti, no es un problema madrugar. Tienes más energía por la mañana.**
Ⓑ **Te adaptas bien a diferentes horarios. No tienes una clara preferencia por la mañana o por la tarde.**
Ⓒ **Tienes energía por la noche. Te gusta acostarte tarde y odias levantarte temprano. Para ti es muy difícil madrugar.**

B. Compare your results in small groups. Did you get the same answer?

3. ALT|DIGITAL ES UNA PERSONA MUY SANA /MÁS EJ. 3, 26

A. Answer the following questions in pairs. How would you describe the following type of person?

sana   fiestera   intelectual   casera

- *Una persona sana hace mucho deporte y cuida su alimentación.*
- *Sí, y no fuma, no bebe...*

B. 🔊 18-19 Listen to people talking about Berta and Natalia.
Write down what they are like, and why.

BERTA RODRIGO

Tiene 38 años. Es taxista.
Dicen que es ....
¿Por qué? ....
....

NATALIA APARICIO

Tiene 20 años. Es estudiante.
Dicen que es ....
¿Por qué? ....
....
....

C. What kind of person are you? Discuss it with your classmates.

➕ **Para comunicar**

→ Mi familia cree que soy... porque...
→ Mis amigos/as creen que soy... porque...
→ Mis compañeros/as de trabajo dicen que soy... porque...
→ Mi pareja dice que soy... porque...

Construimos el

Think of someone you know. What kind of person are they? What makes you think so? What do they do?

Nombre	Carácter	Cosas que hace
Fabio	casero	cocinar, ver series...

4. ¿QUÉ HORA ES? /MÁS EJ. 4

A. Look at how you say the time in Spanish and compare it with how you say it in your language.

| Son las doce **y** veinticinco. | Son las tres **y** veintiséis. | Es la una **menos** nueve. | Son las ocho **menos cuarto**. | Son las doce **y cuarto**. | Son las tres **y media**. |

B. Write these times down in your exercise book.

1. 12:30   **3.** 20:55   **5.** 19:45
2. 18:20   **4.** 17:15   **6.** 15:25

C. 🔊 **20** Listen to the recording and note down the order of the times given in the previous section.

D. 🔊 **20** Listen again and write down different ways of asking for the time in your exercise book.

5. ¿A QUÉ HORA ES EL CONCIERTO? /MÁS EJ. 5

A. Look at the cartoons and read the dialogue. Do you understand why they have to leave immediately?

> ¿Qué hora es, Juana?
>
> Son las ocho y diez.
>
> ¿Y a qué hora es el concierto? ¿A las diez?
>
> ¡No, a las nueve!
>
> ¡¿Qué!? ¡Tenemos que irnos ya!

▌ Para comparar

In Spain, concerts and other cultural activities can start at 9 pm or 10 pm. What about in your country?

B. Complete the rule.

1. La pregunta **¿Qué hora es?** sirve para...   **a.** saber cuándo empieza u ocurre algo.

2. La pregunta **¿A qué hora...?** sirve para...   **b.** saber la hora.

6. UN DÍA NORMAL /MÁS EJ. 6-8

A. What is a typical day like for a primary school teacher in your country? What time do you think they do these things? Discuss it with your classmates.

Se levanta a las...   Empieza a trabajar a las...   Come a las...

Sale del trabajo a las...   Cena a las...   Se acuesta a las...

- *Yo creo que en Alemania un profesor se levanta a las ocho y media.*
- *¿Sí? Yo creo que a las siete...*

B. 🔊 21   🔊 **ALT|ES** A Colombian teacher talks about what a normal day is like for her. Take notes and then compare her timetable with a teacher in your country.

C. Pronominal verbs (like **levantarse**) are constructed with the pronouns **me / te / se / nos / os / se**. What other pronominal verb appears in section A?

7. SIEMPRE HAGO LA CAMA DESPUÉS DE DESAYUNAR /MÁS EJ. 10, 11

A. Read what these people say about their habits. Do you do the same? Write your response.

" **Eva:** Me lavo los dientes antes y después de comer. "

" **Martín:** Me ducho siempre antes de acostarme. "

" **Leo:** Nunca veo la televisión después de cenar. "

" **Fernanda:** Por las mañanas, primero me ducho, después desayuno y luego hago la cama. "

➕ **Para comunicar**

- Yo siempre me lavo los dientes después de comer.
- Yo también.
- Yo no.

- No voy nunca al gimnasio antes de trabajar.
- Yo tampoco.
- Yo sí.

B. Compare the following structures with the ones you use in your language.

EN ESPAÑOL

antes de + infinitivo:
antes de comer

después de + infinitivo:
después de comer

EN MI LENGUA

CÁPSULA DE FONÉTICA 6

Entonación: narración y enumeraciones

C. Are there any activities that you always do in the same order? Write sentences like the ones in section A to talk about your habits. Then discuss them with your classmates.

8. UN DÍA ESPECIAL /MÁS EJ. 9

A. **≡ ALT** **≡ MAP** Two people are talking about a special day of the year for them. What similarities and differences are there between their days? Read the texts and discuss them in groups.

cartas de lectores

Un día especial

~ Alberto ~

Un día especial para mí es el último día de la Feria de las Flores, cuando se celebra el desfile de silleteros. Mi tía es silletera y la noche antes del desfile se acuesta tarde para prepararlo todo. El día del desfile mi tía se despierta muy temprano y se viste con el traje tradicional. Durante el desfile, todo el mundo sale a la calle para animar a los silleteros y silleteras que participan en el desfile. Después, nos reunimos todos, almorzamos y pasamos el resto del día juntos.

~ Gloria ~

Para mí, uno de los días más especiales del año es el primer día de primavera por la noche. Mis amigos y yo celebramos nuestro particular día de la amistad. Nos reunimos todos en casa de un amigo y nos vestimos con ropa del mismo color: verde, amarillo… ¡Cada año un color diferente! Después, salimos a bailar y, claro, nos acostamos muy tarde. Yo normalmente no salgo de noche, así que al día siguiente siempre me despierto más tarde de lo normal.

➕ Para comunicar

→ Cuenta/n una tradición de su ciudad / familiar…

→ Se reúne/n con / en…

→ Se viste/n con

→ Sale/n con amigos/as a bailar…

→ Se despierta/n tarde / temprano…

→ Se acuesta/n tarde / temprano…

- *Alberto cuenta una tradición de su país.*
- ○ *Sí, pero también es una tradición familiar, ¿no?*

B. Fill in the table with the highlighted verbs in the texts. What irregular forms are there?

	VESTIRSE	ACOSTARSE	DESPERTARSE	SALIR
(yo)	me visto	me acuesto	*me despierto*	*me salgo*
(tú)	te vistes	te acuestas	te despiertas	sales
(él / ella, usted)				
(nosotros/as)			nos despertamos	
(vosotros/as)	os vestís	os acostáis	os despertáis	salís
(ellos/as, ustedes)	se visten	se acuestan	se despiertan	salen

C. Write Alberto's text again from his aunt's point of view. Which verbs change?

9. TODOS LOS DÍAS /MÁS EJ. 12-15

A. Look at Pedro's schedule. What do you think he's like? Discuss your answer with your classmates.

deportista   familiar   maniático   perezoso   organizado   raro   otros

Pedro

	LUNES	MARTES	MIÉRCOLES	JUEVES	VIERNES	SÁBADO	DOMINGO
	2 Gimnasio / Inglés	3 Fútbol / Fernando	4 Gimnasio / Inglés	5 Fútbol / Yoga	6 Gimnasio / Cena con Carmen y Rosa	7 Tenis / Fernando	8 Comida en casa de la abuela
	9 Gimnasio / Inglés	10 Fútbol	11 Gimnasio / Inglés / Fernando	12 Fútbol / Yoga	13 Gimnasio / "La Celestina" Teatro Nacional	14 Tenis	15 Comida en casa de la abuela
	16 Gimnasio / Inglés	17 Fútbol	18 Gimnasio / Inglés	19 Fútbol / Yoga	20 Gimnasio / Cena con Juan y María	21 Tenis / Fernando	22 Comida en casa de la abuela
	23 Gimnasio / Inglés	24 Fútbol	25 Gimnasio / Inglés / Fernando	26 Fútbol / Yoga / Fernando	27 Gimnasio / Cena con Carmen	28 Tenis	29 Comida en casa de la abuela

B. How often does Pedro do these activities? Complete the sentences below.

hacer yoga   comer con la familia   cenar con amigos   hacer deporte
ir a clases de inglés   ir al teatro   salir con Fernando

1. Casi todos los días _____
2. Una vez a la semana _____
3. Dos veces a la semana _____
4. Los domingos _____
5. Normalmente, los viernes _____
6. A veces *sometimes*
7. A menudo *often*

C. Do you have anything in common with Pedro? Write it down then discuss it with your classmates.

Yo también hago deporte casi todos los días.

D. How often do you do these things? Discuss it with someone else in the class.

1. Dormir ocho horas o más.
2. Hacer la cama.
3. Comer con la familia.
4. Cenar fuera de casa.
5. Lavarte los dientes.
6. Tomar café.
7. Salir puntual del trabajo.
8. Ir al cine.

• *Yo duermo 8 horas o más casi todos los días.*
○ *¿Ah, sí? ¡Pues yo casi nunca!*

Vocabulario

LOS DÍAS DE LA SEMANA P. 210

ENERO * el fin de semana

Lunes	Martes	Miércoles	Jueves	Viernes	Sábado	Domingo
	1	2	3	4	5	6

In Spanish, you need to use an article for the days of the week. When talking about a specific day, use **el**. When talking about things you normally do, use **los**.

- ¿Cuándo llegas?
- **El** viernes a las siete de la tarde.

- ¿Quieres ir al cine **el** viernes?
- **Los** viernes por la tarde tengo clases de canto. ¿Vamos **el** domingo?

- ¿Qué haces **los** domingos?
- Normalmente me levanto tarde y como con mi familia.

No article is used when saying what day it is.

- ¿Sabes qué día es hoy?
- ¿Hoy? (Ø) Lunes.

- ¿Mañana qué día es?
- (Ø) Martes.

EXPRESAR FRECUENCIA P. 222

(**Casi**) **siempre**

(**Casi**) **todos los** días / meses / sábados…
(**Casi**) **todas las** tardes / semanas…
Una vez a la semana / **al** mes…
Dos veces a la semana / **al** mes…
Los viernes / sábados / domingos…
Normalmente
A menudo *often*
A veces *sometimes*

(**Casi**) **nunca**

- Yo voy al gimnasio **tres veces a la semana** como mínimo.
- Pues yo no voy **casi nunca**.

casi = almost

SITUAR EN EL DÍA

por la mañana

al mediodía

 (icon at top right position)

por la tarde

por la noche

Por la mañana voy a la universidad y, ***por la tarde***, trabajo en un bar.

ACTIVIDADES DIARIAS /MÁS EJ. 17

levantarse

hacer la cama

desayunar

ducharse

lavarse los dientes

vestirse

ir / llegar al trabajo

comer / almorzar

hacer deporte

salir del trabajo

cenar

acostarse

TELLING THE TIME

- **¿Qué hora es?**
  ¿Tienes / Tiene hora?
- *La una **en punto**.*
  *Las dos **y** diez.*
  *Las cuatro **y cuarto**.*
  *Las seis **y media**.*
  *Las ocho **menos** veinte.*
  *Las diez **menos cuarto**.*

- **¿A qué hora** llega el avión?*
- **A las** seis de la mañana.*
  A las doce del mediodía.*
  A las seis y media de la tarde.**
  A las diez de la noche.**

* In public services, the following forms are also used: **las dieciocho treinta**, **las veintidós cuarenta y cinco**, etc.

SEQUENCE OF ACTIONS P. 221

Primero, …	**Después, …**
	Luego, …

*Yo, **primero**, desayuno y, **después**, me ducho. **Luego**, me visto…*

Antes de + infinitive	**Después de** + infinitive

*Me ducho siempre **antes de** desayunar.*
*Me lavo los dientes **después de** comer.*

PRONOMINAL VERBS /MÁS EJ. 20 P. 217

Some pronominal verbs always take a pronoun: **me, te, se, nos, os, se**.

	LEVANTARSE
(yo)	**me** levanto
(tú, vos)	**te** levantas, **te** levantás
(él / ella, usted)	**se** levanta
(nosotros / nosotras)	**nos** levantamos
(vosotros / vosotras)	**os** levantáis
(ellos / ellas, ustedes)	**se** levantan

Other verbs: **despertarse, acostarse, vestirse, ducharse**…

! The pronouns agree with the subject: *(Yo)* **Me** *ducho siempre antes de acostar**me**.*

IRREGULAR VERBS IN THE PRESENT TENSE /MÁS EJ. 21-23 P. 224-225

For some of the verbs in the three conjugations (**-ar**, **-er**, **-ir**), when the last vowel in the root is **e** or **o**, they tend to be irregular in the present tense.

	O > UE	**E > IE**
	VOLVER	**EMPEZAR**
(yo)	v**ue**lvo	emp**ie**zo
(tú, vos)	v**ue**lves, volvés	emp**ie**zas, empezás
(él / ella, usted)	v**ue**lve	emp**ie**za
(nosotros/as)	volvemos	empezamos
(vosotros/as)	volvéis	empezáis
(ellos/as, ustedes)	v**ue**lven	emp**ie**zan
	dormir acostarse poder	preferir querer despertarse

Other verbs in the third conjugation (**-ir**), where the last vowel in the root is **e**, have a similar irregularity in the same person, but the **e** changes to an **i**.

There is another groups of verbs where the irregular first person (yo), has a **g**.

	E > I	**1rst PERSON SINGULAR**
	VESTIRSE	**SALIR**
(yo)	me v**i**sto	**salgo**
(tú, vos)	te v**i**stes, te vestís	sales, salís
(él / ella, usted)	se v**i**ste	sale
(nosotros/as)	nos vestimos	salimos
(vosotros/as)	os vestís	salís
(ellos/as, ustedes)	se v**i**sten	salen
	pedir servir	hacer (**hago**) poner (**pongo**)

10. ALT|DIGITAL MIS MOMENTOS PREFERIDOS DE LA SEMANA /MÁS EJ. 16

A. What are your favourite times of the week? Why?

- *Los viernes por la tarde, porque empieza el fin de semana y voy a clases de baile. Y los sábados por la mañana, porque puedo dormir.*

- *Pues para mí, los fines de semana, porque veo a mi novio, que vive en otra ciudad.*

B. In groups, create a poster with your favourite times of the week.

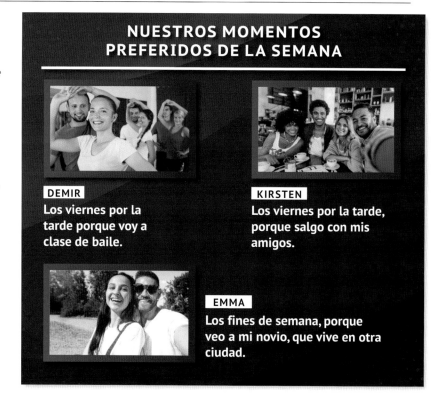

NUESTROS MOMENTOS PREFERIDOS DE LA SEMANA

DEMIR
Los viernes por la tarde porque voy a clase de baile.

KIRSTEN
Los viernes por la tarde, porque salgo con mis amigos.

EMMA
Los fines de semana, porque veo a mi novio, que vive en otra ciudad.

11. ALT|DIGITAL UN DÍA ESPECIAL PARA MÍ

A. Think of a special day you celebrate every year with your family or friends. Take notes to answer the following questions.

1. ¿Qué día es?
2. Tipo de celebración (una fiesta típica, una tradición familiar, etc.).
3. ¿Qué haces ese día? (Qué actividades, en qué orden, dónde y con quién, etc.).
4. ¿Por qué te gusta?

B. Now write a text explaining what you do on this special day.

UN DÍA MUY ESPECIAL PARA MÍ...

es el primer domingo de Adviento, cuatro semanas antes de Navidad. Por la mañana nos levantamos pronto, desayunamos y, después, preparamos Plätzchen, unas galletas típicas de Navidad. Luego, salimos a pasear para ver los mercadillos navideños (hay muchos). Allí compramos regalos, adornos y tomamos chocolate o vino caliente.

Por la tarde comemos los Plätzchen y adornamos la casa con figuras y luces. Luego, cenamos todos juntos. Me gusta porque estoy con toda mi familia y porque ese día, para mí, empieza la Navidad.

Plätzchen

12. LA RUTINA DEL ÉXITO /MÁS EJ. 24, 25

A. Analyse this infographic in pairs. Answer the following questions.

1. Según vosotros/as, ¿las personas de las que habla la infografía hacen estas actividades pronto, tarde o a una hora normal?: despertarse, empezar a trabajar, comer, salir del trabajo, acostarse.

2. ¿Duermen mucho, poco o lo normal para vosotros/as?

3. ¿Trabajan mucho, poco o lo normal para vosotros/as?

4. ¿Hacen algunas actividades en un momento del día "raro"? ¿Cuáles? ¿Por qué?

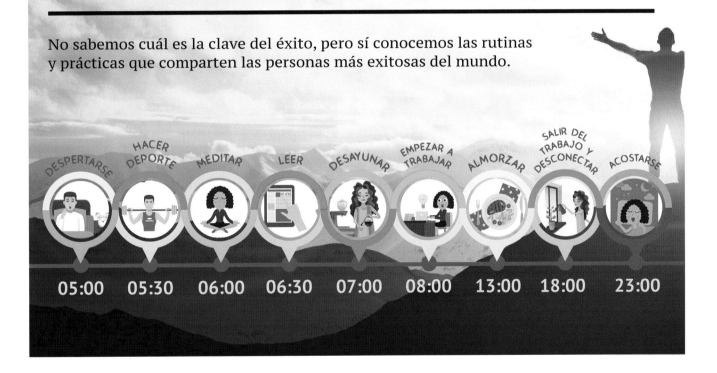

LA RUTINA DE LAS PERSONAS MÁS EXITOSAS DEL MUNDO

No sabemos cuál es la clave del éxito, pero sí conocemos las rutinas y prácticas que comparten las personas más exitosas del mundo.

DESPERTARSE	HACER DEPORTE	MEDITAR	LEER	DESAYUNAR	EMPEZAR A TRABAJAR	ALMORZAR	SALIR DEL TRABAJO Y DESCONECTAR	ACOSTARSE
05:00	05:30	06:00	06:30	07:00	08:00	13:00	18:00	23:00

B. In groups, talk about what is special about this routine and why you think successful people follow it.

C. In groups, talk about what similarities and differences there are between your routine and the one in the infographic.

- *Yo nunca me despierto a las cinco de la mañana.*
- *Yo tampoco.*

13. PREMIOS

A. You are going to give out these awards to people in your class. First, look at the pictures of the awards and link them to what they are for.

Premio…

1. al / a la más sano/a

2. al / a la más casero/a

3. al / a la más deportista

4. al / a la más comilón/a

5. al / a la más trabajador/a

6. al / a la más intelectual

7. al / a la más dormilón/ona

8. al / a la más fiestero/a

B. In pairs, decide which awards you want to give out.

C. Prepare four or more questions to find out who you are going to give the award to.

D. Ask your classmates the questions and take note of their answers.

- *¿Cuántas horas duermes normalmente?*
- *Siete u ocho.*

PREMIO AL MÁS DORMILÓN/ONA	PAOLO	BRIGITTE	DAMON
1. ¿Cuántas horas duermes normalmente?	7 u 8.	Unas 9.	6 o 7.
2. ¿A qué hora te levantas?	A las 7.	A las 10, más o menos.	A las 11.
3. ¿A qué hora te acuestas?	A las 11 o a las 12.	A la 1.	A las 4 o a las 5.
4. ¿Duermes la siesta?	No, nunca.	Sí, todos los días.	A veces.

E. Hand out the awards.

- *Nosotros entregamos el premio al más dormilón o dormilona a… ¡Brigitte!*

14. ALT | DIGITAL UNA SEMANA EN LA VIDA DE UN CHICO ESPAÑOL

WATCH THE VIDEO

A. ▶ 9 Watch the video and mark which of these statements could apply to the person in the video.

☐ Tiene coche.
☐ Hace dos pausas durante la mañana.
☐ A veces trabaja desde casa.
☐ Va a clases de inglés.
☐ Usa el transporte público para ir a trabajar.

☐ Tiene pareja.
☐ Escucha la radio antes de salir de casa.
☐ Almuerza en la oficina.
☐ Juega al fútbol.

B. Write down what the person in the video does and at what time, from waking up in the morning to starting work.

Se levanta a las 7:15 h. Luego...

C. Answer these questions about the person in the video in your exercise book.

1. ¿A qué hora empieza a trabajar? ¿Parece una persona puntual?
2. ¿A qué hora hace la pausa? ¿De cuánto tiempo es?
3. ¿A qué hora queda para cenar con Laura? ¿Qué celebran? ¿Qué hacen después?

AFTER WATCHING THE VIDEO

D. Given what you know about their routine, what do you think the person in the video is like? Discuss it with your classmates.

E. In groups, talk about what you find interesting about their routine.

F. Write a text or make an infographic like the one in activity 12 explaining your daily routine.

# 7

DURING THIS UNIT YOU WILL	COMMUNICATION RESOURCES	GRAMMAR RESOURCES	VOCABULARY RESOURCES
CREATE A SET MENU AND CHOOSE THE DISHES YOU LIKE	• learning how to get by in bars and restaurants • asking for and giving information about food • talking about eating habits	• the verbs **poner** and **traer** • direct object pronouns (**lo**, **la**, **los**, **las**) • uses of **de** and **con**	• food • ways of cooking • utensils and recipients • typical dishes in Spain and Latin America

Empezar

1. UNA COMIDA EN CASA
/MÁS EJ. 1

A. Look at the photo and identify the following food and dishes.

1. aceitunas *olives*
2. tortilla de patatas
3. gambas *shrimp*
4. chorizo
5. jamón
6. queso
7. pan
8. vino
9. croquetas
10. ensalada
11. nachos
12. chistorra

B. Look at the photo again. How many people do you think are going to eat? What makes you think that?

C. What do you like to eat when you meet up with your friends and family? Do you eat any of the things in the photo?

- *Nosotros comemos pasta.*
- *Nosotros compramos queso y otras cosas para picar. Y también hacemos ensaladas.*
- *Pues yo voy mucho a un restaurante indio con mis amigos.*

2. **ALT|DIGITAL** **BOCADILLOS** /MÁS EJ. 2

A. Here is the menu for a sandwich café in Spain. Do you know what the ingredients mentioned are? Work in pairs to categorise them on the table.

el Bocata

4,⁹⁰ euros — Calamares

3,⁹⁰ euros — Jamón serrano

3,²⁵ euros — Vegetal (tomate, lechuga y queso fresco)

3,⁵⁰ euros — Tortilla de patatas

2,⁹⁰ euros — Jamón york

3,⁵⁰ euros — Pollo (con tomate, lechuga y pepino)

3,⁵⁰ euros — Vegetal con atún

2,²⁵ euros — Chorizo

2,²⁵ euros — Queso

TODOS NUESTROS BOCADILLOS PUEDEN PEDIRSE CON MAYONESA, MOSTAZA O KÉTCHUP.

CARNE Y EMBUTIDOS

PESCADO

VERDURAS Y HORTALIZAS

LÁCTEOS

OTROS

- ¿El chorizo es un embutido?
- Sí, creo que sí. Y la tortilla de patatas, ¿qué lleva?
- Huevos, patatas y cebolla.

B. Go to the website of a sandwich chain (Rodilla, Pans & Company, Subway, etc.) and choose a sandwich. Sort the ingredients into a table like the one in section A. Then, say which sandwich you've chosen and what it has in it.

- *Se llama Mallorquín y lleva sobrasada y queso.*
- ○ *¿Qué es "sobrasada"?*
- *Es un embutido.*

C. You can also invent your own sandwich. Give it a name. What are the ingredients? Explain it to the rest of the class.

Mi bocadillo

Nombre: ....

Ingredientes: ....

....

- *Mi bocadillo lleva humus y tomate.*
- ○ *¿Y cómo se llama?*

3. ¿QUÉ DESEAN? /MÁS EJ. 3-8

A. Read the menu for a Spanish restaurant. Would you normally find these dishes in a restaurant in your country? Discuss it in groups.

B. 🔊 22 🔊 ALT|VE Listen to the audio and note down what the customers order.

Construimos el

A. Which types of food do you eat most often? Write down your answer.

Queso, pan...

B. Do you have any allergies or food intolerances? Find out how to say the foods that cause your allergies in Spanish.

Soy alérgico/a a...
Tengo intolerancia a...

Casa Paco · Menú

Para empezar
Sopa del día
Ensalada mixta
Lasaña de espinacas

Plato principal
Salmón al horno con patatas
Milanesa con verduras al vapor
Hamburguesa vegana con patatas fritas

Postres
Fruta de temporada
Yogur natural
Flan

▌ Para comparar

In Spain, a set menu normally includes a starter or first course, a main course or second course, and a dessert. What about in your country?

4. LA CUENTA, POR FAVOR /MÁS EJ. 10, 11

A. 🔊 23-24 ☰ MAP Read these short dialogues. Who do you think is saying each sentence: the waiter (CAM) or the customer (CLI)? Mark your answers. Then, listen and check to see whether you got it right.

● Hola, ¿me pone un café, por favor? ....
○ Sí, claro, ahora mismo. ....

● ¿Le pongo algo más? ....
○ Sí, una botella de agua, por favor. ....

● ¿Cuánto es? ....
○ Tres con treinta. ....

● ¿Qué desea comer? ....
○ ¿Tienen gazpacho? ....
● No, lo siento, solo en verano. Hoy
  tenemos ensalada mixta, sopa y lentejas. ....
○ ¿La sopa de qué es? ....
● De pollo. Lleva verduras, fideos y pollo. ....
○ Vale, pues de primero quiero ensalada. ....

● Y de segundo, ¿qué desea? ....
○ De segundo, merluza. ....

● ¿Para beber? ....
○ Un agua con gas. ....

● Ahora mismo le traigo el agua. ....
○ Vale, gracias. Y, perdone,
  ¿me trae un poco de pan también? ....
● Claro, enseguida. ....
○ Gracias. ....

● Perdone, ¿me trae la cuenta, por favor? ....
○ Sí, ahora mismo. ....

B. In the dialogues, mark where forms of the verbs **poner** and **traer** are used. Which forms are irregular? Then translate the sentences with these verbs into your own language.

C. Complete these conversations using the verbs **traer** and **poner**. Think about whether you use the **tú** form, or the **usted** form.

5. ¿DE CHOCOLATE O CON CHOCOLATE? /MÁS EJ. 12

A. Look at these pictures. Do you understand when **de** is used and when **con** is used?

helado de vainilla

helado de chocolate

helado de vainilla con chocolate

B. Look through previous pages in the unit for other examples of when **de** and **con** are used.

C. In pairs, think of ways to prepare these dishes with different ingredients. Which pair has created the most delicious combination? And the strangest?

helado   sopa   ensalada   tarta   tortilla   hamburguesa   lentejas

> **CÁPSULA DE FONÉTICA 7**
>
> La che y la jota

Helado de fresa con plátano y frutos secos.

6. ¿CÓMO TOMAS EL TÉ? /MÁS EJ. 13-16

A. 🔊 25 🔊 **ALT|MX** ≡ **MAP** Listen to an interview with Marina about what she drinks, and note down her answers.

1 ¿Por las mañanas tomas té o café?

Café   Té   Ni té ni café
A veces café, a veces té
Otros:

2 ¿Cómo tomas el café?

No tomo café   Solo
Con leche   Sin azúcar
Otros:

3 ¿Cómo tomas el té?

No tomo té   Con azúcar
Con limón   Con leche
Otros:

4 ¿Cómo tomas los refrescos?

No tomo refrescos   Con limón
Fríos o con hielo   Del tiempo
Otros:

5 Si tomas cerveza, ¿dónde la compras?

A productores artesanales por internet
En el supermercado
En tiendas especializadas
Otros:

6 Si tomas vino, ¿dónde lo compras?

Por internet   En el supermercado
En tiendas especializadas
Otros:

▮ Para comparar

In Spain, you can buy alcoholic drinks at the supermarket or in special shops. The minimum age for buying alcoholic drinks is 18 years old. What's the minimum age to buy alcohol in your country?

B. Look at these excerpts from the interview with Marina. Which words do the pronouns in bold refer to?

1.

- A ver, el café, ¿cómo **lo** tomas? ¿Solo, con leche...?
- **Lo** tomo con un poco de leche, pero sin azúcar.

2.

- De acuerdo... ¿Y tomas refrescos?
- A veces, pero no muy a menudo, porque tienen mucho azúcar.
- ¿**Los** tomas con hielo?

3.

- Tomo sobre todo cerveza.
- ¿**La** compras en el supermercado?
- Sí, a veces. Pero me gustan mucho las cervezas artesanales. Y **las** compro en tiendas especializadas.

C. Fill in the table with the correct direct object pronouns.

	MASCULINO	FEMENINO
SINGULAR		
PLURAL		

D. Now answer the questions in the interview, in writing. Use pronouns where possible.

1. Por las mañanas, siempre tomo café.

2. Normalmente, lo tomo...

7. VERDURA DE TEMPORADA /MÁS EJ. 17

A. ☰ **MAP** Have a look at this ad campaign. What do you think its objectives are?

¡COMER VERDURA NO ES ABURRIDO!
¿Comes suficiente verdura? La verdura es fundamental para nuestra alimentación y la podemos comer de muchas maneras diferentes. ¿Cuál te gusta más?

CRUDA · FRITA · GUISADA · SALTEADA · A LA PLANCHA · ASADA/AL HORNO · AL VAPOR · COCIDA

B. Do you recognise the vegetables in section A? Do you eat them as suggested in the campaign?

- *Esto son zanahorias, ¿no? Yo nunca las como crudas.*
- *Yo sí. Me encantan.*

C. Now think about how you normally eat these different types of food. Write it down in your exercise book and then discuss it with a classmate.

LA CARNE   **EL PESCADO**   **LOS HUEVOS**   **LAS PATATAS**

- *Yo, la carne, normalmente la como asada o guisada.*
- *Sí, yo también. Y, a veces, la como cruda.*

➕ **Para comunicar**

→ cocido/a/os/as
→ frito/a/os/as
→ guisado/a/os/as
→ asado/a/os/as
→ salteado/a/os/as
→ crudo/a/os/as
→ a la plancha
→ a la parrilla
→ al horno
→ al vapor

Vocabulario

ALIMENTOS /MÁS EJ. 18, 19, 21-23

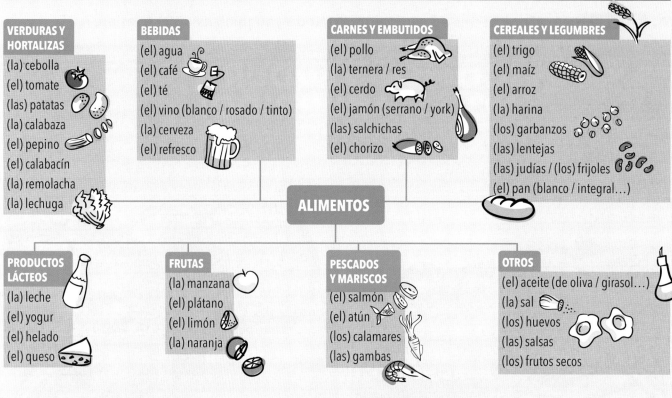

VERDURAS Y HORTALIZAS

- (la) cebolla
- (el) tomate
- (las) patatas
- (la) calabaza
- (el) pepino
- (el) calabacín
- (la) remolacha
- (la) lechuga

BEBIDAS

- (el) agua
- (el) café
- (el) té
- (el) vino (blanco / rosado / tinto)
- (la) cerveza
- (el) refresco

CARNES Y EMBUTIDOS

- (el) pollo
- (la) ternera / res
- (el) cerdo
- (el) jamón (serrano / york)
- (las) salchichas
- (el) chorizo

CEREALES Y LEGUMBRES

- (el) trigo
- (el) maíz
- (el) arroz
- (la) harina
- (los) garbanzos
- (las) lentejas
- (las) judías / (los) frijoles
- (el) pan (blanco / integral…)

ALIMENTOS

PRODUCTOS LÁCTEOS

- (la) leche
- (el) yogur
- (el) helado
- (el) queso

FRUTAS

- (la) manzana
- (el) plátano
- (el) limón
- (la) naranja

PESCADOS Y MARISCOS

- (el) salmón
- (el) atún
- (los) calamares
- (las) gambas

OTROS

- (el) aceite (de oliva / girasol…)
- (la) sal
- (los) huevos
- (las) salsas
- (los) frutos secos

MANERAS DE COCINAR

PONER LA MESA

- crudo/a/os/as
- cocido/a/os/as
- guisado/a/os/as
- a la plancha
- a la parrilla
- frito/a/os/as
- salteado/a/os/as
- al vapor
- asado/a/os/as
  al horno

- (la) taza
- (la) cucharilla
  (de café / de postre)
- (el) vaso
- (la) copa
- (la) servilleta
- (el) tenedor
- (el) plato
- (el) cuchillo
- (la) cuchara

Gramática y comunicación

ASKING FOR AND GIVING INFORMATION ABOUT FOOD
⊕ P. 209-210, P. 219

- ¿**Qué es** la merluza?
- ○ Un pescado.

- ¿La merluza **es** carne **o** pescado?
- ○ Pescado.

- El guacamole, ¿**qué lleva**?
- ○ (**Lleva**) ø aguacate, tomate, cebolla, limón y sal.

- Los macarrones, ¿**qué llevan**?
- ○ (**Llevan**) ø salsa de tomate y queso.

THE PREPOSITIONS DE AND CON

Tortilla **de** patatas / espinacas / champiñones
Carne **con** patatas / arroz / ensalada / verduras

- ¿La sopa **de** qué es?
- ○ (Es) **de** verduras.

- ¿El pollo viene **con** acompañamiento?
- ○ Sí, viene **con** ensalada o **con** patatas.

BARS AND RESTAURANTS

In bars and restaurants, it is best to use the **usted** or **ustedes** forms.

WAITERS	
Asking what the customer wants	¿Qué desea/n?
	¿Qué le / les pongo?
	¿Para beber?
Offering	¿**Alguna cosa de** postre?
	¿**Algún** café / licor?

CUSTOMERS	
Ordering in a restaurant	**Primero, (quiero)** sopa, y **después,** pollo al horno.
	(**Para beber**) una cerveza, por favor.
	Para mí, la ensalada de espinacas.
Asking about dishes on a menu	¿**Qué hay / tienen de** primero / entrante / segundo / plato principal / postre?
Asking for more	**Perdone,** ¿**me pone** otra agua?
	Perdone, ¿**me trae** un poco más de pan?
Paying the bill	¿**Cuánto es?** / ¿**Qué le debo?**
	La cuenta, por favor.

PRESENT TENSE: THE VERBS PONER AND TRAER
⊕ P. 223-225

	PONER	TRAER
(yo)	**pongo**	**traigo**
(tú, vos)	pones, ponés	traes, traés
(él / ella, usted)	pone	trae
(nosotros/as)	ponemos	traemos
(vosotros/as)	ponéis	traéis
(ellos/as, ustedes)	ponen	traen

- ¿Qué le **pongo**?
- ○ Un café y un cruasán.

- ¿Me **trae** la carta, por favor?
- ○ Sí, ahora mismo.

LO, LA, LOS, LAS: DIRECT OBJECT PRONOUNS
⊕ P. 217, 219

Third person direct object pronouns (**lo, la, los, las**) appear when, in the context, it is already clear what the direct object of a verb is, and you do not want to repeat it.

	SINGULAR	PLURAL
MASCULINE	**lo**	**los**
FEMININE	**la**	**las**

- ¿Cómo tomas el café?
- ○ Normalmente, **lo** tomo solo.

- ¿Dónde compras la fruta?
- ○ Siempre **la** compro en el mercado.

- ¿Te gustan los cereales?
- ○ Sí, mucho. **Los** tomo con leche o con yogur.

- ¿Cómo comes las patatas?
- ○ Casi siempre **las** como fritas.

Personal pronouns are also used when the direct object is in the same sentence, before the verb.

Normalmente, el pescado, **lo** cocino al vapor, pero la carne, **la** hago a la plancha.

❗ Pronouns are not used when the direct object does not take determiners (articles, possessives, demonstratives).

- ¿Esta sopa lleva ø cebolla?
- ○ No, no ø lleva.

8. ALT|DIGITAL CAFÉ CON LECHE SIN AZÚCAR /MÁS EJ. 20

A. Have a look at this infographic in groups. Do you eat these types of food?
Do you eat them as indicated, or in other ways?

Las manzanas

EN LAS ENSALADAS
EN LAS TARTAS
CON CARNE ASADA

CRUDAS
AL HORNO
COCIDAS
FRITAS

PARA DESAYUNAR
A MEDIA MAÑANA
DE POSTRE
POR LA TARDE

CON AZÚCAR
CON CANELA
CON YOGUR

Los cereales

CON LECHE (CALIENTE / FRÍA / DEL TIEMPO)
CON YOGUR (NATURAL / DE SABORES)
CON ZUMO (DE NARANJA...)
CON BEBIDAS VEGETALES

CON FRUTA
CON FRUTOS SECOS
CON MIEL
CON CHOCOLATE
CON AZÚCAR

PARA DESAYUNAR /
COMER / CENAR

- *Yo como los cereales, normalmente, con yogur y frutos secos.*
- *¿Los tomas para desayunar?*
- *Sí, y a veces para merendar también.*

B. Create an infographic like the one in section A about a frequently eaten food.
Ask people in class how they eat this food and research it on the internet.
Here are some ideas.

las naranjas   la leche   el maíz   el arroz   los plátanos

C. Have you discovered any interesting facts about eating these food products?
Share them with the rest of the class.

- *Logan a veces toma arroz con leche y canela para desayunar. Dice que es muy sano.*

9. ALT DIGITAL COMIDA EN LA CALLE /MÁS EJ. 24-26

A. These are some typical street food dishes from different countries in Latin America. Do you know what they are? Can you find them in your city? Where?

Arepas
(Venezuela, Colombia and Panama)

Tacos
(Mexico)

Anticuchos
(Peru, Chile and Bolivia)

Empanadas
(Chile, Argentina, Uruguay, Colombia, Peru, Bolivia)

B. 🔊 26 Listen to people talking about each of these dishes. Fill in the table with the ingredients in each dish.

PLATOS	INGREDIENTES
1. Arepas	
2. Tacos	
3. Anticuchos	
4. Empanadas	

C. What other street food can you buy? What country is the street food from? Look up a photo of each dish and the ingredients, and present it to the class.

Los tamales son una masa de maíz rellena de carne o verdura, pero también puede llevar otros ingredientes.
Normalmente llevan alguna salsa. Pueden ser salados o dulces (con fruta).
Es un plato típico de México y América Central, pero también lo comen en Bolivia, el noroeste de Argentina, el norte de Chile, Perú, Colombia y Venezuela.

ciento nueve **109**

10. ALT|DIGITAL MAPA GASTRONÓMICO DE...

A. Working together with your classmates, create a culinary map of your country (or another country). Look on the internet for typical dishes from each region and find out what their ingredients are. Add photos or drawings.

ESPAÑA MAPA GASTRONÓMICO

Galicia — Empanada

Cantabria — Cocido montañés

Andalucía

Gazpacho

B. Once you have finished the map, discuss with the class which dishes you know, which ones you like and which ones you don't, and which dishes you would like to eat or cook.

11. ALT|DIGITAL EL MENÚ DE HOY /MÁS EJ. 27

A. In groups, create a set menu and pretend you are in a restaurant. First, each person thinks of a first course, second course and a dessert.

B. Tell your classmates what the dishes are called and what the ingredients are. One person should note down the suggested dishes. Ask questions if you don't know what something is.

- *¿Yo, de primero, propongo macarrones a la Nicoletta.*
- ○ *¿Qué son?*
- *Son los macarrones de mi abuela. Llevan...*

PRIMEROS	MACARRONES A LA NICOLETTA
SEGUNDOS	
POSTRES	

C. Now set up the tables in class as if you were in a restaurant. Choose one person to act as the waiter while the others order.

- *Hola, buenos días.*
- ○ *¿Qué desea?*
- *Pues de primero quiero...*

D. What are the most frequently ordered dishes?

➕ **Para comunicar**

CAMARERO/A
→ ¿Qué desea/n?
→ ¿Qué le / les pongo?
→ ¿Para beber?
→ ¿Alguna cosa de postre?

CLIENTE/A
→ De primero (quiero) sopa, y de segundo, pollo al horno.
→ (Para beber) una cerveza, por favor.
→ Perdone, ¿qué hay / tienen de postre?

12. UN DÍA POR MADRID: ¡VIAJE DELICIOSO!

WATCH THE VIDEO

A. ▶ 10 Watch the video and answer the question on each dish.

Chocolate caliente con churros
1. ¿En qué momento del día lo toma la gente?
2. ¿Qué lleva la masa de los churros?
3. ¿Qué diferencias hay entre los churros de España y los de América Latina?

Cocido madrileño
4. ¿Qué ingredientes lleva este plato?
5. ¿Es un plato único? Justifica tu respuesta.

Patatas bravas
6. ¿En qué momento del día es típico comer esta tapa?
7. ¿Qué lleva?
8. Escribe dos características de la salsa brava.

B. ▶ 10 Watch the video again and note down some interesting facts about each dish. Then share them with your classmates. Did you write the same things?

AFTER WATCHING THE VIDEO

C. Someone is visiting your city, or a city you know well. Think of three typical dishes that this person should try, and where to find them. Prepare a presentation.

- nombre y tipo de plato (entrante, plato principal…)
- ingredientes
- momento del día ideal para tomarlo
- lugar perfecto para probarlo y por qué

8 / EL BARRIO IDEAL

PUERTO MADERO

URING THIS UNIT
OU WILL

MAGINE AND
ISCOVER
HE IDEAL
EIGHBOURHOOD

COMMUNICATION RESOURCES

- describing towns, neighbourhoods and cities
- talking about what you like most about a place
- asking for and giving directions to get somewhere
- expressing likes and dislikes and highlighting an aspect

GRAMMAR RESOURCES

- quantifiers (**algún**, **ningún**, **mucho**, etc.)
- prepositions and adverbs of place (**a**, **en**, **al lado de**, **lejos**, **cerca**, etc.)

VOCABULARY RESOURCES

- services and places in cities
- adjectives to describe neighbourhoods and cities

Empezar

1. PUERTO MADERO /MÁS EJ. 1, 2

A. Look at these photos of the neighbourhood of Puerto Madero, in Buenos Aires (Argentina). What do you think it looks like?

- bonito
- feo
- histórico
- moderno
- bien comunicado
- mal comunicado
- tranquilo
- ruidoso
- con muchos servicios
- con pocos servicios
- agradable
- con mucha vida

> • *Parece un barrio tranquilo, ¿no?*

B. What things do you recognise in these pictures?

2. UN BARRIO TÍPICO /MÁS EJ. 3

A. This is the centre of a typical neighbourhood in a Spanish city. Spot the following things in the picture.

- *14* ○ una zona peatonal
- *2* ○ un restaurante
- *11* ○ un parque
- *12* ○ contenedores de basura

- *1* ○ un cajero automático
- *3* ○ un centro comercial
- *4* ○ una tienda de ropa
- *15* ○ un bar

- *13* ○ una estación de metro
- *10* ○ un parking
- *7* ○ una escuela
- *5* ○ una biblioteca

- *8* ○ un supermercado
- *6* ○ una parada de autobús
- *16* ○ un polideportivo
- *9* ○ una papelera

B. Now complete the list with the other services, establishments and places you can see in the picture.

C. Would you like to live in this neighbourhood? Discuss it with someone else in the class.

- *A mí no, me parece feo.*
- *Pues a mí sí. Hay muchos servicios.*

3. CIUDADES PREFERIDAS /MÁS EJ. 4

A. 📋 **MAP** Read this magazine article in which two people are talking about their cities. What things are similar in both cities? What differences are there?

ME ENCANTA MI CIUDAD

MONTEVIDEO
Esther Ruiz

Montevideo es una ciudad tranquila. Tiene un casco antiguo muy lindo, con monumentos y lugares de interés turístico, como el palacio Salvo en Plaza Independencia, el Cabildo o el teatro Solís. Dos de mis lugares favoritos de la ciudad son la peatonal Sarandí, la principal calle peatonal de la ciudad vieja, y la Rambla, una avenida que conecta la ciudad con las playas y con poblaciones cercanas. También hay muchos restaurantes donde se come muy bien.

SEVILLA
Julián Caballero

Aquí se vive muy bien. Sevilla es una ciudad muy alegre y muy bonita. Además, los sevillanos en general somos muy abiertos. Hay muchísimos monumentos y sitios para visitar, como la Torre del Oro, la catedral, la Giralda, el barrio de Santa Cruz... Y, lo más importante: hay muchos lugares para comer bien y salir. ¡Aquí se come muy bien! Además, el clima es muy bueno, casi siempre hace sol, aunque en verano hace demasiado calor.

Mis recomendaciones
Un paseo gastronómico por el mercado del puerto para probar comidas típicas. Es un lugar con mucho ambiente nocturno.

Mis recomendaciones
Un paseo por la ribera del río Guadalquivir; es muy agradable, sobre todo en primavera.

B. 🔊 27 🔊 **ALT|UR** Listen to Antonio, who is talking about Seville with a friend. What are his recommendations? Take notes and compare your answers with another person in your class.

C. Which of these cities would you like to live in? Why?

- *Me gustaría vivir en Montevideo porque para mí es importante vivir al lado del mar...*

Construimos el

ALT|DIGITAL What kind of cities do you like? Write down your answer in a table like the one below.

Me gustan las ciudades con...	Me gustan las ciudades...	Me gustan las ciudades que...
mar	antiguas	están cerca de la montaña

4. **ALT|DIGITAL** MI BARRIO /MÁS EJ. 5, 7, 8

A. What is your neighbourhood like? Mark each of the phrases that describe your neighbourhood with a cross.

☐ En mi barrio hay **muchos** bares y restaurantes.

☐ En mi barrio hay **mucha** contaminación.

☐ Mi barrio es **muy** tranquilo.

☐ Mi barrio tiene **pocas** zonas verdes.

☐ Mi barrio tiene **bastante** vida.

☐ En mi barrio **no** hay **ninguna** iglesia.

☐ Mi barrio es **bastante** sucio.

☐ En mi barrio hay **poco** tráfico.

☐ En mi barrio hay **demasiados** coches.

☐ En mi barrio hay **bastantes** tiendas.

☐ En mi barrio hay **varias** plazas.

☐ En mi barrio hay **demasiada** gente.

B. Complete the tables with the words in bold from section A.

	CON SUSTANTIVOS CONTABLES		CON SUSTANTIVOS NO CONTABLES (siempre en singular)	
	Masculino	**Femenino**	**Masculino**	**Femenino**
Singular	**ningún** restaurante		**bastante** tráfico	
	pocos parques			**poca** gente
	varios parques		**mucho** tráfico	
Plural	**bastantes** parques		**demasiado** tráfico	
		muchas plazas		
		demasiadas tiendas		

C. Complete the sentences with information about your neighbourhood.

1. Mi barrio es **muy** _____.

2. Mi barrio es **bastante** _____.

3. En mi barrio hay **bastante** _____.

4. En mi barrio hay **bastantes** _____.

5. Mi barrio tiene **mucho/a/os** _____.

6. En mi barrio hay **poco/a/os/as** _____.

7. En mi barrio hay **demasiado/a/os/as** _____.

8. En mi barrio hay **algunos** _____.

9. En mi barrio hay **algunas** _____.

10. En mi barrio no hay **ningún** _____.

11. En mi barrio no hay **ninguna** _____.

D. Now describe your neighbourhood to the rest of the class. Then decide which neighbourhood is best.

- *Yo vivo en el centro histórico. Es un barrio antiguo, muy turístico y con mucho ambiente. Es bastante ruidoso, pero a mí me encanta. Lo que más me gusta es que está en el centro y lo que menos, es que no hay ningún parque.*

+ Para comunicar

→ Lo que más me gusta de mi barrio es (que)…

→ Lo que menos me gusta de mi barrio es (que)…

CÁPSULA DE FONÉTICA 8

Diptongos

5. LA ESTACIÓN DE METRO ESTÁ AL LADO DEL RESTAURANTE /MÁS EJ. 10

A. Look at the map and read the sentences. Do you understand what the expressions in bold mean? How do you say them in your language?

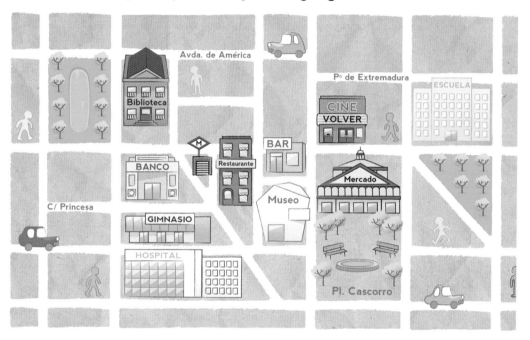

> ▌ **Para comparar**
>
> The map includes abbreviations of the words **calle**, **paseo**, **plaza** and **avenida**. What abbreviations are there in your language for different types of street?

1. El cine está **a la izquierda de** la escuela.
2. La estación de metro está **al lado de**l restaurante.
3. El museo está **cerca de**l restaurante.
4. Para ir al parque desde el cine, tienes que seguir **todo recto**; está en la cuarta calle a la derecha.
5. El metro está **a la derecha de**l banco.
6. Para ir al cine desde el hospital, tienes que seguir todo recto y girar en la segunda calle a la izquierda; está en la primera calle a la derecha. La escuela está en **la esquina**.
7. La escuela está **lejos de**l parque.

B. Write the expressions from section A next to the corresponding diagram.

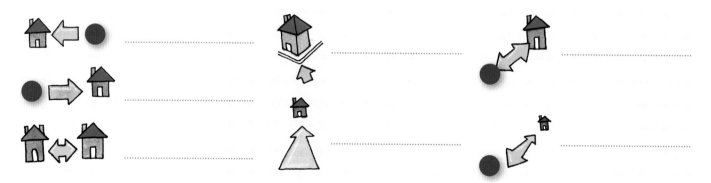

C. Take a look at the map in section A again and write three more sentences. One of them should be false. Then read them to someone else in your class. Do they know which one is false?

6. ¿HAY ALGÚN SUPERMERCADO POR AQUÍ? /MÁS EJ. 6, 9

A. 🔊 28 Martina is holding a party at her house. Some of the guests ask her how to get to different places near her house. Listen to the audio and fill in the table.

	¿Qué busca?	**¿Hay alguno/a cerca de casa de Martina?**	**¿Dónde?**
1. Jimena			
2. Guadalupe			
3. Carlos			
4. Marco			

B. Pay attention to these excerpts from two of the conversations in section A. What nouns do the words in bold refer to?

- ¿Hay algún contenedor para reciclar plástico en esta calle?
○ No, no hay **ninguno**. Hay **uno** a tres calles.

- ¿Hay alguna estación de metro cerca?
○ No, cerca no hay **ninguna**. Hay **una**, pero está un poco lejos.

- Tengo que ir a una farmacia. ¿Hay **alguna** por aquí cerca?

C. Imagine that you are at the door of your school and people are asking you how to get to the following places. Write down what they would ask, and how you would answer.

una parada de autobús   un restaurante   una farmacia
un hospital   una biblioteca   un cajero automático
un supermercado   una estación de metro

— Perdona, ¿hay algún restaurante por aquí cerca?

— Sí, hay uno en esta calle. Sigues todo recto
y está justo en la esquina.

— Hola, perdone, ¿dónde está el cine Odeon?
— En la segunda calle a la derecha.

➕ **Para comunicar**

→ Perdone/a, ¿dónde está el / la...?
→ Perdone/a, ¿hay algún supermercado por aquí (cerca)?
→ Perdone/a, ¿hay alguna farmacia por aquí (cerca)?
→ Sigue/s todo recto.
→ Gira/s a la derecha / a la izquierda.

Vocabulario

DESCRIBIR BARRIOS Y CIUDADES

Es (un barrio / una ciudad) ruidoso/a   tranquilo/a   moderno/a   histórico/a   antiguo/a   bonito/a   feo/a   sucio/a   limpio/a   caro/a   barato/a   moderno/a   elegante

Es un barrio / una ciudad con mucho encanto

Hay / Tiene zonas verdes   cines   escuelas   hospitales   calles peatonales   servicios   oferta cultural

Tiene (mucho) encanto   (mucha / bastante / poca) vida (nocturna)

Está bien / mal comunicado

LUGARES, SERVICIOS Y MOBILIARIO URBANO / MÁS EJ. 17

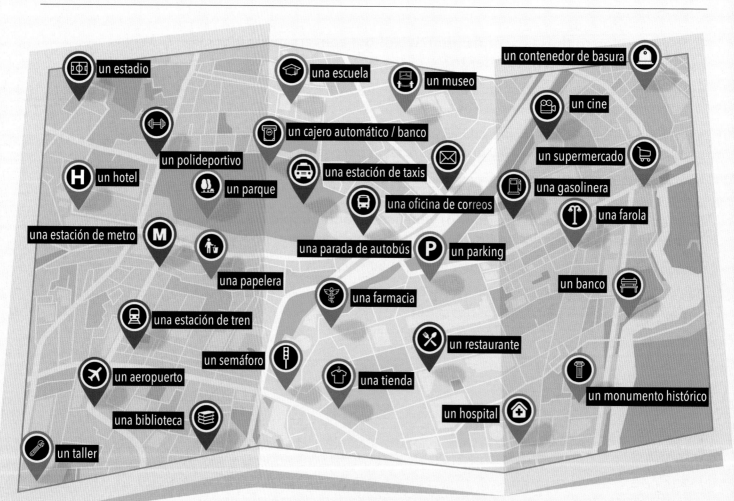

un estadio — una escuela — un museo — un contenedor de basura — un cine — un cajero automático / banco — un polideportivo — un supermercado — una gasolinera — un hotel — un parque — una estación de taxis — una oficina de correos — una farola — una estación de metro — una papelera — una parada de autobús — un parking — un banco — una farmacia — una estación de tren — un restaurante — un semáforo — una tienda — un monumento histórico — un aeropuerto — una biblioteca — un hospital — un taller

ASKING INFORMATION ABOUT LOCATION
/MÁS EJ. 12-14 P. 220

¿**Hay** una / alguna farmacia (**por**) **aquí cerca**?

¿El hospital **está** (**por**) **aquí cerca**?

¿**Está** muy **lejos de aquí** el estadio de fútbol?

¿**Dónde está** la parada de metro?

¿La biblioteca **está en esta calle**?

GIVING INFORMATION ABOUT LOCATION
/MÁS EJ. 11, 15 P. 220

Está	a	(unos) 20 minutos	
		(unos) 200 metros	
Está		muy lejos	de aquí.
		bastante lejos	de la universidad.
		un poco lejos	
		bastante cerca	
		muy cerca	
		aquí al lado.	
		aquí mismo.	

- ¿La universidad **está muy lejos de aquí**?
- ¡Qué va! No está lejos, **está aquí al lado. A cinco minutos**.

A la derecha (de…)

A la izquierda (de…)

Al lado (de…)

Al final (de…)

En la esquina

En la plaza / la calle / la avenida…

(Sigue/s) **todo recto**

(Gira/s) **la primera** / **la segunda**… (calle) **a la derecha / izquierda**…

- Perdona, ¿sabes si hay alguna farmacia aquí cerca?
- Sí, mira, hay una **al final de** la calle, **a la derecha**, **al lado de** un gimnasio.

QUANTIFIERS
 P. 213-214

WITH UNCOUNTABLE NOUNS (Always in the singular)	WITH COUNTABLE NOUNS Singular
no… ø tráfico / gente	**ningún*** parque **ninguna*** plaza
ø tráfico / gente	**un** parque / **una** plaza **algún*** parque **alguna*** plaza
	Plural
	varios parques **varias** plazas
poco tráfico **poca** gente	**pocos** parques **pocas** plazas
bastante tráfico / gente	**bastantes** parques / plazas
mucho tráfico **mucha** gente	**muchos** parques **muchas** plazas
demasiado tráfico **demasiada** gente	**demasiados** parques **demasiadas** plazas

* **Ningún** and **ninguna** are always used in sentences with **no**: *No hay* **ningún** *parque.*

* **Algún** and **alguna** (and not **varios** or **varias**) are normally used for questions: ¿Hay **algún** contenedor / **alguna** papelera por aquí cerca?

Ningún, **un** and **algún** become **ninguno**, **uno** and **alguno** when referring to a noun that is already known, and is not repeated.

- Perdona, ¿hay algún <u>gimnasio</u> por aquí?
- Mmm… no, **no** hay **ninguno**.

- En mi barrio no hay ningún <u>parque</u>, ¿en tu barrio hay **alguno**?
- Sí, en el mío hay **uno** muy bonito.

EXPRESSING LIKES AND DISLIKES: HIGHLIGHTING AN ASPECT

Lo que más / menos me gusta… **es / son** + noun

Lo que más / menos me gusta… **es que** + sentence

- ¿Qué es **lo que más te gusta** de tu barrio?
- **Lo que más me gusta es** la gente y **lo que menos me gusta es que** hay pocas zonas verdes.

7. **ALT|DIGITAL** MADRID /MÁS EJ. 18

A. **ALT** **MAP** Read this article. Then, in groups of three, answer the following questions.

- ¿Qué barrio te parece más atractivo para vivir? ¿Y para visitar? ¿Por qué?
- ¿Conoces barrios de otras ciudades con características similares? ¿Cuáles?

BARRIOS EMBLEMÁTICOS

MADRID

LAVAPIÉS está en el centro de Madrid. Es un barrio antiguo y bohemio, con mucho encanto. Las calles son estrechas y hay muchos bares y pisos turísticos. Muchos artistas y jóvenes viven aquí. En este barrio viven también muchas personas venidas de otros lugares del mundo y gente mayor. En Lavapiés hay bastantes corralas, antiguos bloques de pisos pequeños con un patio interior comunitario.

VALLECAS es un barrio tradicionalmente obrero. Hay muchos edificios de viviendas económicas, construidas en los años 60 y 70. En este barrio no hay mucha oferta cultural, pero hay mercados, varias escuelas, muchas tiendas... Está un poco lejos del centro de la ciudad, pero está bien comunicado. Tiene parques grandes y varios centros comerciales. Aquí vive mucha gente venida de otros lugares de España en los años 60.

CHAMBERÍ es un barrio céntrico y bastante elegante. En la actualidad es uno de los barrios más caros de Madrid, con pisos grandes en edificios de principios del siglo xx. Tiene zonas peatonales, tiendas de todo tipo, gimnasios, cines... También hay muchos bares y restaurantes y es uno de los mejores barrios de Madrid para ir de tapas y salir de noche.

B. In the same group, everyone should look for photos of one of the neighbourhoods in section A that illustrates what is described in the text. Then show your photos to the others.

C. **29** **ALT|AR** Now listen to Fernanda, who is moving to Madrid. Write down what she needs, what she likes and dislikes, and her preferences.

D. In pairs, discuss your notes from section C. Which of the neighbourhoods in section A do you think would be best for Fernanda? Why?

E. You are going to write a short article about iconic neighbourhoods from Spanish speaking countries. In pairs, look up information about one of the places below, and prepare a text.

La Candelaria (Bogotá)   Miraflores (Lima)   Providencia (Santiago de Chile)

La Habana Vieja (La Habana)   Nuevo Polanco (Ciudad de México)   Barranco (Lima)

8. ALT DIGITAL LUGARES INTERESANTES /MÁS EJ. 19

A. Think about interesting places in the city where you live (a shop, restaurant, market, etc.). Share the information on these places with the rest of the class.

- *Yo voy mucho al mercadillo de la Place du Jeu de la Balle. Está en el barrio de Les Marolles...*

B. Work together with the rest of the class to make a map for visitors that shows the best places in the city. Illustrate it with pictures and descriptions of the places.

Bruselas

Mercadillo de la Place du Jeu de la Balle

Es un mercadillo con mucha vida. Venden todo tipo de objetos y muy baratos. Está en Les Marolles, un barrio histórico con muchos bares, restaurantes y tiendas de muebles y antigüedades.

9. ALT DIGITAL BUENAS CIUDADES PARA VISITAR Y PARA VIVIR /MÁS EJ. 20

A. Mark which five aspects are the most important to you when visiting a city as a tourist.

- ☐ la oferta cultural
- ☐ los precios
- ☐ las escuelas y universidades
- ☐ los restaurantes y bares
- ☐ la vida nocturna
- ☐ el transporte público
- ☐ la seguridad
- ☐ la hospitalidad de la gente
- ☐ los monumentos históricos

- ☐ los hospitales
- ☐ la limpieza
- ☐ el clima
- ☐ la situación geográfica
- ☐ el mercado laboral
- ☐ los servicios administrativos
- ☐ las zonas verdes
- ☐ las tiendas y los centros comerciales

B. Now, underline the aspects of the list in section A that are most important for you when choosing a city to live in.

C. Discuss your answers to sections A and B as a group. Which aspects are the most important for you?

- *Para mí, una ciudad que visito tiene que ser segura. Ah, y la gente tiene que ser amable. En cambio, en una ciudad para vivir lo más importante es el transporte público, las escuelas...*

D. Keeping your answers for C in mind, think about a city in your country that is good to live in, and another city that is good to visit as a tourist. Then discuss it with the class.

10. ALT|DIGITAL EL BARRIO IDEAL

A. In groups, imagine your ideal neighbourhood. Then fill in the details below.

Cómo se llama: ....

Dónde está: ....

Cómo es: ....

➕ **Para comunicar**

→ Nuestro barrio está cerca de / lejos de / en / al lado de la playa / la montaña / el centro / un río…

→ En nuestro barrio hay muchos / varios / algunos bares y restaurantes / parques / piscinas públicas / coches…

→ En nuestro barrio no hay bares ni restaurantes / parques…

→ Es un barrio tranquilo / moderno / antiguo / con mucha vida, etc.

B. Now make a map to explain what the neighbourhood is like to the rest of the class. The others can ask you questions.

- *Nuestro barrio se llama Los Marineros y está al lado del mar. Es un barrio de pescadores precioso. En el barrio hay bastantes restaurantes…*

C. Then decide which one you think is the best neighbourhood, as a class.

- *Yo elijo el barrio de Los Marineros porque tiene bastantes bares y restaurantes. Lo que más me gusta de este barrio es que está al lado del mar.*

11. EL BARRIO DE SAN TELMO

BEFORE WATCHING THE VIDEO

A. Look for photos of the San Telmo neighbourhood in Buenos Aires (Argentina). What do you think it looks like? Discuss it with someone else in the class.

WATCH THE VIDEO

B. ▶ 11 Watch the video up until 01:12. Which two adjectives does Cynthia use to describe the San Telmo neighbourhood? Which of these two well-known places in Buenos Aires is nearby?

C. ▶ 11 Watch the rest of the video and note down the information about the following places.

AFTER WATCHING THE VIDEO

D. Which of the following things can you say about San Telmo, using the information in the video?

☐ Es turístico.
☐ Tiene calles con farolas y adoquines.
☐ Está mal comunicado.

☐ Es residencial.
☐ Es bohemio.
☐ Tiene muchos servicios.
☐ La plaza Dorrego está allí.

☐ Tiene edificios de estilo colonial.
☐ Todas las calles son peatonales.

E. Make a video to present an interesting neighbourhood in the city where you live.

9 / ¿SABES CONDUCIR?

DURING THIS UNIT YOU WILL	**COMMUNICATION RESOURCES**	**GRAMMAR RESOURCES**	**VOCABULARY RESOURCES**
CHOOSE THE IDEAL CANDIDATE FOR A JOB	• talking about past experiences • talking about skills and abilities • talking about people's strengths and weaknesses	• the **pretérito perfecto** • **saber** + infinitive • **poder** + infinitive	• professions • personality adjectives • skills and abilities • quantifiers

Empezar

1. EL ESTUDIO DE LAURA

A. Here are five statements about Laura. Link them to the things you can see in her study.

- Sabe tocar el bajo.
- Ha viajado mucho.
- Tiene hijos.
- Le gusta la fotografía.
- Sabe ruso.

B. What else can you say about Laura?

C. What do you and Laura have in common?

- *Yo también sé ruso.*
- *Pues yo también he viajado bastante.*

2. DOS COMPAÑEROS DE PISO PARA RAQUEL /MÁS EJ. 1

A. What personality traits should a flatmate have? Discuss your answers in pairs.

- divertido/a
- tranquilo/a

- sociable
- responsable

- organizado/a
- limpio/a

B. Now read Raquel's email. Imagine you have to share a flat with either Alberto or Erik. Who would you choose? Why?

Raquel Azcona
Alberto o Erik
Para: rserrano@africamail.com

a las 15:37

¡Hola! ¿Qué tal? Yo, muy bien, continúo buscando compañero de piso... Y estoy un poco confusa. Han venido a ver el piso dos chicos muy interesantes. Son muy distintos, pero los dos me gustan bastante. ¡El problema es que no sé a cuál elegir para compartir piso!

Uno se llama Alberto. Es músico, toca la guitarra en un grupo, escribe poesía y canta. Ha viajado por todo el mundo y ha vivido en Ámsterdam y Nueva York. Es interesante, divertido y muy sociable también, y parece que tiene muchísimos amigos. Pero no parece muy organizado. Por ejemplo, ¡me ha dicho que ha perdido muchas veces las llaves de casa!

Erik es muy diferente. Es geólogo y ha estudiado en Boston y en París. Parece bastante tranquilo y dice que le encanta pasear, comer bien... La verdad es que parece más responsable y organizado porque me ha hablado de cosas prácticas del piso, como hacer la limpieza, las compras, los gastos... Me ha parecido un encanto.

¿Tú qué opinas? ¿A quién elijo?

Un beso muy grande.

Raquel

C. 🔊 30 Listen to Raquel and Rocío. What else does Raquel say about Alberto and Erik? Who does she choose in the end? Why?

CÁPSULA DE FONÉTICA 9

La pronunciación de /p/, /t/, /k/

Construimos el

ALT | DIGITAL What are you like when you live with different people (your family, your partner, your flatmates, etc.)? Think of five adjectives and fill out a table like the one below.

Cómo	Con quién	¿Por qué?
Detallista.	Con mi compañera de piso.	Cuando viajo compro siempre un regalo para ella.

3. UNA NUEVA VIDA /MÁS EJ. 2

A. ☰ **ALT** ☰ **MAP** Read this article and answer the following questions.

1. ¿Existen neorrurales en tu país? ¿Y pueblos abandonados?

2. ¿Qué decisión ha tomado Carmen? ¿En qué consiste su nueva vida? ¿Qué actividades hace?

Una nueva vida

Cada vez hay más personas que deciden cambiar de vida e irse al campo, lejos de las comodidades y el estrés de la ciudad. Son conocidas como neorrurales. Son personas que se vuelven a interesar por profesiones casi extinguidas como la de pastor. Muchos plantan huertos, crían animales y vuelven a un estilo de vida más tradicional.

Carmen Ferrer es de Zaragoza. Desde hace medio año vive en un pueblo de montaña en Huesca de tan solo 11 habitantes, donde ha montado una casa rural. Carmen dice que dejar la ciudad ha sido la mejor decisión de su vida.

Un fin de semana de cada mes organiza unas jornadas de meditación en las que participan unas 20 personas, atraídas por el espectacular paisaje del Pirineo. El resto del tiempo, se dedica a atender a la gente que va a la casa rural y a trabajar en su huerto. Ahora, vive una vida tranquila y relajada. No echa de menos la vida en la ciudad.

¿SABÍAS QUE...?

En España hay cerca de 3 000 pueblos abandonados. Algunos de ellos se están repoblando con diferentes iniciativas (ecoaldeas, programas educativos, etc.). Hay unos 40 pueblos en venta en España, la mayoría en el norte del país. En Galicia hay una pequeña aldea a la venta por 59 000 euros, unas tres veces menos de lo que vale un piso normal en Madrid.

B. ¿Conoces experiencias parecidas a la de Carmen?

- *Sí, cerca de mi ciudad hay un pueblo con muy pocas casas y un grupo de personas que...*

C. Would you like to live in the countryside? Why? Discuss it in groups.

D. What do you think the best decision of your life has been?

4. CUALIDADES Y DEFECTOS /MÁS EJ. 3-8

A. These adjectives are used to describe someone's personality. Which ones do you think are strengths? Which ones are weaknesses? Do you think some of them are strengths and some are weaknesses, depending on the situation?

antipático/a   responsable   egoísta

generoso/a   divertido/a   amable

impuntual   organizado/a   inteligente

impaciente   ambicioso/a   emprendedor/a

tranquilo/a   raro/a   despistado/a

paciente   irresponsable   abierto/a

simpático/a   creativo/a   tímido/a

aburrido/a   puntual   desorganizado/a

tranquilo/a   sociable

+ CUALIDADES	– DEFECTOS

B. Which of the strengths and weaknesses on the list do you think apply to you?

- *Yo creo que **soy** bastante generoso, un poco tímido y muy tranquilo.*

➕ Para comunicar

→ Soy un poco tímido/a
  bastante tímido/a
  muy tímido/a

→ No soy nada tímido/a

C. Look at the list of professions below. Which personality traits do you associate with people who work in each profession? Discuss your answers in pairs.

- un/a camarero/a
- un/a policía
- un/a maestro/a de escuela
- un/a peluquero/a
- un/a médico/a
- un/a recepcionista
- un/a taxista
- un/a vendedor/a

- *Para mí, un camarero o una camarera **tiene que ser**, en primer lugar, amable. Eso es lo más importante. Y después…*

5. ALT|DIGITAL ¿ERES UNA PERSONA DESPISTADA? /MÁS EJ. 9-15

A. ≡ ALT ≡ MAP Take this test. Then discuss whether or not you agree with the results.

[T E S T] *¿Eres una persona* despistada?

¿Alguna vez has salido con zapatillas a la calle o te has puesto la ropa del revés sin darte cuenta?
- **A.** muchas veces
- **B.** alguna vez
- **C.** nunca

¿Has olvidado algún documento importante antes de un viaje?
- **A.** muchas veces
- **B.** alguna vez
- **C.** nunca

¿Alguna vez se te ha quemado la comida?
- **A.** muchas veces
- **B.** alguna vez
- **C.** nunca

¿Te has dejado el paraguas alguna vez en la escuela, en la oficina o en casa de otra persona?
- **A.** muchas veces
- **B.** alguna vez
- **C.** nunca

¿Alguna vez has confundido el día o la hora de tu viaje y has perdido el avión o el tren?
- **A.** muchas veces
- **B.** alguna vez
- **C.** nunca

¿Alguna vez has olvidado una cita o te has equivocado de lugar?
- **A.** muchas veces
- **B.** alguna vez
- **C.** nunca

¿Alguna vez has pasado de largo sin saludar a una persona porque no la has visto?
- **A.** muchas veces
- **B.** alguna vez
- **C.** nunca

¿Has perdido una tarjeta de crédito alguna vez?
- **A.** muchas veces
- **B.** alguna vez
- **C.** nunca

Mayoría de respuestas A: Sin duda eres una persona despistada. Intenta no hacer demasiadas cosas a la vez y haz listas de lo que tienes que llevar antes de salir de casa.

Mayoría de respuestas B: No se te puede definir como una persona despistada, pero te puede ir bien apuntar algunas cosas.

Mayoría de respuestas C: No eres una persona nada despistada. ¡Estás siempre muy atento/a a todo y muy concentrado/a en lo que haces!

B. The test includes a new verb tense, the **pretérito perfect**o, which is formed using the present tense of **haber** and the past participle of the verb. Underline all the verbs in the test that are in the pretérito perfecto.

C. Fill in the table with the infinitives and the past participles of the verbs you have found. Then complete the rule.

PARTICIPIO: -ADO	PARTICIPIO: -IDO	OTROS	PARTICIPIOS REGULARES
Infinitivo → participio	Infinitivo → participio salir —> salido	Infinitivo → participio	Los infinitivos que terminan en **-ar** forman el participio con la terminación .... Los infinitivos que terminan en **-er** forman el participio con la terminación .... Los infinitivos que terminan en **-ir** forman el participio con la terminación ....

D. In pairs, write two more questions for the test in section A.

6. ¿NO SABES O NO PUEDES? /MÁS EJ. 17

A. Look at the cartoons. Do you understand the difference between "**no sé**"and "**no puedo**"? How would you say the same thing in your language?

B. Complete the dialogues using **puedes** or **sabes**.

1. • ¿_____ tocar el piano?
   ○ Sí, he estudiado piano y composición muchos
   años.

2. • ¿_____ tocar el piano?
   ○ No, ahora no, estoy cansada.

3. • ¿No _____ conducir?
   ○ No, es que no tengo mis gafas aquí.

4. • ¿No _____ conducir?
   ○ No, no tengo el carné.

C. Do you know how to do these things? Do you do them well? Talk about it with your classmates.

- cocinar
- dibujar
- nadar
- jugar al ajedrez
- coser

- conducir
- bailar tango / salsa…
- esquiar
- tocar un instrumento

• *Yo sé cocinar bastante bien.*
○ *Yo no, yo cocino fatal.*

➕ **Para comunicar**

→ Cocino / Sé cocinar muy bien.
　　　　　　　　　　bastante bien.
　　　　　　　　　　bastante mal.
　　　　　　　　　　muy mal.
　　　　　　　　　　fatal.

→ No cocino / sé cocinar muy bien.
　　　　　　　　　　　nada bien.

7. ALT|DIGITAL **NO TOCA LA BATERÍA NI LA TROMPETA** /MÁS EJ. 18

A. ≡ MAP Read this description of the ideal flatmate for foreigners who want to live in Spain. Do you agree? Is there anything else you would add?

extranjerosen**españa**

sobre nosotros   archivos   categorías   guías

TU "COMPI" DE PISO PERFECTO/A

¿Buscas compañero o compañera de piso en España? Así es la persona perfecta.

- Es limpio/a y organizado/a.
- Sabe cocinar.
- Ha compartido piso alguna vez.
- Es una persona responsable.
- No toca la batería ni la trompeta.

- No trabaja de noche (y no duerme de día).
- Ha vivido fuera de España.
- Es paciente.
- Sabe reparar cosas.
- Tiene pareja, pero no está siempre en casa.

B. Now sort the sentences from the description into the table below.

Carácter y personalidad	Experiencias	Habilidades	Otros

C. What about the perfect travel companion? Write six sentences to describe your ideal travel companion.

MI COMPAÑERO/A DE VIAJE IDEAL

- Es una persona divertida, aventurera y abierta.
- Sabe viajar con poco equipaje.
- Ha hecho autoestop alguna vez.

Vocabulario

ADJETIVOS DE CARÁCTER

Es...

puntual ≠ impuntual

organizado/a ≠ desorganizado/a

divertido/a ≠ aburrido/a

tranquilo/a ≠ nervioso/a

responsable ≠ irresponsable

sociable ≠ insociable

simpático/a ≠ antipático/a

generoso/a ≠ egoísta

paciente ≠ impaciente

abierto/a ≠ cerrado/a

limpio/a ≠ sucio/a

raro/a ≠ normal

inteligente

creativo/a

tímido/a

ambicioso/a

emprendedor/a

amable

despistado/a

aventurero/a

un encanto

CAMBIOS EN LA VIDA

Dejar  la ciudad · el trabajo

Echar de menos · la ciudad · el campo · el trabajo

Cambiar de · vida · casa · ciudad

Trabajar de · fotógrafo/a · camarero/a

Irse a vivir a · la ciudad · el campo* · otro país

* a + el = al

PROFESIONES

policía   músico/a   camarero/a

agricultor/a   maestro/a   vendedor/a

médico/a   recepcionista   taxista

HABILIDADES Y CAPACIDADES P. 214

The verb **saber** is used for something you have learned (*Sé ruso*) or a skill you have learned how to do (*Sé tocar la guitarra; Sé conducir*).

The verb **poder** is used for your ability or inability to do something, for physical reasons (*No puedo leer esto, no llevo las gafas*) or other circumstances (*Puedo hablar ahora, tengo tiempo*).

• *¿**Sabes** conducir?*

○ *Sí, pero ahora no **puedo** porque no tengo aquí las gafas.*

> Conduce **muy bien**.
> Conduce **bastante bien**. = **No** conduce **nada mal**.
> Conduce **bastante mal**. = **No** conduce **muy bien**.
> Conduce **muy mal**. = **No** conduce **nada bien**.
> Conduce **fatal**.

• *¿Conduce bien tu padre?*

○ *No, conduce **fatal**.*

TALKING ABOUT PAST EXPERIENCES: THE PRETÉRITO PERFECTO

⊕ P. 225-226

	PRESENT TENSE OF **HABER**	+ PAST PARTICIPLE
(yo)	**he**	
(tú, vos)	**has**	
(él / ella, usted)	**ha**	est**ado**
(nosotros / nosotras)	**hemos**	ten**ido**
(vosotros / vosotras)	**habéis**	viv**ido**
(ellos / ellas, ustedes)	**han**	

		PRESENT TENSE OF **HABER**	+ PAST PARTICIPLE
(yo)	**me**	**he**	
(tú, vos)	**te**	**has**	
(él / ella, usted)	**se**	**ha**	levant**ado**
(nosotros / nosotras)	**nos**	**hemos**	vest**ido**
(vosotros / vosotras)	**os**	**habéis**	
(ellos / ellas, ustedes)	**se**	**han**	

❗ For pronominal verbs, the pronoun goes in front of the verb **haber**: *Marcos **se** <u>ha casado</u> tres veces. / Nunca **me** <u>he bañado</u> en un río.*

The **pretérito perfecto** is used to talk about past experiences without saying when they occurred.

- • **He viajado** *por todo el mundo.*
- ○ *¡Qué suerte!*

Often, you will specify how many times you have had that experience.

- • *¿Has estado (alguna vez) en América Latina?*
- ○ *No, (no he estado en América Latina)* **nunca**.
  Sí, **una vez***.*
  Sí, **más de una vez***.*
  Sí, **un par de** *veces (=* **dos** *veces /* **tres** *veces /* **cuatro** *veces…).*
  Sí, **varias** *veces /* **muchas** *veces…*

❗ In negative sentences, there always needs to be a negative form (**nunca** or **no**) before the verb:
    Nunca he estado en Japón. = **No** he estado **nunca** en Japón.
    ~~He estado **nunca** en Japón.~~

THE PAST PARTICIPLE

⊕ P. 226

VERBS THAT END IN **-AR**: **-ADO**	VERBS THAT END IN **-ER** / **-IR**: **-IDO**	IRREGULAR VERBS
viaj**ado**	conoc**ido**	**hecho** (hacer)
estudi**ado**	ten**ido**	**dicho** (decir)
enamor**ado**	le**ído**	**escrito** (escribir)
gust**ado**	com**ido**	**puesto** (poner)
habl**ado**	sal**ido**	**abierto** (abrir)
est**ado**	viv**ido**	**vuelto** (volver)
escuch**ado**	**ido**	**roto** (romper)

THE VERBS SABER AND PODER

⊕ P. 223-225

	SABER	**PODER**	+ INFINITIVE
(yo)	**sé**	p**ue**do	
(tú, vos)	sabes, sabés	p**ue**des, podés	
(él / ella, usted)	sabe	p**ue**de	cocinar
(nosotros/as)	sabemos	podemos	conducir
(vosotros/as)	sabéis	podéis	dibujar
(ellos/as, ustedes)	saben	p**ue**den	

GENDER AND PERSONALITY ADJECTIVES

⊕ P. 208-209

Remember that adjectives can be masculine (normally ending in **o**) or feminine (normally ending in **a**). However, some adjectives are the same in both the masculine and feminine form.

ENDING IN **-E**	ENDING IN **-ISTA**	ENDING IN **-AL**
inteligent**e**	ego**ísta**	puntu**al**
pacient**e**	optim**ista**	especi**al**
responsabl**e**	pesim**ista**	norm**al**
amabl**e**	real**ista**	le**al**

8. BUSCA A ALGUIEN QUE... /MÁS EJ. 19

A. Ask your classmates if they have ever done any of the following things. Before starting, write down two more experiences.

1. perder las llaves de casa

2. ir a trabajar sin dormir

3. salir en la tele

4. enamorarse a primera vista

5. ganar un premio

6. mentir a un/a amigo/a

7. viajar sin dinero

8. encontrar algo de valor en la calle

9. ....

10. ....

B. Now write your questions. Next to each question, write down the name of the first person who answers "sí" (don't move on to the next question until someone says yes).

- *¿Has perdido alguna vez las llaves de casa?*
- ○ *Sí, ¡muchas veces!*

9. ALT|DIGITAL EXPERIENCIAS CURIOSAS /MÁS EJ. 20

A. 🔊31 A radio programme is looking for listeners who have had unusual experiences. Listen to the testimonials and write down the experiences that each person has had.

1. Ana: ....

2. Víctor: ....

3. Daniel: ....

4. Estela: ....

B. Get together in small groups and discuss the experiences you have listened to, comparing them with your own experiences.

- *Yo nunca he hablado con ningún famoso.*
- ○ *Yo sí, muchas veces. Mis padres tienen un restaurante y muchos famosos van allí.*

C. Record yourself answering the question asked on the radio programme. Then listen to the recordings from other people in class. Are you surprised by any of the experiences? Why?

10. ALT | DIGITAL YO: MIS EXPERIENCIAS Y MIS HABILIDADES /MÁS EJ. 21, 23

A. You are going to write a presentation about yourself. First, write a list of significant experiences you have had, and your skills.

He montado en elefante.

He leído más de cinco veces la novela On the road.

B. Find photos and objects that illustrate these experiences and skills, and prepare a presentation.

YO: MIS EXPERIENCIAS Y MIS HABILIDADES

Patino muy bien: ¡he participado en competiciones internacionales!

Hago fotografías de paisajes.

He leído más de cinco veces la novela *On the road.*

Sé coser.

He estado en Tailandia y he montado en elefante.

Sé tocar la guitarra.

Sé hacer pulseras de tela y a veces las vendo.

C. Everyone in the class should take turns to give their presentation. The rest of the class should take notes on the most interesting information.

D. After the presentations, discuss the following in class:
- algo que también sabes hacer
- algo que no sabes hacer y te gustaría aprender a hacer
- algo que también has hecho
- algo que no has hecho nunca y te gustaría hacer

  - *Yo nunca he estado en Tailandia y me gustaría ir.*

Practicar y comunicar

11. CAMBIO DE VIDA /MÁS EJ. 22

A. 📋 **MAP** Imagine that you want to change your life and you decide to take part in this project in Sarabarri, an abandoned village. Read the text. Everyone should choose what they want to do in their new life.

¿Estás cansado de la ciudad? Puedes cambiar de vida en Sarabarri, Navarra.

PROYECTO SARABARRI

Necesitamos:

Comerciantes y vendedores/as
Compran productos de fuera y venden los productos hechos en el pueblo. Son los responsables de las dos tiendas del pueblo.

Camareros/as y cocineros/as
Son los responsables del bar y del restaurante del pueblo.

Maestros/as y profesores/as
Dan clase a los niños y a los adultos. También son responsables de las actividades culturales.

Enfermeros/as y médicos/as
Hacen revisiones médicas, cuidan a los enfermos y hacen de intermediarios con los hospitales más cercanos.

Hosteleros/as
Trabajan en el pequeño hotel del pueblo. También preparan excursiones y otras actividades para los turistas.

Agricultores/as y pastores/as
Trabajan en los huertos y con los animales. Son los responsables de la producción de alimentos para el pueblo y para la venta.

B. Decide who is going to do each of the jobs. Everyone in the class should prepare a presentation to explain why they are the ideal candidate.

> Cómo soy
> Qué sé hacer
> Estudios
> Experiencia laboral

C. Give your presentation to the rest of the class. Your classmates can ask you questions.

- *Yo puedo ser maestro porque me gustan mucho los niños. Además, he dado clases particulares y he trabajado en el comedor de una escuela.*
- *¿Eres paciente?*
- *Sí.*
- *¿Has dado clase a adultos?*

D. As a group, decide which person is best suited for the job they are applying for.

12. UN VIDEOCURRÍCULUM

BEFORE WATCHING THE VIDEO

A. What abilities do you think nurses need? And what kind of training and experience? Discuss it in groups.

WATCH THE VIDEO

B. ▶ 12 Watch the video CV of Anna, a nurse, up until 1:14. Take notes about her training and her professional experience.

Ha hecho cursos de enfermería.

Es voluntaria en...

C. ▶ 12 Watch the rest of the video. What skills and abilities does Anna have? Mark the right answers.

☐ Es polifacética.   ☐ Es divertida y cariñosa.   ☐ Es paciente.
☐ Es dinámica.   ☐ Es eficiente.   ☐ Sabe trabajar en equipo.
☐ Es organizada.   ☐ Es comunicativa.   ☐ Sabe adaptarse a distintas
☐ Es responsable.   ☐ Es sociable.   situaciones.

AFTER WATCHING THE VIDEO

D. What else can you say about Anna? Did you like her video CV?

E. Make your own video CV in Spanish.

Más ejercicios

Unit 1	→	page 141
Unit 2	→	page 148
Unit 3	→	page 155
Unit 4	→	page 162
Unit 5	→	page 169
Unit 6	→	page 176
Unit 7	→	page 183
Unit 8	→	page 190
Unit 9	→	page 197

This is your exercise book. It includes activities that have been designed to help you better understand aspects related to Spanish **grammar** and **vocabulary**. You can work on these activities independently, but your teacher may also use them in class, to go over important grammar and vocabulary points.

It might also be useful to go through these activities with other people from your class. Think about it–you don't only learn things from your teacher. Often, working on grammar exercises with another student can be a real help.

1. Write down words in Spanish that start with these letters. You can use a dictionary.

A ....
B ....
C ....
D ....
E ....
F ....
G ....
H ....
I ....
J ....
K ....
L ....
M ....

N ....
O ....
P ....
Q ....
R ....
S ....
T ....
U ....
V ....
W ....
X ....
Y ....
Z ....

2. Categorise these expressions in the table below.

¡Adiós!   Buenos días   ¡Hasta mañana!

¿Qué tal?   Buenas tardes   ¡Hasta el lunes!

Buenas noches   ¡Hasta luego!   ¡Hola!

¿Cómo estás?   ¿Cómo andas?

SALUDAR	DESPEDIRSE

3. Write down where these people work. There might be more than one correct answer.

en un hotel   en una tienda

en un restaurante   en un hospital

en un laboratorio   en una escuela de idiomas

a. un/a profesor/a: ....

b. un/a enfermero/a: ....

c. un/a camarero/a: ....

d. un/a dependiente/a: ....

e. un/a científico/a: ....

f. un/a recepcionista: ....

4. Who do you think might say the expressions below? Mark your answers with an **x**.

	ÉL	ELLA
a. Soy Julia.		
b. Tengo 42 años.		
c. Soy informática.		
d. Soy español.		
e. Me llamo Marcos.		
f. Soy española.		
g. Tengo 26 años.		
h. Soy profesor de francés.		

5. Think of five people you know and write down their profession and place of work.

a. Mi amigo Serge es dependiente y trabaja en una tienda de ropa.

b. ....

c. ....

d. ....

e. ....

6. A hotel receptionist asks for your details. Complete the conversation.

- Hola, buenos días.
- Hola.
- Su nombre, por favor.
- ....

- ¿Nacionalidad?
- ....
- ¿Profesión?
- ....
- Muchas gracias.
- De nada. Hasta luego.

7. Link every question to the right answer.

a. ¿Cómo te llamas?

b. ¿Cuántos años tienes?

c. ¿En qué trabajas?

d. ¿Eres española?

e. ¿Tienes correo electrónico?

f. ¿Tienes móvil?

g. ¿Dónde trabajas?

1. Soy profesora de italiano.

2. Sí, federica25@aula.it.

3. 25.

4. No, soy italiana.

5. Federica.

6. En una escuela de idiomas.

7. Sí, es el 657890345

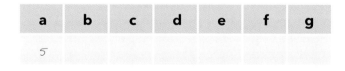

a	b	c	d	e	f	g
5						

8. Now answer the questions in activity 7 in your exercise book.

9. Fill in the missing words to complete the questions.

a. • ¿_____ _____ te dedicas?
　　○ Soy estudiante.

b. • ¿_____ te llamas?
　　○ Alberto.

c. • ¿_____ años tienes?
　　○ 25.

d. • ¿_____ _____ eres?
　　○ Soy holandés.

e. • ¿_____ _____ trabajas?
　　○ Soy enfermero en un hospital infantil.

f. • ¿_____ móvil?
　　○ Sí, es el 678907348.

g. • ¿_____ mexicano?
　　○ No, soy español.

10. 🔊 32 Listen and fill in the missing syllable to complete these words.

a. _____ briel
b. _____ vara
c. _____ nea
d. _____ mez
e. _____ temala

f. _____ pón
g. Ar _____ tina
h. _____ nebra
i. _____ sé
j. _____ lio

11. 🔊 33 Listen to the following words and repeat them, paying attention to the sounds of the letters and the groups of letters in bold. Record yourself speaking with your phone.

francés	Paco	queso	científica	trece
cocinero	arquitectura	Argentina	jamón	
lengua	marroquí			

12. Answer the following maths questions.

a. Siete ✖ siete = _____

b. Diez ➖ dos = _____

c. Veinte ➖ _____ = tres

d. Treinta ➕ cinco = _____

e. Nueve ✖ diez = _____

f. Seis ✖ _____ = treinta

g. Quince ➕ cuarenta = _____

h. Dieciséis ➕ seis = _____

13. Continue the series below with three more numbers in each sequence.

a. tres, seis, nueve, _____

b. doce, catorce, dieciséis, _____
_____

c. treinta, cuarenta, cincuenta, _____
_____

d. veinte, treinta y cinco, cincuenta, _____
_____

e. noventa y dos, ochenta y dos, setenta y dos, _____
_____
_____

14. 🔊 34 Listen to the audio and write down the numbers you hear.

a	b	c	d	e	f	g	h
15	35	38	66	99	58	11	19
50	53	18	76	49	48	21	90

15. What professions do you relate to the things below?

policía   jardinero/a   carpintero/a   albañil

médico/a   cocinero/a   cantante

futbolista   mecánico/a   informático/a

a. ....

f. ....

b. ....

g. ....

c. ....

h. ....

d. ....

i. ....

e. ....

j. ....

16. Look at the words below and their endings. Next, sort the words into the correct column in the table below.

profesor   profesora   secretario   secretaria

portugués   portuguesa   sueco   sueca

estudiante   alemán   alemana   brasileño

brasileña   argentino   argentina   italiano

italiana   cocinero   cocinera   traductor

traductora   periodista   camarero

camarera   belga   japonés   japonesa

estadounidense   futbolista   fotógrafo

fotógrafa

PROFESIONES		
MASCULINO	**FEMENINO**	**MASCULINO Y FEMENINO**
camarero	camarera	estudiante

NACIONALIDADES		
MASCULINO	**FEMENINO**	**MASCULINO Y FEMENINO**
brasileño	brasileña	estadounidense

17. Fill in the table.

	SER	TENER	LLAMARSE
(yo)	....	tengo	....
(tú)	....	....	....
(él / ella, usted)	....	tiene	se llama
(nosotros / nosotras)	somos	....	nos llamamos
(vosotros / vosotras)	sois	tenéis	....
(ellos/as, ustedes)	son	....	....

18. Fill in the correct form of the verbs **ser**, **tener** and **llamarse**.

a.

- Hola, ... Maia. .... de Estados Unidos.

- Hola, Maia, un placer. Yo .... Dörte y ella, Svenja. .... alemanas.

b.

- Laurie, ¿............... móvil?

- Sí, es el 654987321.

c.

- Armin y yo .... 25 años. ¿Y tú?

- Yo .... 30.

d.

- ¿Vosotros de dónde ....?

- .... franceses. Yo .... de París y ella .... de Lyon.

e.

- ¿Cómo ....?

- .... Federico. ¿Y tú?

f.

- ¿Qué edad .... Lea?

- 41 años.

19. Look at this ID card. Which words do you understand?

20. Answer the questions about the ID card in activity 19.

a. ¿Cómo se llama esta persona?

....

b. ¿De dónde es?

....

c. ¿Qué edad tiene?

....

21. Here are the answers that Oliver, a Spanish student, gave to a series of personal questions. What do you think the questions were? Write down your answers.

TÚ

- ¿Cómo te llamas?
- Oliver, Oliver G. Weigle.
-
- Soy austríaco, de Salzburgo.
-
- 35 años.
-
- Soy pintor y escultor.
-
- Sí, es oliver2345@yahoo.es.
-
- Sí, es el 616331977.

USTED

- ¿Cómo se llama?
- Oliver, Oliver G. Weigle.
-
- Soy austríaco, de Salzburgo.
-
- 35 años.
-
- Soy pintor y escultor.
-
- Sí, es oliver2345@yahoo.es.
-
- Sí, es el 616331977.

22. Complete the sentences below with the correct answers.

Soy   Soy de   Tengo

Trabajo en un/a   Trabajo de

a. .... Francia.

b. .... laboratorio.

c. .... cocinera.

d. .... España.

e. .... brasileña

f. .... japonés.

g. .... Roma.

h. .... Gabriel.

i. .... profesor.

j. .... escuela.

k. .... 23 años.

l. .... Daniela.

23. What words do you associate with the words in the list below? Write at least two answers for each one on the list.

a. amor: ....

b. casa: ....

c. escuela: ....

d. trabajo: ....

e. viaje: ....

f. playa: ....

g. aeropuerto: ....

24. Look up these people on the internet and fill in their details.

Nombre: Claudia Llosa

Profesión: ....

Nacionalidad: ....

Nombre: Antonio Banderas

Profesión: ....

Nacionalidad: ....

Nombre: Rafael Nadal

Profesión: ....

Nacionalidad: ....

Nombre: Gustavo Alfredo Santaolalla

Profesión: ....

Nacionalidad: ....

Nombre: Carlos Pacheco

Profesión: ....

Nacionalidad: ....

Nombre: Sara Baras

Profesión: ....

Nacionalidad: ....

25. Think of three people who are important to you and write a brief presentation about each of them in your exercise book. You should include the following information: name, age, nationality and profession.

Mi mejor amiga se llama...

26. Look at the icons. Under each icon, write two associated verbs.

escuchar   comentar   mirar   escribir

oír   observar   marcar   hablar

....

....

27. Choose ten words or expressions from the unit that are important to you and that you want to remember. Then translate them into your language.

28. Categorise the words from activity 27 into a table like the one below.

PALABRAS EN ESPAÑOL QUE EN TU LENGUA SE PARECEN	PALABRAS EN ESPAÑOL QUE EN TU LENGUA NO SE PARECEN

PALABRAS EN ESPAÑOL QUE SE PARECEN A OTRA LENGUA QUE CONOCES

1. Connect each picture to the related resource. Look up information on the internet if you need to.

○ la comida
○ el arte
○ la música
○ la literatura

○ el cine
○ la naturaleza
○ los pueblos y las ciudades

Feria del Libro (Madrid)

Guillermo del Toro

Russian Red

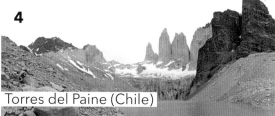
Torres del Paine (Chile)

Guacamole

Medellín (Colombia)

Frida Kahlo

2. Look through the unit for expressions that include the following words: **ir de**, **ir a**, **ir al**, **salir de**, **salir a** and **salir con**. Write them down.

• ir de ....
• ir a ....
• ir al ....
• salir a ....
• salir de ....
• salir con ....

3. Translate the expressions from activity 2 into your language.

4. Translate these two sentences into your language. Do you use the same verb in both cases?

• Quiero aprender español.
....
• Quiero mucho a mis padres.
....

5. Complete the sentences below with **a**, **al**, **de** or **con**, where necessary.

a.

• ¿Quieres ir _____ cine conmigo?

○ ¡Vale! ¿Qué película quieres ver?

b.

• Este fin de semana quiero salir _____ mis amigos españoles.

○ ¡Qué buena idea!

c.

• ¿Qué quieres hacer mañana por la noche?

○ Quiero salir _____ cenar y, después, ir _____ la discoteca.

d.

• Quiero aprender _____ otro idioma.

○ Ah, ¿sí? ¿Cuál?

e.

• Mercedes y yo queremos ir _____ concierto de Rosalía. ¿Quieres ir con nosotras?

○ Sí, claro.

f.

• ¿Tienes planes para este fin de semana?

○ Sí, Eduardo y yo queremos ir _____ excursión.

6. Think of all the possible combinations of the words below, related to language learning activities. Write them down.

ver	una novela
escuchar	un intercambio
leer	la radio
escribir	un libro
practicar	un diario
hacer	con nativos
	música
	series
	una película
	la pronunciación
	un curso de español
	ejercicios
	la televisión

7. Complete the text below with the name of the official languages in Spain. You can look up information on the internet if you need to.

España tiene cinco lenguas oficiales: el _____, hablado en todo el territorio, el _____, que hablan en el País Vasco y en Navarra, el _____, que hablan en Cataluña, en Valencia (donde se llama valenciano) y en las Islas Baleares, el _____, hablado en una comarca de Lérida (Cataluña) y el _____, que hablan en Galicia. El _____, el _____ y el _____ son lenguas románicas (proceden del latín). El origen del _____ no está claro.

Más ejercicios

8. What languages do they speak in these countries? You can look up the answers on the internet.

a. Rusia: ....

b. Italia: ....

c. la República Checa: ....

d. China: ....

e. Brasil: ....

9. Link the aspects in the two columns to make possible word combinations.

a. aprender	◯ muchas fotos
b. leer	◯ hispanohablantes
c. hacer	◯ un pódcast
d. visitar	◯ árabe
e. aprender a	◯ el periódico
f. hablar con	◯ cocinar platos hispanos
g. escuchar	◯ los museos de la ciudad

10. Write sentences with the word combinations from activity 9.

a. ....

b. ....

c. ....

d. ....

e. ....

f. ....

g. ....

11. Write which articles accompany the following words.

el   la   los   las

a. .... ciudad   **i.** .... gente

b. .... museos   **j.** .... playas

c. .... historia   **k.** .... música

d. .... cine   **l.** .... comida

e. .... guitarra   **m.** .... arte

f. .... literatura   **n.** .... revista

g. .... teatro   **ñ.** .... naturaleza

h. .... gramática   **o.** .... estudiantes

12. Classify these words in the table below and add the correct article. Then write them in the plural form, as in the examples.

museo   comida   lengua   mensaje   libro

noche   idioma   diccionario   trabajo   vino

guitarra   película   clase   baile

MASCULINO	
SINGULAR	**PLURAL**
el museo	los museos

FEMENINO	
SINGULAR	**PLURAL**
la comida	las comidas

13. Complete the sentences with the correct article in each case.

1.
- ¿Quieres ir a _____ restaurante esta noche?
- ¡Sí! _____ restaurante indio de mi calle está muy bien.

2.
- Este fin de semana quiero ir a _____ exposición.
- _____ exposición de Picasso en el Museo de Arte Nacional es muy interesante.

3.
- Quiero ver _____ película española divertida.
- _____ última película de Álex de la Iglesia es muy divertida.

4.
- Elsa toca _____ piano, ¿no?
- Sí, y también toca _____ guitarra y _____ violín.

14. Which person do each of these verb forms correspond to? Write the personal subject pronoun next to each form.

a. quieres: _____

b. leéis: _____

c. hace: _____

d. tengo: _____

e. eres: _____

f. soy: _____

g. hablas: _____

h. leen: _____

i. escribís: _____

j. bailar: _____

k. hago: _____

l. queremos: _____

m. vives: _____

n. tienes: _____

15. What is the infinitive form of the verbs in activity 14? Classify them according to their conjugation.

-AR	-ER	-IR

16. Sort the verbs in activity 15 into regular and irregular verbs.

REGULAR	IRREGULAR

17. Write the missing verb forms.

	ESCUCHAR	TRABAJAR	COMPRAR
(yo)	escucho		compro
(tú)		trabajas	
(él / ella, usted)	escucha		compra
(nosotros / nosotras)		trabajamos	
(vosotros / vosotras)	escucháis		compráis
(ellos / ellas, ustedes)		trabajan	

18. Look at the verb **comer** and write the forms of the verbs **leer** and **aprender**.

	COMER
(yo)	como
(tú)	comes
(él / ella, usted)	come
(nosotros / nosotras)	comemos
(vosotros / vosotras)	coméis
(ellos / ellas, ustedes)	comen

	LEER	APRENDER
(yo)		
(tú)		
(él / ella, usted)		
(nosotros / nosotras)		
(vosotros / vosotras)		
(ellos / ellas, ustedes)		

19. Place the verb forms next to the correct subject.

escribís   escribe   escribimos   escribe

escriben   escribo   escribes   escriben

Yo

Tú

Marta

Óscar

Manuel y yo

Javier y tú

Rocío y Tomás

Ustedes

20. Complete the sentences with **por**, **para** or **porque**.

a. Estudio español _____ ver series latinoamericanas.

b. Estudio español _____ viajar por España.

c. Estudio inglés .... trabajo en una empresa estadounidense.

d. Estudio italiano .... amor. Mi novio es de Roma.

e. Estudio chino .... es la lengua más hablada del mundo en la actualidad.

f. Estudio francés .... mi trabajo. Soy informático en una compañía francesa.

21. Write down the reasons why people might want to learn Spanish

a. Greta

Greta estudia español porque su novia es mexicana.

b. Carl y Daniel

c. Fabio

d. Alina

22. Look at the pictures and indicate what these people do to learn Spanish.

a. bailar salsa
b. visitar Buenos Aires cada año
c. cocinar platos españoles
d. escuchar música en español
e. ver películas españolas
f. leer literatura hispanoamericana

SOPHIE

NOAM Y FLORENT

STÉPHANE Y CHLOÉ

ANDREA

ALEXANDER

HENRIQUE

23. Now write what the people in activity 22 do.

Sophie escucha música en español.

24. Complete this advert for a language exchange website. Put the verbs in the right order.

tener   ver   leer   ser   vivir   hablar

llamarse   querer   hacer

Hola, ... Connor y .... 29 años.

.... irlandés, de Dublín. ....

español, pero .... mejorar porque ......

en España. .... muchos libros en

español y .... series y películas

en español, pero quiero .... un

intercambio con un nativo para hablar mejor.

25. Write a question for each answer.

a.

• ¿ .... ?

○ Quiero ir a Valencia para ver la ciudad.

b.

• ¿ .... ?

○ Porque quiero trabajar en España.

c.

• ¿ .... ?

○ ¿En clase? Muchas cosas, hablamos de muchos temas, leemos, estudiamos gramática, vemos vídeos, etc.

d.

• ¿ .... ?

○ Veo películas en español, escucho música y hago muchos ejercicios en casa.

26. Link the phrases from each column, using **porque** and **para**, and write the sentences down in your exercise book.

Quiero aprender español		ver películas españolas.
Quiero vivir con una familia española		quiero ver los cuadros de Goya.
Quiero visitar el museo del Prado	para	hablar con mis amigos de México.
Quiero ir al cine	porque	practicar español en casa.
Quiero ir a Cuba		quiero conocer grupos españoles.
Quiero ir a conciertos		visitar La Habana.

27. Think about the cities or countries that you want to visit and write down why.

Quiero visitar Roma por la comida y los monumentos.

28. Write an advert for a language exchange website. In the advert you need to:

• presentarte: nombre, nacionalidad, edad y profesión;
• decir las lenguas que hablas;
• explicar las razones por las que estudias español;
• decir por qué quieres hacer un intercambio;
• despedirte.

1. Choose one of the three cities in the text from activity 2A on page 44 and fill out the following information.

a. País: ....

b. Año o siglo de fundación: ....

c. Clima: ....

d. Situación: ....

e. Población: ....

f. Lugares de interés turístico: ....

....

....

2. Write a text about a capital of your choice in your exercise book, following the structure below.

Esta ciudad **es la capital de**…

Está situada en… y **tiene**… **habitantes**.

Tiene lugares de interés turístico, como…

3. Complete the text with details about Spain.

Capital: ....

Lenguas oficiales: ....

....

Moneda: ....

Población: ....

Clima: ....

Un producto importante: ....

Un plato (o una bebida) típico: ....

Lugares de interés turístico: ....

....

4. Conjugate the verbs **ser** and **estar**.

	SER	ESTAR
(yo)	....	....
(tú)	....	....
(él / ella, usted)	....	....
(nosotros/as)	....	....
(vosotros/as)	....	....
(ellos/as, ustedes)	....	....

5. Make sentences by combining the words and phrases from the columns, then write them down.

México		una ciudad muy turística.
Valparaíso		en la costa.
Mallorca	es	una isla.
Lima	está	en América del Norte.
Puerto Rico		la capital de Perú.
Barcelona		en el Caribe.

México está en América del Norte.

6. Complete these sentences in a logical way.

a. Yo **estoy** ....

b. En mi país **hay** ....

....

c. .... **está en** mi país.

d. La ciudad donde vivo **está** ....

....

e. La ciudad donde vivo **es** ....

....

7. Look at the map and write sentences using **hay**, **es / son**, **está/n**.

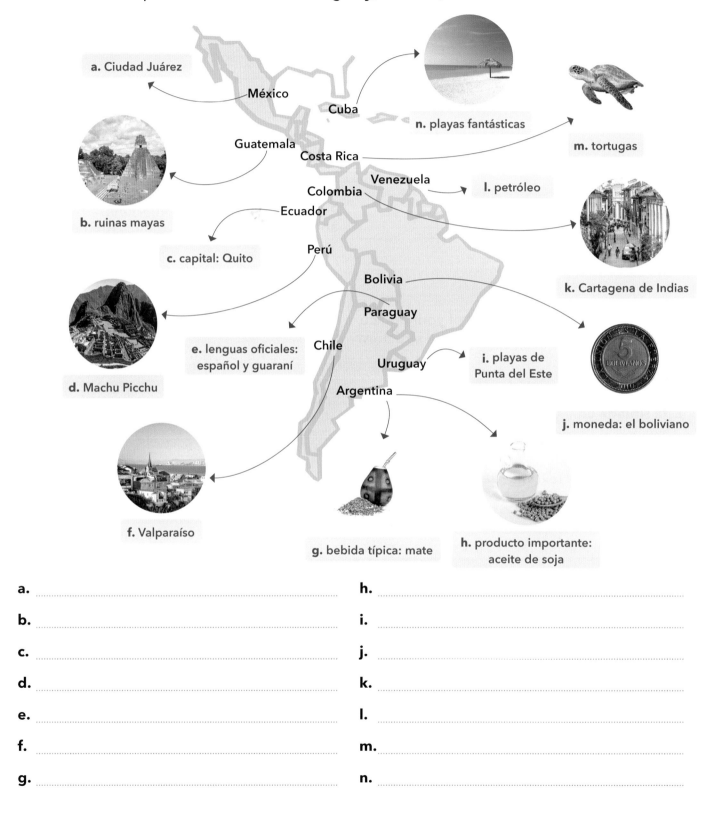

a. Ciudad Juárez

México

Cuba

n. playas fantásticas

m. tortugas

Guatemala

Costa Rica

Venezuela

Colombia

l. petróleo

b. ruinas mayas

Ecuador

c. capital: Quito

Perú

Bolivia

k. Cartagena de Indias

Paraguay

e. lenguas oficiales: español y guaraní

Chile

Uruguay

i. playas de Punta del Este

d. Machu Picchu

Argentina

j. moneda: el boliviano

f. Valparaíso

g. bebida típica: mate

h. producto importante: aceite de soja

a. ....

b. ....

c. ....

d. ....

e. ....

f. ....

g. ....

h. ....

i. ....

j. ....

k. ....

l. ....

m. ....

n. ....

8. What do you know about these places? Write sentences using the verbs ser, estar and haber.

a. Perú:

b. México:

9. Imagine you are travelling somewhere and writing a blog. Complete the text.

RELATO SOBRE MI
VIAJE CUARTO DÍA

Aquí todo es _____. Hay _____. Hoy estamos en _____, que está en _____.

La gente es _____. La comida es _____ y el plato más típico es _____. Hace _____ y el clima es _____. Mañana visitamos _____, que está en _____. Dicen que es muy _____. Además, allí hay _____.

Después vamos a _____.

10. Complete the following sentences with muy, mucho/a/os/as.

a. Santiago de Compostela es una ciudad _____ antigua.

b. En Santiago de Compostela hay _____ lugares turísticos.

c. En Guatemala hay _____ playas maravillosas.

d. En Santiago de Cuba hay _____ edificios coloniales.

e. El cobre es un producto _____ importante en Chile.

f. Lola cree que la gente de Guatemala es _____ simpática.

g. En Guatemala hay _____ templos antiguos.

h. En Chichicastenango hay un mercado _____ conocido.

11. Complete the following questions about Bolivia with qué, cuál, cuáles, dónde, cómo, cuántos or cuántas.

a.
• ¿ _____ está Bolivia?
○ En América del Sur. Tiene frontera con Perú, Brasil, Paraguay, Argentina y Chile.

b.
• ¿ _____ es el clima de Bolivia?
○ Es diferente en cada región: húmedo y tropical, o frío y semiárido.

c.
• ¿ _____ es el ajiaco?
○ Es un tipo de sopa.

d.
• ¿ _____ es la bebida típica?
○ La chicha. Es una bebida alcohólica de maíz.

e.

- ¿ .... son las ciudades más pobladas?
- Santa Cruz de la Sierra y La Paz.

f.

- ¿ .... habitantes tiene el país?
- Más de 8 millones.

g.

- ¿ .... lenguas oficiales hay?
- Más de 30, entre ellas, el español, el aymara y el quechua.

12. Complete the sentences with **qué**, **cuál** or **cuáles**. Then look up the answers on the internet and answer the questions.

a.

- ¿ .... es la bachata?
- ....

b.

- ¿ .... son las playas más famosas de Cádiz?
- ....

c.

- ¿ .... son los productos más típicos de Cuba?
- ....

d.

- ¿ .... es el flamenco?
- ....

e.

- ¿ .... es el país más pequeño de América Central?
- ....

f.

- ¿ .... es el río más largo de América del Sur?
- ....

13. Complete the following sentences with **el / la / los / las... más... de / del**.

a. Brasil es .... país .... poblado .... Latinoamérica.

b. Australia es .... país con canguros .... mundo.

c. En Noruega está el .... punto al norte .... Europa.

d. Rusia es .... país .... grande .... mundo.

e. El Kilimanjaro, el Everest y el Mauna Kea son .... montañas .... altas .... mundo.

f. Tokio es .... ciudad con habitantes .... mundo.

g. Groenlandia es .... isla grande .... mundo.

h. .... desierto .... pequeño .... mundo está en Canadá.

i. Ciudad del Vaticano y Mónaco son .... países .... pequeños .... Europa.

j. En Egipto están .... tres pirámides .... famosas .... mundo.

14. Write sentences about these places, as in the example. Pay attention to gender and number.

a. Madrid   ciudad   poblado/a/os/as   España : Madrid es la ciudad más poblada de España.

b. El Amazonas   río   largo/a/os/as   mundo : ....

c. El chino   idioma   hablado/a/os/as   mundo : ....

d. El Monte Elbrús   montaña   alto/a/os/as   Europa : ....

e. Oymyakon y Yakutsk   ciudades   frío/a/os/as   mundo : ....

15. Write the correct verb next to every word.

es   hace   está   hay

a. .... calor

b. .... frío

c. .... nubes

d. .... nublado

e. .... (un clima) tropical

f. .... (un clima) templado

g. .... viento

h. .... (un clima) seco

i. .... (un clima) húmedo

j. .... (un clima) cálido

16. Translate the expressions from activity 15 into your language. Do you use equivalent verbs? What are the similarities and differences with Spanish?

17. What's the weather like in Spain? Look at the map and complete the sentences.

EL TIEMPO

1. En Santiago de Compostela ....
....

2. En Bilbao ....

3. En Huesca ....

4. En Soria ....

5. En Mallorca ....

6. En Sevilla ....

7. En Cádiz ....

18. Complete the following texts about the climate in Spain using **muy, mucho, muchos, muchas**.

España es un país con .... climas diferentes. En la zona mediterránea, los veranos son .... secos, no llueve .... y no hace .... frío. En el norte, en general, llueve .... y las temperaturas son suaves. En el interior, las temperaturas son más extremas: en verano hace .... calor y en invierno hace .... frío. En .... zonas del sur, llueve .... poco durante todo el año y en verano hace .... calor.

19. Write a similar text in your exercise book to describe the climate in your country.

20. Which words do you associate with each season? Write them down.

invierno ....
....
....
....
....
....

verano ....
....
....
....
....
....

primavera ....
....
....
....
....
....

otoño ....
....
....
....
....
....

21. Complete the sentences with the following words.

isla   montaña   río   bebida   ciudad

capital   cordillera

a. El Nilo es el .... más largo de África.

b. Cuba es una .... del Caribe.

c. El Everest es la .... más alta del mundo.

d. Bilbao es una .... del norte de España.

e. La .... de los Andes está en Sudamérica.

f. Lima es la .... de Perú.

g. El pisco es una .... típica de Perú y de Chile.

22. Which adjectives can be combined with the words in the table?

alto/a   frío/a   templado/a   seco/a

típico/a   interesante   precioso/a   bueno/a

húmedo/a   bonito/a   turístico/a   grande

famoso/a   poblado/a   tropical   importante

CLIMA	MONTAÑA	PAÍS	COMIDA

23. Write six sentences about your country in your exercise book, using words from activities 21 and 22.

En Finlandia el clima es frío.

24. Look through the unit for words and expressions that can be used with these nouns. You can add others.

a. un país *con pocos habitantes / muy poblado...*

b. un río

c. una lengua

d. una montaña

e. un plato

f. una isla

g. un desierto

h. un clima

i. una ciudad

j. un palacio

25. Read this chat between Leda, a Brazilian girl who wants to visit Spain, and Ana, a girl from Valencia. Complete Ana's answers. Look up information on the internet if necessary.

> **LEDA18:** ¡Hola! Me llamo Leda. Soy brasileña. Voy a España a final de mes. ¿Hay algún español conectado?
>
> **ANA-VLC:** Hola, soy Ana, de Valencia.
>
> **LEDA18:** Hola, Ana. Viajo con un amigo y queremos hacer una ruta por todo el país.
>
> **ANA-VLC:** ¡Qué bien! :)
>
> **LEDA18:** Sí. Primero vamos a Madrid. ¿Qué cosas interesantes hay?
>
> **ANA-VLC:**
>
> **LEDA18:** Y también un acueducto romano muy lindo, ¿no?
>
> **ANA-VLC:** Bueno, sí, pero está en Segovia, no en Madrid.
>
> **LEDA18:** ¿Y en España hay parques naturales? Soy bióloga y...
>
> **ANA-VLC:**
>
> **LEDA18:** ¿Dónde está?
>
> **ANA-VLC:**
>
> **LEDA18:** También queremos ir a Sevilla y visitar la Giralda y la Alhambra.
>
> **ANA-VLC:** Bueno, la Giralda sí está en Sevilla, pero la Alhambra
>
> **LEDA18:** ¡Ah, sí! ¡Es verdad! ¿Y hay playas bonitas en España?
>
> **ANA-VLC:**
>
> **LEDA18:** ¿Dónde están exactamente?
>
> **ANA-VLC:**
>
> **LEDA18:** ¡Perfecto! Muchas gracias, Ana. :)

1. What products do you buy in each of these places? You can add additional items.

ropa   zapatos   bolsos   libros   artesanía

productos de higiene   perfumes   vinilos

revistas   productos electrónicos

EN UN MERCADO / MERCADILLO	
EN UN SUPERMERCADO	
EN UNA TIENDA	
POR INTERNET	

2. For each option, indicate whether you use **es** or **es de**.

1 La camiseta **es...**

2 La camiseta **es de...**

○ fácil de llevar   ○ marrón

○ manga corta   ○ algodón

○ rayas   ○ azul

○ blanca   ○ tirantes

○ sencilla   ○ mujer

○ estampada   ○ negra

○ hombre   ○ cómoda

○ manga larga   ○ elegante

3. 🔊 35 Listen again to the dialogue from activity 2 (page 58) and note down expressions to describe clothes, for example, **es bonita**, **es barata**, etc.

4. Look at the photos and write a brief description of each item of clothing, like the examples in page 58.

a.

b.

c.

d.

e.

5. Join the words in the two columns to create the names for different objects.

a. carné	○ de pelo
b. gafas	○ de ducha
c. gel	○ de playa
d. pasta	○ de identidad
e. secador	○ de crédito
f. tarjeta	○ de sol
g. toalla	○ de dientes
h. cargador	○ de móvil

6. Write down which objects in activity 3 (page 59) these definitions refer to.

a. Necesitamos este objeto para sacar dinero del banco: ....

b. Es una prenda de ropa para ir a la playa o a la piscina: ....

c. Llevamos esto en los pies en verano, cuando hace calor: ....

d. Protegen los ojos del sol: ....

7. Choose two more words from activity 3 (page 59) and write a definition for each one.

a. ....
....
....

b. ....
....
....

8. Complete the following conversations with the correct forms of **tener** or **tener que**.

a.

- (Yo) .... ir al supermercado, ¿necesitas algo?
- No, gracias.

b.

- ¿(Tú) .... un secador de pelo?
- Yo no, pero creo que Teresa .... uno.

c.

- En octubre vamos a Suecia.
- ¿Sí? ¡Qué bien! (Vosotros) .... llevar ropa de abrigo, que allí hace mucho frío.

d.

- (Nosotros) .... preparar la excursión de este fin de semana. A ver, ¿qué cosas .... y qué .... comprar?
- Yo .... un mapa y creo que Aldo y Victoria .... dos tiendas de campaña.

e.

- Carlos, ¿llevas cargador de móvil? .... hacer una llamada importante y no .... batería.
- Claro, toma.

9. Fill in the missing verb forms to complete the table.

	TENER	PREFERIR
(yo)	tengo	prefiero
(tú)	tienes	prefieres
(él / ella, usted)	tiene	prefiere
(nosotros / nosotras)	tenemos	preferemos
(vosotros / vosotras)		preferís
(ellos / ellas, ustedes)	tienen	prefieren

10. Complete the table with the missing verb forms.

vamos   vas   voy   va   van   vais

	IR
(yo)	*voy*
(tú)	*vas*
(él / ella, usted)	*va*
(nosotros / nosotras)	*vamos*
(vosotros / vosotras)	
(ellos / ellas, ustedes)	*van*

11. Complete the sentences below.

a. Esta tarde voy .... Tengo que llevar un bañador, una toalla de playa y protector solar.

b. Este fin de semana vamos .... Tenemos que llevar mochila, agua, ropa cómoda y botas para caminar.

c. Esta tarde voy .... Tengo que llevar un bolso y la tarjeta de crédito.

d. La semana que viene voy .... por trabajo. Tengo que llevar una maleta, ropa, un cargador y el pasaporte.

e. Mañana por la mañana voy .... Tengo que llevar pantalones cortos y las zapatillas deportivas.

f. Después voy .... Tengo que llevar una libreta, un estuche y el libro de español.

12. What colour is each thing?

blanco/a/os/as   amarillo/a/os/as   gris/es

negro/a/os/as   rojo/a/os/as   marrón/ones

azul/es   naranja/s   rosa/s   verde/s

1. La leche es

....

2. El petróleo es

....

3. Los plátanos son

....

4. Las zanahorias son

....

5. El mar es

....

6. Las lechugas son

....

7. El chocolate es

....

8. La sangre es

....

9. Los cerdos son

....

10. Los elefantes son

....

13. Create the maximum possible number of combinations.

	de manga larga
	bonitos
	cortos
	de rayas
un vestido	negros
una camiseta	de algodón
unos pantalones	largo
unos zapatos	elegantes
	estampada
	rojos
	original
	de tirantes

14. What does Elisa have in her suitcase? Write down the names of the items of clothing and what they are like.

....

....

....

....

....

....

15. Indicate what items the sentences in the table refer to.

a. Las rojas son más originales.

b. Prefiero el rojo.

c. Los rojos son más caros.

d. Prefiero los cortos.

e. El largo es precioso.

f. Las negras son más baratas.

g. El corto es muy barato.

h. Las negras son muy cómodas.

i. La de tirantes es más barata.

j. La roja es de algodón.

16. Look in your wardrobe and write down the details of three items of clothing you no longer wear.

	NOMBRE DE LA PRENDA	DESCRIPCIÓN
1.		
2.		
3.		

17. Complete the sentences with **qué**, **cuál** and **cuáles**.

a.
- ¿ _____ camiseta prefieres?
- No sé, la roja quizás.

b.
- ¿ _____ botas prefieres?
- No sé, quizás estas, pero son muy caras. ¿Y tú _____ prefieres?
- Estas también.

c.
- Mira, estos son los pijamas más bonitos. ¿ _____ compramos?
- El rojo es del estilo de Teresa, ¿no?
- Sí, es verdad.

d.
- ¿Compramos una libreta para Míriam?
- Vale, pero ¿ _____ ?
- No sé, hay muchas.

e.
- Marcos, ¿ _____ me llevo?
- Los azules, son los más bonitos.

f.
- ¿ _____ perfume llevas? Es nuevo, ¿no?
- Sí, se llama Abril. Es un regalo de Álex.

18. Complete these sentences with the correct endings.

a.
- No sé qué pantalones llevar a la playa. ¿Cuáles prefieres tú? ¿Est_____ o est_____?
- Los azules, ¿no?
- Sí, son más cómodos...

b.
- Te quiero regalar una pulsera como recuerdo. Mira, tengo dos: ¿cuál prefieres: ¿est_____ o est_____?
- Uy, no sé.

c.
- ¿Qué es est_____?
- Es un cinturón.

d.
- Mira, est_____ son mis botas preferidas.
- ¡Qué bonitas!

e.
- ¿Qué gorro prefieres, est_____ o est_____?
- El azul.

19. Write the figures in words.

a. 456 €: *cuatrocientos cincuenta y seis euros.*

b. 267 €: _____

c. 876 £: _____

d. 745 $: _____

e. 578 €: _____

f. 934 £: _____

g. 888 €: _____

h. 134 £: _____

i. 193 $: _____

j. 934 £: _____

20. Write the price of the following things in words.

Una noche de hotel de tres estrellas en tu ciudad: ....
....

Una entrada de cine en tu ciudad: ....
....

Un ordenador portátil nuevo: ....
....

Tu prenda de ropa favorita: ....
....

Una compra en el supermercado para toda la semana: ....
....

21. Complete these conversations with the missing words or expressions.

a.

- Buenos días. ¿ .... bolígrafos?
- ¿Bolígrafos? No, no tenemos.

b.

- Buenos días, ... unos pantalones.
- ¿ .... ?
- Negros o azules.

c.

- Perdone, ¿cuánto .... estos zapatos?
- 74 euros.

d.

- Esta falda roja, ¿cuánto ....?
- 50 euros.
- ¿Y esta verde?
- 40 euros.
- Pues .... la verde.

22. Marta asks about the price of many different things. What expressions does she use? Write them down.

		este	bañadores?
¿Cuánto	cuesta	esta	sandalias?
			paraguas?
	cuestan	estos	zapatos?
		estas	mochila/s?
			jersey/s?
			biquini/s?
			camisetas?

1

....
....

5

....
....

2

....
....

6

....
....

3

....
....

7

....
....

4

....
....

8

....
....

23. Separate the dialogue from the two conversations that take place in different shops, and put them in the correct order.

¿Tienen gafas de sol?

62 euros; no son caras.

30 euros; muy barato.

¿Tienen paraguas?

¿Cuánto cuesta este azul?

¿Cuánto cuestan estas negras?

Sí, tenemos todos estos.

A ver... Sí, perfecto, me llevo estas.

A ver... Sí, perfecto, me llevo este.

Sí, tenemos todas estas.

conversación 1

– ¿Tienen gafas de sol?

....

....

....

....

....

....

conversación 2

....

....

....

....

....

....

....

24. Translate the following sentences into your language. Do you always translate the verb **llevar** the same way?

- Cuando voy de viaje siempre **llevo** mi ordenador portátil.

- Tengo que **llevar** una toalla porque en el hotel no tienen.

- Casi nunca **llevo** dinero. Siempre uso tarjeta de crédito.

- Rebeca **lleva** un vestido negro muy bonito.

- Los / las médicos/as normalmente **llevan** ropa blanca.

- Martín **lleva** unos zapatos muy caros.

25. Go to the website of an online clothes shop and choose three items of clothing to wear to go out this weekend. Describe them and calculate how much money they cost.

1. ....

....

2. ....

....

3. ....

....

En total cuestan:

26. Describe the following items of clothing in your exercise book:

- La última prenda de ropa que has comprado.

- La prenda de ropa que más usas en verano y la que más usas en invierno.

- Una prenda de ropa o complemento que quieres comprar.

1. Fill in the following details with information about two singers from your country.

Lugar de nacimiento: ....

Año de nacimiento: ....

Nombre: ....

Apellido: ....

Nombre de su madre / padre: ....

Hermanos/as: ....

Hijos/as: ....

Título de su primer disco: ....

Aficiones: ....

....

Lugar de nacimiento: ....

Año de nacimiento: ....

Nombre: ....

Apellido: ....

Nombre de su madre / padre: ....

Hermanos/as: ....

Hijos/as: ....

Título de su primer disco: ....

Aficiones: ....

....

2. Link the personality adjectives to the description.

a. sociable

b. tímido/a

c. activo/a

d. aburrido/a

e. hablador/a

f. divertido/a

◯ Para él / ella es fácil conocer gente nueva.

◯ No hace cosas muy interesantes.

◯ Hace reír a la gente.

◯ Hace muchas cosas.

◯ Habla mucho.

◯ Para él / ella es difícil relacionarse con las demás personas y no le gusta ser el centro de atención.

3. Choose two different adjectives from activity 2 and write a definition for them. You can use a dictionary.

.... : ....

.... : ....

4. Complete this table with personality adjectives.

ME GUSTAN LAS PERSONAS…	NO ME GUSTAN LAS PERSONAS…
abiertas	

5. 🔊 36 Listen to the audio and fill in the details about Carlota. Which girl from activity 3 (page 73) should she do a language exchange with?

Nombre: Carlota

Edad: ....

Nacionalidad: ....

Profesión: ....

Lengua materna: ....

Lenguas que quiere practicar: ....

Carácter: ....

Aficiones: ....

Puede hacer un intercambio lingüístico con
.... porque .... También
puede hacer un intercambio con ....
porque ....

6. Read the texts from activity 3A (page 73) and write a similar text with your description.

....

....

....

....

....

....

....

....

....

....

7. What do these sentences refer to? Look at whether they use **gusta** or **gustan**.

a. No me gustan mucho.
~~las fiestas~~
el flamenco

b. Me gusta mucho.
las películas de acción
~~el cine~~

c. Me encantan.
pasear con mi perro
~~los perros~~

d. No me gusta nada.
~~bailar~~
las discotecas

e. Sí, sí que me gusta.
~~la música electrónica~~
las canciones de U2.

f. Me gusta, me gusta.
~~esta escuela~~
las clases de español

8. Complete the sentences below with one of the following pronouns: **me**, **te**, **le**, **nos**, **os**, **les**.

a. Carla, ¿a ti .... gusta Jorge Drexler?

b. A mi novio .... encanta la música clásica, pero a mí no .... gusta nada.

c. Chicos, a ustedes .... gusta el flamenco, ¿no?

d. A mis compañeros de piso .... encanta la música electrónica.

e. Marta, Isa, ¿a vosotras .... gusta ir a conciertos?

f. A mí .... gusta mucho la música electrónica, pero a mis amigos no .... gusta nada.

g. A mi amiga Sara y a mí .... gusta mucho ir a karaokes. ¡Es muy divertido!

h. A mis padres .... encantan los vinilos.

i. A nosotras no .... gusta nada el reguetón.

9. Complete these sentences with the words and phrases below to talk about what you like and dislike.

Me encanta   Me encantan   Me gusta
Me gusta mucho   Me gustan mucho
Me gusta bastante   Me gustan bastante
No me gusta   No me gustan
No me gusta nada   No me gustan nada

a. .... aprender lenguas extranjeras.

b. .... comprar ropa por internet.

c. .... viajar.

d. .... hablar por teléfono.

e. .... escribir.

f. .... ir de excursión al campo.

g. .... ver series.

h. .... la comida japonesa.

i. .... escuchar la radio.

j. .... las películas románticas.

k. .... las revistas científicas.

l. .... los periódicos deportivos.

m. .... hacer la compra.

10. Are your tastes typical for someone from your country? Write five sentences about what you like and dislike related to: sport, leisure, television, food, drink, holidays, etc.

A los ingleses, en general, les interesa mucho el fútbol, pero a mí no me gusta nada.

a. ....
....

b. ....
....

c. ....
....

d. ....
....

e. ....
....

11. Read these sentences about Amelia's likes and dislikes. Compare her tastes with your own. Do you like the same things?

a. Le gustan los deportes acuáticos.

A mí... ....

b. Le gusta leer revistas de ciencia y de naturaleza.

....

c. Le encanta escuchar pódcast.

....

d. Le encanta pasar tiempo sola en casa.

....

e. Le gusta hacer fotos a animales.

f. Le gusta usar perfume.

g. Le gusta el cine mudo.

12. Continue these conversations.

a. Leo: A Hugo le gusta mucho la música brasileña.

🙂 Juan: *A mí también.*

☹ Luisa:

☹ Mercedes:

b. Tomás: A Susana le encanta hacer deporte.

🙂 Juan:

🙂 Luisa:

☹ Mercedes:

c. Sam: A mis padres no les gusta nada la televisión.

☹ Juan:

🙂 Luisa:

🙂 Mercedes:

d. Lea: A mí no me interesa mucho la política.

🙂 Juan:

☹ Luisa:

☹ Mercedes:

13. Look at Paco and Lucía's family tree. Who is talking in each of the sentences below?

Paco — Lucía

Javier — Marta — Abel — Luisa

Daniel — Carla

a. No tengo hermanos, pero tengo un primo de mi edad. Se llama Daniel y es el hijo de mi tía Marta, la hermana de mi padre.

Soy

b. Tengo 51 años, estoy casada y tengo una hija.

Soy

c. Mi sobrina es Carla, la hija del hermano de mi mujer.

Soy

d. Me gusta pasar mucho tiempo con mi nieto Daniel. Es un chico muy alegre. Mi mujer dice que es como yo.

Soy

14. Now finish the questions with the corresponding word and article.

a.

- ¿Cómo se llama .... de Daniel?
- Carla.

b.

- ¿Cómo se llama .... de Marta?
- Javier.

c.

- ¿Cómo se llama .... de Carla?
- Paco.

d.

- ¿Cómo se llama .... de Daniel?
- Luisa.

e.

- ¿Cómo se llama .... de Abel?
- Luisa.

f.

- ¿Cómo se llama .... de Paco?
- Daniel.

15. Complete the sentences below.

a. El hijo de mi tío es mi ....

b. La madre de mi padre es mi ....

c. El hijo de tus padres es tu ....

d. Los padres de nuestra madre son nuestros ....

e. El marido de su tía es su ....

f. Las hijas de mi hermano son mis ....

g. La hija y el hijo de mis padres son mis ....

h. La hermana de mi madre es mi ....

16. Write a text in your exercise book presenting a famous family from your country.

17. Complete the following sentences with the correct possessives: **mi**, **mis**, **tu**, **tus**, **su** or **sus**.

a.

- Mira, te presento a .... hermana pequeña, Pilar. Es la hija de mi padre y de su mujer actual.
- Ah, hola, ¿qué tal?

b.

- ¿Cuándo es .... cumpleaños?
- El 3 de mayo.
- ¡Anda! ¡Eres Tauro, como yo!

c.

- ¿Qué haces este año en vacaciones?
- Pues descansar y pasar más tiempo con la familia de Víctor: .... padres, ... hermana, ... sobrinos…

d.

- ¿Cuáles son .... cantantes favoritos?
- Pues... Camila Cabello y Ed Sheeran, ¡me encantan!

e.

- ¿Qué tal con Maribel? ¿Ya conoces a .... familia?
- Sí, pero no a toda. Conozco a .... hermanos, pero a .... padres no.

f.

- ¿Cómo se llama .... hermano?
- ¿Cuál? Porque tengo dos.
- Ah, sí. El mayor.
- Se llama Roberto.

18. Look at Marcelo's photos. Complete his comments using possessives.

Con _____ compañeros de clase en Dublín.

Con _____ hermana Laura en el Pirineo.

Con _____ amigo Carlos y _____ novia.

19. Which words are these verbs used with to form expressions related to physical appearance? Mark the correct answers.

SER	TENER	
✓		guapo/a
✓		feo/a
	✓	bigote
✓		bajo/a
	✓	los ojos marrones
	✓	el pelo rubio
✓		moreno/a
✓		delgado/a
✓		rubio/a
	✓	el pelo largo
✓		alto/a

20. Describe the physical appearance of the following people.

a. Mireia Belmonte: _____.

b. Sílvia Pérez Cruz: _____.

c. Guillermo del Toro: _____.

21. Put an accent on the words in bold, where required.

a.
- ¿**Te** gusta el café?
- Sí, pero normalmente tomo **te**.

b.
- **Mi** novio escucha mucha música electrónica.
- ¿Ah, sí? A **mi** no me gusta nada.

c.
- ¿**Tu** tocas en un grupo de música con **tu** marido, ¿verdad?
- Sí.

d.
- ¿Este chico es **el** hermano de Laura?
- No, ¡es su novio! Mira, **el** es el hermano de Laura.

e.
- ¿**Que** escuchas?
- Rosalía. Me encanta.
- ¡Pues tenemos **que** ir a un concierto!

f.
- ¿**Como** es tu hermano físicamente?
- Pues **como** yo: bajo, delgado, tiene el pelo negro…

22. Link each question to the correct answer.

a. ¿Quién es?

b. ¿Cuál es su deporte favorito?

c. ¿A qué se dedica?

d. ¿Cómo es?

e. ¿Cuál es su cantante favorito?

f. ¿Toca algún instrumento?

g. ¿Qué le gusta hacer en su tiempo libre?

○ Le gusta mucho ir a conciertos. Y también la fotografía.

○ Sí, la guitarra y el piano.

○ Es alto, moreno y tiene barba.

○ Es profesor de música.

○ Mi novio. Se llama Alberto.

○ El baloncesto.

○ Uy, tiene muchos, pero Drexler le encanta.

23. Choose five people from the list and write a sentence about each one of them, using the following verbs.

le gusta…   tiene…   se llama…   vive…   es…

(A) Mi padre

(A) Mi madre

(A) Mi hermano/a

(A) Mi abuelo/a

(A) Mi pareja

(A) Mi mejor amigo/a

(A) Mi jefe/a

(A) Mi compañero/a de piso

a. ....

b. ....

c. ....

d. ....

e. ....

Más ejercicios

1. Look at the people in the pictures and write down what their favourite moment of the day is. You can follow the example on page 85.

María (sábado)

....
....
....
....
....

Julia (lunes)

....
....
....
....
....

Iván (viernes)

....
....
....
....
....

Manuel (miércoles)

....
....
....
....
....

Teresa (domingo)

....
....
....
....
....

2. Sort the following testimonies into the table below, according to the type of person who said them.

a. "Nunca me levanto después de las 08:30".

b. "Los fines de semana siempre me despierto muy tarde porque salgo hasta tarde".

c. "Siempre estudio por la noche".

d. "Normalmente voy al gimnasio por la tarde, pero si no tengo tiempo, voy por la mañana".

e. "Casi nunca salgo de noche porque siempre estoy muy cansada".

f. "A veces salgo por la noche con mis amigos los viernes y los sábados, pero entre semana prefiero no salir porque tengo que levantarme pronto".

g. "Me gusta leer por la noche, antes de acostarme".

h. "Casi todos los días hago yoga de 7 a 8 h".

PERSONAS QUE PREFIEREN EL DÍA	PERSONAS QUE SE ADAPTAN FÁCILMENTE AL DÍA O A LA NOCHE	PERSONAS QUE PREFIEREN LA NOCHE

3. Complete these sentences with the correct adjectives.

dormilón/ona   sano/a   perezoso/a

fiestero/a   trabajador/a   comilón/ona

deportista   casero/a   intelectual

a. A Mateo le encanta salir de noche. Es muy

....

b. Diego es muy _____;
está todo el día en la oficina y cuando vuelve
a casa todavía trabaja más.

c. A Sara le encanta la comida y come mucho.
Es muy _____.

d. Estela es bastante _____:
no fuma, no bebe y hace deporte.

e. Noelia es muy _____,
practica varios deportes: juega al fútbol, hace
surf, va en bici…

f. Mi hijo duerme muchas horas, es un poco
_____.

g. A Virginia no le gusta mucho trabajar.
Es un poco _____.

h. Maite es muy _____: le
encanta leer, ir a exposiciones y conferencias,
ir a la biblioteca…

i. Jaime es muy _____: los
fines de semana prefiere quedarse en casa,
ver una película, pasar tiempo con su pareja…

4. **Write down the answers to these
questions.**

a. • Perdone, ¿qué hora es?　　`13:10`
　　○ _____

b. • ¿Tienes hora?　　`20:40`
　　○ _____

c. • ¿Qué hora es?　　`12:00`
　　○ No sé… Mira, allí hay un reloj.
　　　Son _____

d. • ¿Son las nueve?　　`08:30`
　　○ No, casi, _____

5. **Write questions for these answers.**

a. • _____
　　○ Normalmente a las 23 h.

b. • _____
　　○ Las tres y cuarto.

c. • _____
　　○ Creo que a las 21 h, pero no estoy seguro.

d. • _____
　　○ Sí, las 8:30 h.

e. • _____
　　○ Normalmente entre las 19 h y las 20 h.

f. • _____
　　○ A las 14 h.

g. • _____
　　○ Muy temprano. Me gusta madrugar.

h. • _____
　　○ Son las 13 h.

6. 🔊 37　**Listen to the audio in activity 6B
(page 89) and write down the questions they
ask Valeria.**

a. _____

b. _____

c. _____

d. _____

e. _____

f. _____

7. Answer the questions **a**, **b**, **c** and **f** from activity 6 with your information.

8. 🔊 38 Listen to Caro, a Cuban girl who lives in Havana. Mark the correct answers.

TRABAJA...

○ **A** de lunes a viernes, por la noche.

○ **B** de lunes a viernes, de las 8 h a las 17 h, y algunos fines de semana.

○ **C** los fines de semana, de las 8 h a las 17 h.

TRABAJA EN...

○ **A** el Nacional, un hotel de La Habana que no está en el centro de la ciudad.

○ **B** el centro de La Habana, en un teatro.

○ **C** el centro de La Habana, en el Nacional, un hotel.

CARO TAMBIÉN ES...

○ **A** actriz.

○ **B** bailarina.

○ **C** camarera.

ENSAYA...

○ **A** de 20 a 22 h todas las noches de lunes a viernes.

○ **B** de 20 a 24 h todas las noches de la semana.

○ **C** de 20 a 22 h los lunes y los viernes.

EN SU TIEMPO LIBRE...

○ **A** va al cine, a la playa y a bailar.

○ **B** toca en un grupo de música.

○ **C** va a la discoteca con sus amigos.

9. This is Santiago's routine. Write down what he does and at what times.

08:00

....

08:10

....

08:20

....

08:25

....

09:30

....

14:00

....

22:00

....

00:40

....

10. Number the activities according to the order you normally do them in.

○ desayunar   ○ ducharte

○ hacer deporte   ○ hacer la compra

○ levantarte   ○ ver una serie

○ cenar   ○ ir a clase / al trabajo

○ ver a amigos   ○ comer

11. Complete these sentences to talk about your habits.

a. Por las mañanas, primero .... y después ....

b. Por la noche, antes de ...., siempre ....

c. Normalmente, primero .... y, luego, ...

d. Los viernes por la tarde, después de ...., ...

e. Todos los días, después de ...., ...

f. Los domingos, antes de ...., siempre ....

g. Cuando vuelvo a casa por la tarde, primero .... y, luego, ...

12. Compare the Sánez family's habits with your own habits, or with those of your family.

Los Sánez…

a. Se levantan a las seis de la mañana.

b. Desayunan sobre las once de la mañana.

c. Los lunes nunca trabajan.

d. Duermen siempre siete horas.

e. Solo trabajan por la mañana.

Yo / Mi familia en general…

a. ....

b. ....

c. ....

d. ....

e. ....

13. Look at Berta's schedule and complete the sentences using expressions of frequency.

Berta

	LUNES	MARTES	MIÉRCOLES	JUEVES	VIERNES	SÁBADO	DOMINGO
	2	3	4	5	6	7	8
	Gimnasio	Gimnasio	Gimnasio	Gimnasio	Gimnasio	Gimnasio	Excursión al monte
	Francés	Francés	Cine	Francés	Cine	Almuerzo con papá	
	9	10	11	12	13	14	15
	Gimnasio	Gimnasio	Gimnasio	Gimnasio	Gimnasio	Gimnasio	Excursión a la playa
	Francés	Francés	Cine	Francés	Cine	Almuerzo con papá	

a. .... va al gimnasio.

b. .... va a clase de francés.

c. .... va al cine.

d. .... come con su padre.

e. .... va de excursión.

Más ejercicios

14. Think about your habits and classify them.

BUENOS HÁBITOS (cosas que hago y que son buenas para mí)	MALOS HÁBITOS (cosas que hago, pero que no son buenas para mí)

15. Imagine that you have your "ideal schedule". First, fill in this schedule with activities. Then write sentences in your notebook to explain how often you do each activity.

Lunes

Martes

Miércoles

Jueves

Viernes

Sábado

Domingo

16. Write what you normally do at these times of day.

a. los sábados por la mañana:

....

b. los domingos al mediodía:

....

c. los viernes por la noche:

....

d. los lunes por la mañana:

....

e. los jueves por la noche:

....

f. los martes por la tarde:

....

17. Translate the following sentences into your language.

a. salir a cenar: ....

b. salir del trabajo: ....

c. salir con amigos: ....

d. empezar a trabajar: ....

e. hacer la cama: ....

f. lavarse las manos: ....

g. lavarse los dientes: ....

h. jugar al tenis: ....

i. ir al gimnasio: ....

j. hacer planes: ....

k. comer con la familia: ....

l. cenar fuera: ....

18. Complete the series.

a. mañana, tarde, _____

b. desayunar, _____

c. lunes, martes, _____

d. fiestero/a, comilón/a, _____

19. Complete the sentences with **de**, **del**, **por**, **a** or **al**.

a. Tengo clase de yoga _____ las siete.

b. Normalmente salgo con mis amigos los sábados _____ la noche.

c. Mi avión sale _____ las seis _____ la tarde.

d. ¿Vas a casa _____ mediodía?

e. _____ la mañana no trabajo.

f. Normalmente como _____ las dos _____ mediodía.

g. Las clases empiezan _____ las diez.

h. Siempre ceno _____ las nueve.

i. Óscar viene hoy a casa _____ las diez _____ la noche.

20. Fill in the table.

	LEVANTARSE	DUCHARSE
(yo)	me levanto	me ducho
(tú)	te levantas	
(él / ella, usted)		se ducha
(nosotros/as)		
(vosotros/as)	os levantáis	os ducháis
(ellos/as, ustedes)		se duchan

21. Take a look at how the verb **dormir** is conjugated. Then conjugate the verbs **volver** and **almorzar**.

	DORMIR
(yo)	duermo
(tú)	duermes
(él / ella, usted)	duerme
(nosotros / nosotras)	dormimos
(vosotros / vosotras)	dormís
(ellos/as, ustedes)	duermen

	VOLVER	ALMORZAR
(yo)		
(tú)		
(él / ella, usted)		
(nosotros/as)		
(vosotros/as)		
(ellos/as, ustedes)		

22. Complete the tables with the missing verb forms.

	E - IE	E - I
	PREFERIR	VESTIRSE
(yo)	prefiero	me visto
(tú)		
(él / ella, usted)		
(nosotros/as)	preferimos	
(vosotros/as)		os vestís
(ellos/as,ustedes)		

23. What is the infinitive form of the verbs below?

a. tengo: _____

b. quiero: _____

c. vuelve: _____

d. pido: _____

e. pongo: _____

f. empieza: _____

g. prefieren: _____

h. vas: _____

i. salgo: _____

j. hago: _____

24. Imagine that you are looking for a flat share and you are one of the chosen candidates. Before making his decision, the flat owner writes you a message. Read it and write your answer.

Recibidos ×

http://mail.com

Hola:

Antes de tomar una decisión, te tengo que hacer algunas preguntas para conocer tus horarios y tus hábitos. ¿Me puedes contar cómo es un día normal para ti? ¿Qué haces normalmente en el piso? ¿Comes y cenas siempre en casa? Perdón por hacerte tantas preguntas, pero es que para mí es importante conocerte un poco. Ah... y podemos vernos también. ¿Qué te parece el jueves por la tarde?

¡Gracias y hasta pronto!

25. Choose a fictional character you like. Find a picture of the character and write down what he or she looks like and what his or her habits are.

26. What do you think these women do at the weekend? Write it down.

a. Vanesa

Es muy casera.

b. Carmen

Es muy fiestera.

c. Montse

Lleva una vida muy sana.

d. Valentina

Es muy intelectual.

1. Look at the types of food on pages 98-99. Which ones do these definitions refer to?

a. Es un plato típico de España. Lleva patatas, huevo y, a veces, cebolla: ....

b. Es el ingrediente principal de los bocadillos. Hay de muchos tipos: integral, con cereales, blanco…: ....

c. Son embutidos: .... y ....

d. Es un tipo de marisco: : ....

e. Es una bebida alcohólica. Puede ser tinto, blanco o rosado: ....

2. Make a list of the food you like most from each of these food groups.

Verduras	Carnes	Pescados y mariscos

Frutas	Cereales y legumbres	Bebidas

3. Think about a normal day and write down what you eat.

Desayuno: ....

....

Comida / almuerzo: ....

....

Merienda: ....

....

Cena: ....

....

4. Complete the sentences with information about you. Then share what you have written with a classmate. Do you have anything in common?

a. Mi plato o alimento favorito es ....

....

b. Mi comida favorita del día es .... porque ....

....

c. No me gusta/n nada ....

....

d. En mi nevera siempre hay ....

....

e. El / Los alimento/s que más como es / son ....

....

f. En las comidas normalmente bebo ....

....

g. Me gustaría probar ....

....

5. Look at the menu. Imagine that you have to choose what to order for two people you know well. Then, share your choices with the class and explain why you made them.

MENÚ

• **Para empezar**

Ensalada con queso roquefort y nueces
Sopa de verduras
Paella
Espaguetis a la boloñesa
Gazpacho

• **Plato principal**

Pollo asado con verduras a la plancha
Verduras salteadas con tofu
Hamburguesa del chef
Merluza a la plancha
Huevos fritos con patatas fritas y jamón

• **Postres**

Flan
Helado
Fruta del tiempo
Yogur griego con miel
Tiramisú

Menú para:

Menú para:

6. Combine food from the two columns to create different dishes. Write them down.

– zumo de manzana

zumo de	atún
sopa de	manzana
ensalada de	patatas
bocadillo de	limón
tortilla de	queso
empanada de	tomate
tarta de	pollo
helado de	

7. Where would you put these meals on a menu? Sort them into the table below.

sopa de cebolla   pasta al pesto   lentejas

salmón al horno con patatas   guacamole

curri de verduras con arroz   atún a la plancha

tarta de chocolate   queso con miel

salchichas con patatas   humus

ENTRANTE	
PLATO PRINCIPAL	
POSTRE	

8. Think of your favourite restaurant and write down the name of two dishes on the menu and their ingredients.

Mi restaurante favorito se llama Il Giardinetto. Mis platos favoritos de la carta son la pasta con setas y el tiramisú. La pasta lleva macarrones, setas...

9. Mark who is talking in each of the sentences below.

a. ¿Te traigo un vaso de agua con el café?

    camarero/a   cliente/a

b. ¿Me puede traer un vaso de agua con el café?

    camarero/a   cliente/a

c. ¿Me traes la cuenta, por favor?

    camarero/a   cliente/a

d. ¿Le traigo la cuenta o quiere otro café?

    camarero/a   cliente/a

e. ¿Me pone una cerveza?

    camarero/a   cliente/a

f. ¿Te pongo algo más?

    camarero/a   cliente/a

10. Complete the dialogue with the following words and expressions.

¿y después?   la cuenta, por favor

primero   con patatas   una cerveza

para beber   yogur   lleva   sin gas

un poco de   de postre

- Hola, buenos días.
- ○ Buenos días.
- ¿Ya lo saben?
- ○ Sí, mire, yo, _____, quiero gazpacho.
- ■ ¿Qué _____ la ensalada griega?

- Tomate, queso, aceitunas negras y _____ orégano.
- ■ Pues, para mí, una ensalada griega.
- Gazpacho y ensalada. Muy bien. _____
- ■ Para mí, hamburguesa _____
- ○ Y para mí, merluza a la plancha.
- Y, ¿qué les pongo _____?
- ○ _____, por favor.
- ■ Yo quiero agua fría _____.
(...)
- ¿Desean alguna cosa _____?
- ○ ¿Qué hay?
- Hoy tenemos _____, helado de chocolate y flan.
- ○ Yo quiero helado.
- ■ Yo, flan.
(…)
- ○ _____.
- Ahora mismo.

11. These are the replies from customers and waiters in a restaurant. What would the questions be in the **tú** form? And in the **usted** form? Write them down.

a.
- tú: _____
- usted: _____
- ○ Helado de vainilla o macedonia de frutas.

b.
- tú: _____
- usted: _____
- ○ Sí, ahora mismo. ¿Blanco o tinto?

c.
- tú: _____
- usted: _____
- ○ Una cerveza, por favor.

d.
- tú: _____
- usted: _____
- ○ Sí, un poco más de pan, por favor.

e.

- tú: _____
- usted: _____
- ° Para mí, espaguetis a la boloñesa. Para él, la lasaña de verduras.

12. Complete the sentences with **a**, **con** or **de**.

a. ¿Tomás el té _____ leche o _____ limón?

b. Normalmente desayuno yogur natural _____ fruta.

c. ¿Quieres zumo _____ naranja?

d. ¿Tenéis tortilla _____ patatas?

e. ¿Me trae una botella de agua _____ gas y una cerveza?

f. Quiero un bocadillo _____ jamón serrano, por favor.

g. Un café solo _____ hielo, por favor.

h. ¿Tienen helado _____ chocolate?

i. ¿La carne viene _____ arroz?

j. De postre queremos pastel _____ chocolate y queso fresco _____ miel.

13. What does each sentence refer to? Mark the correct answers.

a. Lo compro en el mercado.

la carne
las verduras
el pescado

b. ¿**Los** pones en la nevera?

la leche
los plátanos
las patatas

c. ¿**La** tomas caliente?

la cerveza
el zumo de limón
los refrescos

d. Las preparo siempre al vapor.

el pescado
los huevos
las verduras

14. You have come back from the supermarket with the following things. Where do you put them: in the cupboard, fridge or freezer? Write down your answers.

azúcar   helado   arroz   huevos   queso

yogures   patatas fritas congeladas   pasta

salchichas   chocolate   cereales   pescado

lechuga   calabacines   leche   sal   fresas

El azúcar lo pongo en el armario.

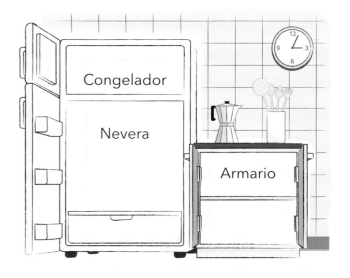

15. 🔊 39 Eric is talking about his diet. Listen to the audio and then write down the answers to these questions using the pronouns **lo, la, los, las**.

a. ¿Dónde compra el pan?

....

b. ¿Cómo cocina los cereales?

....

c. ¿Toma té o café? ¿Cómo lo toma?

....

d. ¿Cómo cocina normalmente las verduras?

....

e. ¿Dónde compra las algas?

....

16. Interview someone you know (family member, partner, friend, etc.) and write down their answers.

■ Persona entrevistada:

■ ¿Cómo toma el café o el té?

■ ¿En qué momento del día lo toma?

■ ¿Dónde compra el café o el té?

17. Here are some of Martina's favourite dishes. Complete the sentences with the missing adjectives.

a. La carne asad......... de mi abuela.

b. El sushi (pescado crud.........con arroz).

c. Los huevos frit......... con jamón.

d. El pescadito frit..........

e. Las patatas guisad......... con chorizo.

f. El pollo asad......... con patatas frit..........

g. Espinacas cocid......... con patatas.

h. Verdura saltead......... al estilo *thai*.

18. Read the definitions and write down what they refer to. There might be more than one correct answer.

a. Es uno de los ingredientes de la tortilla de patatas. Es de origen animal: ....

b. Lo necesitamos para cortar la carne o pelar la fruta y la verdura: ....

c. Algunas personas toman el té con esta fruta:

....

d. Es de color blanco y la usamos para cocinar:

....

e. Son unas legumbres muy pequeñas de color marrón: ....

f. Es un cereal y es el ingrediente principal de la paella: ....

g. Normalmente la usamos para tomar vino: ....

....

Más ejercicios

19. Follow the example in activity 18 and write down a definition of four types of food.

a. ....

....

b. ....

....

c. ....

....

d. ....

....

20. Think of five types of food that are basic staples in your diet Then write down how you normally eat them.

Café

Todos los días tomo café para desayunar. Lo tomo con leche y en una taza grande. A veces, también lo tomo con galletas...

21. Link these types of food with an adjective.

> **a.** chile con carne
>
> **b.** pastel de chocolate
>
> **c.** ensalada de lechuga con tomate
>
> **d.** pescado cocido sin sal
>
> **e.** jamón serrano

◯ soso/a

◯ picante

◯ dulce

◯ ligero/a

◯ salado/a

22. Now complete the dialogues with the adjectives **soso**, **dulce**, **picante** and **salado**, in the feminine, masculine, singular or plural forms, as required.

soso   dulce   picante   salado

a.
• ¿Te gusta la comida india?
◦ No sé... ¿No es todo muy .... ?

b.
• ¡Cuatro cucharadas de azúcar! ¡Qué exagerada!
◦ Sí, el café me gusta muy ....

c.
• ¿Quieres patatas? Están un poco ...., pero están buenísimas.
◦ No, gracias. Tengo prohibido comer cosas con mucha sal.

d.
• ¿Cómo están los macarrones? ¿No están un poco ....?
◦ No, para mí están perfectos. Me gusta comer con poca sal.

23. Write down other types of food that you associate with the flavours in activity 22. You can look them up in the dictionary.

24. Think of a typical dish from your country and fill in the information below.

Nombre: ....

....

Es típico de: ....

Ingredientes: ....

....

Lo tomo: ....

....

....

25. Link each picture to the corresponding text.

○ Es una salsa muy famosa en todo el mundo. Lleva huevos, aceite, vinagre o limón y sal.

○ Es un plato típico de Asturias. Lleva judías blancas y embutidos.

○ Es uno de los platos españoles más conocidos. Lleva huevos, patatas y, a veces, cebolla.

○ Es un postre típico de Cataluña. Lleva huevos, leche y azúcar.

26. Look up these dishes on the internet and fill in their details.

a. Pisto manchego

Qué lleva

....

....

....

Dónde lo comen

....

....

b. Enchilada

Qué lleva

....

....

....

Dónde lo comen

....

....

27. Complete this table with words and expressions from the unit that you think are useful.

¡A COMER!
Comidas
Bebidas
Expresiones relacionadas con el restaurante
Platos del mundo hispano

Más ejercicios

1. Link the expressions that contain the word **barrio** with their corresponding characteristics.

A un barrio moderno

B un barrio con pocos servicios

C un barrio histórico

D un barrio mal comunicado

E un barrio con mucha vida

F un barrio ruidoso

◯ Tiene edificios antiguos, normalmente los más representativos de la ciudad.

◯ Es de construcción reciente.

◯ No tiene muchos transportes públicos (autobús, metro, tranvía…).

◯ Hay mucho tráfico, muchos locales de ocio nocturno (bares, discotecas…) y mucha gente.

◯ No hay suficientes escuelas, tiendas, servicios médicos, etc.

◯ Mucha gente va a pasar su tiempo libre a este tipo de barrio, porque hay bares, tiendas, restaurantes…

2. Look at the pictures of these neighbourhoods and use the resources in activity 1A on page 113 to describe them in your exercise book.

La Barceloneta (Barcelona)

La Boca (Buenos Aires)

3. What can you do in these places? Connect the places with the activities.

a. un polideportivo

b. una tienda de ropa

c. un bar

d. un supermercado

e. un cajero

f. una zona peatonal

g. un *parking*

◯ pasear

◯ sacar dinero

◯ hacer la compra

◯ tomar un café

◯ hacer deporte

◯ aparcar el coche

◯ comprar un jersey

4. Complete the sentences with the following words.

monumentos   casco antiguo   bonita
ambiente nocturno   clima   restaurantes

a. Sevilla es una ciudad muy alegre y ....

b. En Sevilla hay muchísimos .... y sitios para visitar, como la Torre del Oro.

c. El .... en Sevilla es muy bueno, casi siempre hace sol.

d. Montevideo tiene un .... muy lindo, con monumentos y lugares de interés turístico.

e. En Montevideo hay muchos .... donde se come muy bien.

f. El mercado del puerto, en Montevideo, es un lugar con mucho ....

5. Do you know of any neighbourhoods (in any city) with these characteristics? What are they called?

a. Es moderno y antiguo a la vez.

....

b. Es muy caro.

....

c. Tiene mucha vida, tanto de día como de noche.

....

d. Hay mercados populares de artesanía.

....

e. Viven muchos artistas y hay galerías de arte.

....

f. Tiene mucho encanto.

....

6. Choose the right option for each circumstance.

1.
- ¿Sabes si hay (1) .... supermercado por aquí?
- Sí, hay (2) .... en la esquina.

(1) a. Ø
   b. uno
   c. un

(2) a. uno
   b. ninguna
   c. algún

2.
- Perdona, ¿hay (3) .... farmacia por aquí?
- Pues no, no hay (4) ....

(3) a. la
   b. alguno
   c. alguna

(4) a. una
   b. ninguna
   c. alguna

3.
- ¡No hay (5) .... banco en este barrio!
- Claro que sí. Mira, en esa esquina hay (6) ....

(5) a. algún
   b. ningún
   c. uno

(6) a. uno
   b. un
   c. algún

4.
- ¿Sabes si hay (7) .... biblioteca en este barrio?
- Uy, hay (8) ....

(7) a. la
   b. ninguna
   c. alguna

(8) a. varias
   b. ninguna
   c. uno

5.
- ¿En este barrio no hay (9) .... estación de metro?
- Sí, hay (10) .... en la plaza, al lado del supermercado.

(9) a. alguna
   b. ninguna
   c. un

(10) a. uno
    b. una
    c. Ø

6.
- ¿Sabes si hay (11) .... parking en esta zona?
- Pues me parece que no hay (12) ....

(11) a. Ø
    b. ninguno
    c. algún

(12) a. alguno
    b. ninguno
    c. ningún

7. Complete these sentences with the quantifiers below. Use one quantifier in each sentence. There might be more than one correct answer.

bastantes   pocas   bastante   pocos

muchas   demasiados   ningún   ninguna

a. Me gusta mucho mi barrio porque hay .... parques para pasear.

b. No me gusta mi barrio porque tiene .... zonas verdes. ¡Quiero más parques en mi barrio!

c. Mi barrio tiene .... vida: hay bares, restaurantes, cines, lugares de interés turístico… ¡Me encanta vivir aquí!

d. Me gusta vivir en mi barrio porque tiene .... plazas donde mis hijos pueden jugar.

e. Vivo en el centro de la ciudad. Me gusta mi barrio, pero siempre hay .... turistas.

f. En mi barrio no hay .... supermercado.

g. Me gusta mi barrio porque es tranquilo y hay zonas verdes, pero no hay .... escuela.

h. Mi barrio es muy moderno: hay muy .... edificios antiguos.

8. Think about the neighbourhood where you live, or a neighbourhood you know well, and complete the following sentences.

Es un barrio ideal...

para ....

porque ....

para gente ....

porque ....

si te gusta/n ....

porque ....

9. Put the distances in the correct order.

1	2	3	4	5	6	7

◯ (bastante) lejos   ① muy lejos

◯ muy cerca   ◯ un poco lejos

◯ aquí al lado   ◯ (bastante) cerca

◯ aquí mismo

10. Look at the drawing and complete the sentences.

cerca   al lado   a la izquierda   en
a la derecha   lejos

a. El banco está .... la calle Princesa.

b. La biblioteca está .... de un parque.

c. La estación de metro está .... del restaurante.

d. El bar está .... del restaurante.

e. El gimnasio está .... del hospital.

f. La escuela está .... del gimnasio.

11. Write expressions to give information about location in the table below.

ESTÁ...	
A	**EN**
a la derecha (de)	en la plaza

12. Complete these conversations with the correct prepositions: **a**(l), **de**(l), **en**, **por**.

a.

- Perdone, ¿hay una gasolinera _____ aquí cerca?
- Sí, mire, hay una _____ 200 metros, al final _____ paseo marítimo.

b.

- Esta tarde voy a visitar a mis padres.
- Viven _____ un pueblo, ¿no?
- Sí, pero está solo _____ 40 kilómetros.

c.

- ¿Un cajero, por favor?
- Pues _____ la siguiente esquina hay uno.

d.

- ¿Está muy lejos la parada de autobús?
- No, _____ dos minutos de aquí.

e.

- ¿Sabes si hay algún hotel _____ este barrio?
- Sí, hay uno _____ la plaza del Rey, _____ final de esta calle.

13. Complete the sentences below.

a. Mi casa está lejos de _____

_____

b. Cerca de mi casa hay _____

_____

c. El supermercado donde compro normalmente está _____

_____

d. Al lado de mi casa hay _____

_____

e. En mi calle hay _____

_____

14. Write a potential question for each of these answers. Imagine that you are next to your Spanish school.

a.

- _____
- Cerca no. Hay uno, pero está un poco lejos.

b.

- _____
- Sí, al final, en la esquina.

c.

- _____
- No, no mucho. A unos diez minutos.

d.

- _____
- Sí, sigues todo recto por esta calle y giras la primera a la derecha.

e.

- _____
- No, no hay ninguna.

f.

- _____
- Un poco, a unos quince minutos.

g.

- _____
- Sí, hay una al final de esta calle.

h.

- _____
- Sigues todo recto por esta calle y está al final.

15. 🔊 40 Imagine you are at the entrance to your house. Listen to the questions these people ask and write down your answers.

a. ....

....

b. ....

....

c. ....

....

d. ....

....

16. Fill in the table below. There might be more than one correct answer.

SUSTANTIVOS	ADJETIVOS
ruido	ruidoso/a
	tranquilo/a
cultura	
	aburrido/a
	céntrico/a
modernidad	

17. Sort the following words and expressions into the table below.

avenida bloque de pisos banco bar biblioteca
calle casa cine escuela estación de metro
farmacia gimnasio hospital mercado paseo
parada de autobús piso plaza restaurante supermercado
universidad gasolinera centro comercial polideportivo tienda de ropa

COMERCIOS Y SERVICIOS	VÍAS	VIVIENDA

EDUCACIÓN Y CULTURA	SALUD Y DEPORTE	TRANSPORTE

18. Complete the text with **está**, **hay** or the correct form of the verb **ser**.

Zaragoza _____ entre Barcelona y Madrid, y _____ muy bien situada porque pasa el tren de alta velocidad que va de Barcelona a Madrid. Además, también _____ cerca de los Pirineos. Una de las cosas que más me gustan de Zaragoza _____ que hay tres ríos. El más impresionante _____ el Ebro. También _____ edificios muy bonitos, como la basílica del Pilar, la Seo (la catedral) o el museo Pablo Gargallo.

19. Imagine that someone you know is going to visit your city soon. Read the message and write down your answer.

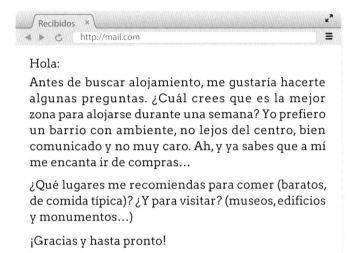

Hola:

Antes de buscar alojamiento, me gustaría hacerte algunas preguntas. ¿Cuál crees que es la mejor zona para alojarse durante una semana? Yo prefiero un barrio con ambiente, no lejos del centro, bien comunicado y no muy caro. Ah, y ya sabes que a mí me encanta ir de compras...

¿Qué lugares me recomiendas para comer (baratos, de comida típica)? ¿Y para visitar? (museos, edificios y monumentos...)

¡Gracias y hasta pronto!

20. Write a short text describing your favourite city.

1. Describe your flatmate or someone you live with.

Mi compañero de piso es muy despistado porque siempre pierde las llaves de casa.

2. Look for examples of how these verbs are used on page 129. Then add other examples.

a. cambiar de:

b. irse a:

c. dejar:

d. dedicarse a:

e. echar de menos:

3. Think about the people listed below. What qualities do you think it is important for them to have?

Un/a jefe/a tiene que ser:

Un/a compañero/a de trabajo tiene que ser:

Un/a profesor/a tiene que ser:

Un/a amigo/a tiene que ser:

4. Read these Mayan horoscopes, underlining the adjectives in the text. Sort the adjectives into the table below. You can look them up in the dictionary if you need to.

MURCIÉLAGO (Tzootz)
26 de julio / 22 de agosto

Color: negro Verbo: "descubrir" Estación del año: el invierno Número: el 1

Son luchadores, fuertes y decididos. Les gusta dar órdenes y tomar decisiones. Están muy seguros de sí mismos y, a veces, son autoritarios. Primero actúan y luego piensan. Les gusta trabajar solos. Son excelentes políticos, empresarios, escritores y humoristas.

ALACRÁN (Dzec)
23 de agosto / 19 de septiembre

Color: dorado Verbo: "observar" Estación del año: el otoño Número: el 2

A primera vista, inspiran respeto. Son muy reservados y no manifiestan sus sentimientos. Prefieren pasar inadvertidos. Cuando conocen a alguien, lo analizan con detenimiento. Tienen una memoria de elefante. Son agradecidos y justos, pero también vengativos. Trabajan bien en cualquier oficio. Como son organizados y metódicos, son excelentes en tareas administrativas.

VENADO (Keh)
20 de septiembre / 17 de octubre

Color: naranja y amarillo Verbo: "seducir" Estación del año: el principio de la primavera Número: el 3

Son los más sensibles del zodíaco. Son frágiles y se asustan con facilidad. Cuidan mucho su imagen. Tienen talento para el arte y detestan la rutina. Necesitan cambiar y crear.

LECHUZA (Mona)
18 de octubre / 14 de noviembre

Color: azul intenso Verbo: "intuir" Estación del año: el otoño Número: el 4

Son los brujos del zodíaco maya: pueden leer el pensamiento, anticiparse al futuro y curar dolores del cuerpo y del alma con una caricia o una infusión de hierbas. Al principio son tímidos, pero cuando toman confianza son bastante parlanchines. Les gusta la noche. Destacan en medicina, psicología y, en general, en las ciencias naturales.

PAVO REAL (Kutz)
15 de noviembre / 12 de diciembre

Color: irisado Verbo: "yo soy" Estación del año: la primavera Número: el 5

Tienen alma de estrella de cine. Son extrovertidos, sociables, carismáticos y seductores. Les gusta ser el centro de atención en todo momento. Una de sus armas es el humor. En el trabajo, prefieren puestos de liderazgo: les encanta dar órdenes y tener gente a su cargo. Necesitan destacar. Son excelentes comunicadores.

LAGARTO (Kibray)
13 de diciembre / 9 de enero

Color: el verde Verbo: "cambiar" Estación del año: el verano Número: el 6

Su gran pregunta es "¿Quién soy?". Están en constante cambio, su personalidad es multifacética. Son generosos, sencillos, metódicos y ordenados, pero necesitan mucho tiempo para tomar decisiones. Son personas inteligentes, analíticas, de buena memoria y con capacidad para el estudio. Pueden llegar a ser grandes científicos.

MONO (Batz Kimil)
10 de enero / 6 de febrero

Color: el lila Verbo: "divertir" Estación del año: el comienzo del verano Número: el 7

Son felices si tienen algo que descubrir, si viven nuevas aventuras o sienten nuevas emociones. Su mente es tan inquieta como su cuerpo: no paran de pensar. Hacer reír es su especialidad y siempre encuentran el lado gracioso de las cosas. Tienen fama de inconstantes: en el amor son inestables y cambian muchas veces de trabajo. Odian sentirse esclavos de la rutina.

HALCÓN (Coz)
7 de febrero / 6 de marzo

Color: el violeta Verbo: "poder" Estación del año: el verano Número: el 8

Desde niños, tienen una personalidad definida y un carácter fuerte. De jóvenes, son ambiciosos: buscan su triunfo profesional y no descansan hasta conseguirlo. Tienen una mente despierta y un gran sentido del deber y de la responsabilidad. A partir de los 50 años, su vida cambia: ya no les interesan las cosas mundanas y comienzan su búsqueda espiritual. Son buenos políticos y diplomáticos.

JAGUAR (Balam)
7 de marzo / 3 de abril

Color: el rojo Verbo: "desafiar" Estación del año: el final del verano Número: el 9

Son personas apasionadas y directas. Saben lo que quieren y siempre lo consiguen. Son valientes y altruistas. Son seductores y, de jóvenes, cambian mucho de pareja. No se casan fácilmente. Tienen un espíritu nómada. Necesitan sentir pasión en su vida profesional y, si se aburren, cambian de trabajo.

ZORRO (Fex)
4 de abril / 1 de mayo

Color: el marrón oscuro Verbo: "proteger" Estación del año: el comienzo del otoño Número: el 10

Han nacido para amar. Muchas veces se olvidan de sus propias necesidades y deseos para ayudar a los demás. Sienten el dolor de los demás como propio. Su modo de vida es sencillo, sin grandes ambiciones. Son muy buenos para trabajar en equipo. Tienen muchas cualidades para ser abogados, jardineros o médicos.

SERPIENTE (Kan)
2 de mayo / 29 de mayo

Color: el azul verdoso Verbo: "poseer" Estación del año: el invierno Número: el 11

Aman el lujo, el confort y el refinamiento. Son elegantes por naturaleza y suelen tener un buen nivel económico. Tienen fama de ambiciosos. Aunque son competidores leales, es mejor no interponerse en su camino. Para ellos, lo importante no es la profesión, sino destacar en ella. Por su capacidad de observación tienen talento para las letras.

ARDILLA (Tzub)
30 de mayo / 26 de junio

Color: el verde limón. Verbo: "comunicar". Estación del año: el final del otoño. Número: el 12

Son los más parlanchines del zodíaco. No saben guardar un secreto. Son sociables y excelentes para las relaciones públicas. Son personas activas y pueden hacer varias cosas al mismo tiempo. Cambian muy rápido de opinión. Son excelentes vendedores y triunfan en el mundo del espectáculo.

TORTUGA (Aak)
27 de junio / 25 de julio

Color: el verde esmeralda Verbo: "amar" Estación del año: el verano Número: 13

Son hogareños y pacíficos. Evitan los riesgos y no confían en los resultados fáciles. Disfrutan más las cosas cuando han luchado para conseguirlas. Son conservadores, creen en la buena educación y en la ética, y son nobles por naturaleza. Destacan en las carreras humanísticas y en las que les permiten ayudar a los demás (médicos, enfermeros, profesores, etc.). Su paciencia y perseverancia les asegura el éxito en cualquier profesión.

CUALIDADES	DEFECTOS

5. Look at the list of people in the table below. Which Mayan horoscope would you prefer them to have? Explain why.

	SIGNO DEL HORÓSCOPO MAYA	MOTIVOS
tu pareja		
un/a amigo/a		
un/a compañero/a de trabajo		
tu jefe/a		
un/a compañero/a de piso		

6. Write down what people with these personality traits do.

a. Una persona puntual: ....

....

b. Una persona cerrada: ....

....

c. Una persona ambiciosa: ....

....

d. Una persona generosa: ....

....

e. Una persona creativa: ....

....

f. Una persona emprendedora: ....

....

g. Una persona limpia: ....

....

h. Una persona desorganizada: ....

....

7. Describe the personality of someone important to you.

....

....

....

....

....

8. Describe the jobs these people do.

a. un/a médico/a: *cura a las personas enfermas.*

b. un/a taxista: ....

c. un/a veterinario/a: ....

d. un/a maestro/a: ....

e. un/a vendedor/a: ....

f. un/a camarero/a: ....

g. un/a peluquero/a: ....

h. un/a recepcionista: ....

i. un/a policía: ....

Más ejercicios

9. Translate the expressions from the test in page 131 into your language.
What similarities and differences are there?

- **perder** el avión: ....
- **perder** el tren: ....
- **perder** la tarjeta de crédito: ....
- **olvidar** un documento: ....
- **olvidar** una cita: ....
- **equivocarse de** día: ....
- **equivocarse de** lugar: ....

10. Write the participles of the verbs below.

escribir: ....

gustar: ....

hablar: ....

tener: ....

ser: ....

comprar: ....

poner: ....

hacer: ....

encontrar: ....

ver: ....

escuchar: ....

estar: ....

ir: ....

conocer: ....

volver: ....

decir: ....

11. In activity 10 there are six irregular participles. What are they?

a. ....   d. ....

b. ....   e. ....

c. ....   f. ....

12. Fill in the missing verb forms to complete the table.

	PRESENTE DE **HABER**	+ PARTICIPIO
(yo)	he	
(tú)	....	
(él / ella, usted)	ha	estado
(nosotros / nosotras)	....	tenido vivido
(vosotros / vosotras)	....	
(ellos / ellas, ustedes)	....	

13. Write four sentences about what you have done recently. Use five of the participles from activity 10.

a. ....
....

b. ....
....

c. ....
....

d. ....
....

14. Link the sentences above with the explanations below, in the most logical way.

a. Es un tenista muy bueno.

b. Conoce muchos países.

c. Tiene mucha experiencia como conductor.

d. Habla ruso perfectamente.

e. Es una escritora conocida.

f. Es un cocinero muy bueno.

○ Ha viajado mucho.

○ Ha trabajado en varios restaurantes importantes.

○ Ha escrito muchas novelas.

○ Ha ganado muchos premios.

○ Ha sido taxista durante años.

○ Ha vivido en Moscú 10 años.

15. Continue these sentences using the past perfect.

a. Conoce toda América Latina ....

....

b. Sabe muchas cosas sobre España ....

....

c. Es un actor muy famoso ....

....

d. Habla inglés muy bien ....

....

e. Es una profesora muy buena ....

....

16. 🔊 41 Listeners have sent in questions for a singer being interviewed on the radio. Link the questions to the answers. Then listen and check your answers.

Preguntas

a. ¿Has dicho muchas mentiras en tu vida?

b. ¿Qué es lo más raro o lo más exótico que has comido en tu vida?

c. ¿Cuál de los países en los que has actuado te ha gustado más?

d. ¿Has pensado alguna vez en cambiar de profesión?

e. ¿Has sacrificado muchas cosas en tu vida por tu profesión?

Respuestas

1. He actuado en Venezuela varias veces y siempre ha sido especial allí... Me encanta Venezuela.

2. No, mentir, no; alguna vez, muy rara vez, he dicho una verdad a medias… Pero eso no es malo, ¿no?

3. Sí, claro, he pasado poco tiempo con mi familia.

4. Sí, a veces lo he pensado… Pero ¿cuál? Me gusta ser cantante.

5. No sé… ¡Ah, sí! Un helado de pescado. En Japón.

a.	b.	c.	d.	e.

Más ejercicios

17. Complete the sentences with the correct forms of **poder** or **saber**.

a. Yo creo que _____ enviar el currículum a esta empresa; tienes el perfil que piden para este trabajo.

b. ¿Hoy _____ ir a buscar a Andrés a la escuela? Es que yo estoy ocupada.

c. No _____ comer esto, es que estoy enferma y solo _____ comer arroz.

d. Sandra _____ tocar el piano, ha estudiado durante muchos años en el conservatorio.

e. No _____ ir a natación hoy porque tengo mucho trabajo.

f. Tomás _____ hacer pan. ¡Y es buenísimo!

g. Lorena, me han dicho que _____ dibujar. ¿_____ dibujar un elefante aquí?

h. No _____ tocar ningún instrumento, pero me gusta mucho la música y canto en un grupo.

i. Nieves _____ bailar muy bien, te _____ dar clases de salsa.

18. Complete this description of your ideal flatmate with the correct form of the verbs **ser**, **saber** and **tener**.

Mi compañero/a de piso ideal

– _____ ordenado/a y limpio/a.

– No _____ perros ni gatos.

– _____ cocinar muy bien.

– _____ arreglar cosas.

– No _____ pareja.

– _____ generoso/a y detallista.

19. Have you done any of the things on the list? Write sentences like the one in the example, using the following expressions.

muchas veces   varias veces   nunca

una vez   dos / tres / cuatro… veces

casarse: _Me he casado una vez._

hablar con un/a famoso/a: _____

ir en avión: _____

cambiarse de casa: _____

viajar solo/a: _____

viajar por trabajo: _____

hacer una entrevista de trabajo: _____

ganar un premio: _____

comprar ropa por internet: _____

ir a un festival de música: _____

ir a un *spa*: _____

salir en la televisión: _____

20. Think of a famous person and write down what they have done in their life. Then talk to a classmate about it, so they can guess who you are talking about.

Ha dirigido algunas películas muy famosas...

21. This study belongs to Carolina de la Fuente. What does it tell you about her?

....
....
....
....
....
....
....
....
....
....

22. 🔊 42 Gabriela wants to take part in the Sarabarri project. Listen to the audio and fill in the details.

a. Experiencia profesional: ....
....
....

b. Habilidades: ....
....
....

c. Cualidades: ....
....
....

23. Fill in the mind map below.

MIS CUALIDADES

MIS DEFECTOS

YO

MIS HABILIDADES

MIS EXPERIENCIAS INTERESANTES

MÁS GRAMÁTICA

If you have a question related to grammar, or want to understand a rule better, you can look it up here. The contents are not ordered by units, but by grammar topics and categories.

In addition to reading the explanations carefully, remember to take a look at the examples to understand how each grammar point is used in real communication.

ALPHABET	→ page 205	NEGATION	→ page 215
LETTERS AND SOUNDS	→ page 205	PERSONAL PRONOUNS	→ page 216
ACCENTUATION	→ page 206	INTERROGATIVES	→ page 219
NUMBERS	→ page 207	PREPOSITIONS	→ page 220
GENDER AND NUMBER IN NOUNS AND ADJECTIVES	→ page 208	FREQUENCY	→ page 222
		CONNECTORS	→ page 222
ARTICLES	→ page 209	VERBS	→ page 223
DEMONSTRATIVES	→ page 210	PRESENTE DE INDICATIVO	→ page 224
POSSESSIVES	→ page 212	PRETÉRITO PERFECTO	→ page 225
ADJECTIVES	→ page 212	PAST PARTICIPLE	→ page 226
QUANTIFIERS	→ page 213	IMPERSONAL SE	→ page 226
COMPARATIVES	→ page 215		

Más gramática

ALPHABET

A	a	E	e	I	i	M	eme	P	pe	T	te	X	equis
B	be	F	efe	J	jota	N	ene	Q	cu	U	u	Y	ye
C	ce	G	ge	K	ca	Ñ	eñe	R	erre	V	uve	Z	zeta
D	de	H	hache	L	ele	O	o	S	ese	W	uve doble		

> **Take note**
> - Letters are feminine: **la a**, **la be**...
> - In some countries in Latin America, the letters **be** and **uve** are called **be larga** or **be alta** and **ve corta** or **ve baja**.

LETTERS AND SOUNDS

‣ In general, every letter has a sound and every sound has a letter, but there are some exceptions.

ONE SOUND WITH SEVERAL LETTERS

[g] → **ga, gue, gui, go, gu**

Before **a**, **o** and **u**, this sound is written with a **g**: **ga**to, **go**rro, **gu**star.

Before **e** and **i**, this sound is written with a silent **u** after the **g** (the **u** is not pronounced): **gue**rra, **gui**tarra.
The **u** is only pronounced when it has an umlaut: **bilingüe**, **lingüí**stica.

[x] → **ja, je / ge, ji / gi, jo, ju**

The letter **j** is always pronounced as the sound [x]. When writing this sound with **a**, **o** or **u**, the letter **j** is used: **ja**món, **jo**ven, **ju**ego.

With **e** and **i**, the sound is sometimes written with a **j** (**je**fe, **ji**nete...) and sometimes with a **g** (without a **u**): **ge**neral, **ge**nte, **gi**mnasio... There is no rule for when to use **ge** or **je**, **gi** or **ji**; you simply have to know the word.

[k] → **ca, que, qui, co, cu**

Before **a**, **o** and **u**, and at the end of a syllable, this sound is written with a **c**: **ca**sa, **co**pa, **cu**ento, a**c**to.

Qu also corresponds to the sound [k]. **Qu** (never **q** by itself) can only be followed by **e** or **i**: **que**so, **quí**mica.

The letter **k** is also pronounced [k]. It is very rarely used, generally only with words from other languages: **ki**lo, Ira**k**.

[s] → **sa, se, si, so, su** as well as **za, ce, ci, zo, zu**

There is no rule for whether this sound is written with an **s** or a **z / c**; you have to know the word: **ca**sar, **ca**zar, **Se**na, **ce**na, **si**en, **ci**en, **ca**so, **ca**zo, etc.

> **Take note**
> In some regions in Spain, **sa, se, si, so, su** and **za, ce, ci, zo, zu** are pronounced differently:
>
> [s] → **sa, se, si, so, su**   [θ] → **za, ce, ci, zo, zu** ([θ] pronounced like the **th** in *nothing*)

[θ] → **za, ce, ci, zo, zu**

This sound is unique to certain regions in Spain. If the consonant is followed by **a**, **o**, or **u**, or comes at the end of a syllable (**za**pato, **zo**na, **zu**rdo, pa**z**), it is written with **z**. Before **e** and **i**, the sound is written with the letter **c**: **ce**ro, **ci**en.

[b] → **b**, **v**

The letter **b** and the letter **v** are pronounced the same way: **b**arco, **v**aso, **b**igote, **v**ivir.

[rr] → **r**osa, **r**ata, pe**rr**o, ma**rr**ón, hon**r**ado

[r] → pa**r**a, pe**r**o, po**r**, t**r**es

The letter **r** or **rr** makes a strong [rr] sound at the start of a word (**r**ueda), after **n**, **s** or **l** (En**r**ique, Is**r**ael, al**r**ededor) and when there is a double r in the middle of a word (a**rr**oz, ca**rr**o).

Otherwise, **r** makes a softer sound [r]: ca**r**o, t**r**en, amo**r**.

The letters **y** and **ll** (which is different from **l**) are pronounced the same: ca**ll**o, ca**y**o, ra**y**a, ra**ll**a. **Ll** is pronounced in different ways depending on the region, but almost all Spanish speakers pronounce it like the letter **y** in *you*: [ʝ].

SOUNDS OF CERTAIN LETTERS

The letters **ch** make a single sound, pronounced [tʃ], like *chat* in English: **ch**ica, **ch**ocolate.

The letter **w** is used very rarely, generally only with words from other languages. It is pronounced like **gu** or **u** (**w**eb) and sometimes like **b**: **w**áter.

Take note

These are the double consonants in Spanish:

ll is pronounced as one sound, [ʝ]: **ll**uvia.

rr is pronounced with one sound, [rr]: ca**rr**o.

cc is pronounced with two sounds, [ks] / [kθ]: a**cc**ión.

nn: is pronounced with two sounds, [nn]: i**nn**ovación.

ACCENTUATION

▸ All words in Spanish have one syllable that is stronger than the others: the tonic syllable. In some cases, the vowel in the tonic syllable has an acute accent (´), but not always: **vi**-vir, **vi**-vo, can-ta-**mos**, **can**-to, **can**-tas, can-**tás**, **co**-mo, co-me-**mos**, des-**pier**-to, des-per-ta-**mos**, can-**ción**, te-**lé**-fo-no, etc.

▸ Normally, words with only one syllable never have an accent: **plan**, **dos**, **me**, **es**, **son**, **tres**, **va**, **a**, **y**, etc. Some single-syllable words are accented to differentiate them from other words that are written the same way. Look at the examples below:

mi (possessive): *Mi madre.*	**mí** (personal pronoun): *A mí me gusta.*
tu (possessive): *Tu madre.*	**tú** (personal pronoun): *¿Tú te llamas Marcelo?*
te (pronoun): *¿Te gusta?*	**té** (noun): *¿Quieres té o café?*
el (article): *El hijo de Juan.*	**él** (personal pronoun): *Él es de Bélgica.*
que (conjunction): *¿Este es el cantante que te gusta?*	**qué** (interrogative pronoun): *¿Qué quieres?*

ACCENTUATION RULES

▸ To know whether or not a word should be written with an acute accent, there are two things to take into account: the letters the word ends with, and the position of the tonic syllable (counting the syllables from the end of the word).

IF THE WORD ENDS IN…	COUNTING THE SYLLABLES FROM THE END OF THE WORD, THE TONIC SYLLABLE IS THE…		
	1ST SYLLABLE (PALABRAS AGUDAS)	2ND SYLLABLE (PALABRAS LLANAS)	3RD SYLLABLE (PALABRAS ESDRÚJULAS)
Vowel (-a, -e, -i, -o, -u), -as, -es, -is, -os, -us -an, -en, -in, -on, -un	TAKES AN ACCENT: can-**ción**, es-**tás**, a-**quí**	Does not take an accent: **ca**-sa, **li**-bro, **a**-bro, **pon**-go, **pa**-ra, a-**mi**-gos, de-por-**tis**-ta	ALWAYS TAKES AN ACCENT: te-**lé**-fo-no **prác**-ti-co **Mé**-xi-co
Any other letter	Does not take an accent: ven-de-**dor**, co-**mer**	TAKES AN ACCENT: **ár**-bol, a-**zú**-car, **ál**-bum	

NUMBERS

▸ From 0 to 30, numbers are written as a single word.

0	cero	11	once	21	veintiún(o/a)
1	un(o/a)	12	doce	22	veintidós
2	dos	13	trece	23	veintitrés
3	tres	14	catorce	24	veinticuatro
4	cuatro	15	quince	25	veinticinco
5	cinco	16	dieciséis	26	veintiséis
6	seis	17	diecisiete	27	veintisiete
7	siete	18	dieciocho	28	veintiocho
8	ocho	19	diecinueve	29	veintinueve
9	nueve	20	veinte	30	treinta
10	diez				

Take note

The number 1 has three forms:

un, when used before a masculine noun: *Tiene **un** <u>hermano</u>.*
uno, when written alone and referring to a masculine noun: *¿Tienes un <u>bolígrafo</u> rojo? Necesito **uno**.*
una, when written alone and referring to a feminine noun: *¿Tienes **una** <u>hoja</u> de papel? Necesito **una**.*

▸ From 30 onwards, numbers are written in several words. Numbers are written with a **y** between tens and units: **treinta y uno**, **cuarenta y dos**, etc.

31	treinta y un(o/a)	36	treinta y seis	40	cuarenta	80		ochenta	
32	treinta y dos	37	treinta y siete	50	cincuenta	90		noventa	
33	treinta y tres	38	treinta y ocho	60	sesenta	100		cien	
34	treinta y cuatro	39	treinta y nueve	70	setenta				
35	treinta y cinco								

▸ In other cases, **y** is not used: **ciento dos** (102), **trescientos cuatro** (304), **mil veinte** (1020), **trescientos cuarenta y seis mil** (346 000).

Más gramática

101	**ciento** un(o/a)	1000	mil	
102	**ciento** dos	2000	dos mil	
...		...		
200	doscientos/as	10 000	diez mil	
300	trescientos/as	...		
400	cuatrocientos/as	100 000	cien mil	
500	**quinientos**/as	200 000	doscientos/as mil	
600	seiscientos/as	...		
700	**sete**cientos/as	1 000 000	un millón	
800	ochocientos/as	2 000 000	dos millones	
900	**nove**cientos/as	1 000 000 000	mil millones	

▸ Hundreds match in gender with the noun they refer to: **doscientos euros** / **doscientas libras**.

▸ If **cien** comes before tens or units, **ciento** is used: ciento **cinco** (105), ciento **ochenta** (180).

▸ **Cien** is only used for one hundred (100), or when combined with **thousand, millions, billions**, etc.: cien **mil** (100 000), cien **millones** (100 000 000).

▸ **Mil** never varies: **mil** (1000), **dos mil** (2000), **diez mil** (10 000), etc.

▸ With millions, **de** is used: **cuarenta millones de habitantes** (40 000 000), but the preposition is not used if there is a figure after the million: **cuarenta millones trescientos mil euros** (40 300 000 €).

GENDER AND NUMBER IN NOUNS AND ADJECTIVES

GENDER

▸ There are only two genders in Spanish: masculine and feminine.

THE GENDER OF NOUNS

▸ Nouns that end in **-o** are masculine. There are a few exceptions: **la mano**, **la moto**(cicleta), **la foto**(grafía), etc.

▸ In general, nouns that end in **-aje** are also masculine (**pais**aje, **viaje**, **traje**) and **-or** (**color**, **amor**, **sabor**).

▸ In general, nouns that end in **-a** are also feminine, except for **el día**, nouns of Greek origin that end in **-ema** and **-oma** (**el problema**, **el idioma**), and some others (**el mapa**, **el pijama**, **el clima**).

▸ Nouns that end in **-ción** or **-sión** are feminine (**canción**, **profesión**), **-dad** o **-tad** (**ciudad**, **verdad**, **amistad**...) and **-ez** (**timidez**).

▸ Nouns that end in **-e** or other consonants can be either masculine or feminine: **la nube**, **el hombre**, **el** o **la cantante**, **el árbol**, **la miel**, etc.

> ➕ **Para saber más**
>
> Feminine words that start with **a** or **ha** in the tonic syllable take the article **el** in the singular, but any adjectives must be in the feminine: **el agua clara**, **el aula pequeña**.
> In the plural form, they are like normal: **las aguas claras**, **las aulas pequeñas**.

THE GENDER OF ADJECTIVES

▸ Adjectives have to match with the noun in terms of gender (and number): **el cocinero creativo**, **la casa pequeña**.

▸ Many adjectives have a masculine form that ends in **-o** and a feminine form that ends in **-a**: **bueno / buena**, **alto / alta**, **listo / lista**.

▸ Other adjectives have a masculine form that ends in **-(d)or** and a feminine form that ends in **-(d)ora**: **trabajador**, **trabajadora**, **soñador**, **soñadora**, etc.

▸ Adjectives that end in **-e**, **-ista** or with a single consonant have one form: hombre / mujer **inteligente**, chico / chica **sociable**, amigo / amiga **egoísta**, trabajador / trabajadora **capaz**, motivo / razón **principal**.

NUMBER IN NOUNS AND ADJECTIVES

▸ In Spanish, the plural form of nouns and adjectives that end in a vowel is formed by adding an **-s**: **perro** → **perros**, **alta** → **altas**.

▸ The plural form of Spanish nouns and adjectives that end in a consonant is formed by adding **-es**: **plan** → **planes**, **autobús** → **autobuses**, **normal** → **normales**.

> **Take note**
>
> When a noun or an adjective ends in **-z**, the plural is written with **c**: **pez** → **peces**.

▸ Nouns and adjectives that end in an unstressed vowel + **-s** do not change form in the plural: **lunes** → **lunes**.

ARTICLES

INDEFINITE ARTICLES AND NOUNS WITHOUT ARTICLES

▸ When talking about a thing or a person for the first time, indefinite articles (**un**, **una**) are used, or the noun is not given an article:

- Hay **un** coche en la esquina.
- Hay Ø gente en la esquina, ¡qué extraño!
- Hay Ø coches de policía y **una** ambulancia.

> **Take note**
>
> **Un / una / unos / unas** cannot be combined with **otro / otra / otros / otras**.
> - Estudio español, pero también quiero aprender ~~unos~~ otros idiomas.

➕ Para saber más

Quantifiers are used in the same way.
- ¿Hay **algún** coche en la esquina?
- Hay **varios** coches de policía y **tres** ambulancias.
- Hay **mucha** gente en la esquina, ¡qué extraño!

DEFINITE ARTICLES

▸ Definite articles (**el, la, los, las**) are used to talk about someone or something that has already been mentioned, or something or someone that is generally known:

- (10:00 h) Hay **un** coche rojo delante de tu casa.
- (10:03 h) Ahora **el** coche (= es el mismo coche) está en **la** plaza. (= Conozco la plaza).

> **Take note**
>
> Proper nouns never take a definite article:
> - María está en tu casa.
> - ~~La~~ María está en tu casa.

➕ Para saber más

Demonstratives and possessives are used just like definite articles.
- No puedes entrar con **tu** coche en **esta** calle.

Más gramática

Mira, ¡hay un pájaro!

¡Ohhhh...!
El pájaro se va.

EXAMPLES OF HOW ARTICLES ARE USED

	DEFINITE ARTICLES (el, la, los, las + noun)	INDEFINITE ARTICLES (un, una + noun)	NO ARTICLE (ø + noun)
Talking about personal details	• *Trabajo en* **la** *universidad.* (= You know the university or there is only one).	• *Trabajo en* **un** *banco.* (= You don't know the bank or there are several).	• *¿Tienes ø correo electrónico?* • *Soy ø ingeniera.*
Identifying someone	• *¿Quién es Luis?* ◦ *Es* **el** *padre de Juan.* (= He only has one).	• *¿Quién es Luis?* ◦ *Es* **un** *compañero.* (= He/she has more).	
Expressing existence and location	• **El** *libro está aquí, en la mesa.*	• *Hay* **un** *libro en la mesa.*	• *En la mesa hay ø libros.* • *En la mesa hay ø agua.*
Describing people	• *Tiene* **los** *ojos azules.* • *Tiene* **el** *pelo largo.*	• *Lleva* **un** *jersey azul.*	• *Lleva ø gafas.* • *Tiene ø barba.*
Talking about likes and dislikes	• *Me encanta* **el** *cine.* • *Me gustan mucho* **los** *deportes.*		
Days of the week and times	• *Estudio francés* **los** *lunes.* • *Son* **las** *nueve y media.*		• *Hoy es ø lunes.*
With a direct object	• *Quiero visitar* **el** *museo de la ciudad.* (= The other person knows the museum or there is only one). • *Quiero visitar* **los** *museos de la ciudad.* (= All of the museums, in general). • **El** *café, lo tomo sin azúcar.*	• *Quiero comprar* **un** *coche, pero no sé cuál elegir...*	• *Quiero visitar ø museos de la ciudad.* (= Some, not all of them). • *¿Tomas ø té o ø café?* • *La sopa lleva ø ajo, ø tomate...*

DEMONSTRATIVES

	MASCULINE	FEMININE
SINGULAR	**este** (+ noun)	**esta** (+ noun)
PLURAL	**estos** (+ noun)	**estas** (+ noun)

▸ Demonstratives are definite determiners and are used in a similar way to **el**, **la**, **los**, **las**:
  - *Me encanta **esta** ciudad.*
  - ***Este** lunes quiero ir a Guadalajara.*
  - ~~*Hay esta farmacia*~~ *cerca de mi casa. (~~Hay la farmacia~~ cerca de mi casa).*

▸ The difference is that the definite articles **el**, **la**, **los**, **las** are used in general, while demonstratives refer to a particular thing or person in a group of other people/things of the same type, when that particular thing is close to the person speaking and can be pointed out.

  - ***Las** sandalias son muy cómodas, ¿verdad?* (= All sandals in general).
  - *Normalmente sí, pero **estas** son bastante incómodas.* (= Las sandalias que lleva, unas en particular).

Me encantan las mandarinas.

Sí, a mí también, pero estas no me gustan.

➕ Para saber más

In addition to masculine and feminine forms, there is also the neutral form, **esto**, which is never combined with a noun. **Esto** is used to refer to something when you don't know what it is.

  - *¿**Esto** qué es: una camiseta larga o un vestido corto?*

It can also refer to two different types of things without using their specific name.

  - *¿Qué compramos para cenar: **esto** o **esto**?* (= Pollo o pasta).

Neutral demonstratives are never used to refer to people: ~~*Esto es mi amigo*~~.

➕ Para saber más

When you don't know or don't want to say what kind of thing something is, ask with **qué** and answer with **esto**.

When you have to choose between two or more things of the same kind, ask with **cuál** / **qué** + noun, and answer with **este/a/os/as**.

Más gramática

POSSESSIVES

▸ Possessives are used to identify something or someone by relating it to a person: the possessor. The possessive relationship may be familial (**mi** madre), social (**mis** compañeros de clase), relate to ownership of an object (**mi** coche) or a place (**mi** barrio).

▸ Possessives vary depending on who the possessor is (**yo** → **mi** casa, **tú** → **tu** casa...) and they agree in gender and number with the possessed (**nuestra** casa, **sus** libros, etc.).

(yo)	**mi** libro / casa	**mis** libros / casas
(tú, vos)	**tu** libro / casa	**tus** libros / casas
(él / ella, usted)	**su** libro / casa	**sus** libros / casas
(nosotros/as)	**nuestro** libro **nuestra** casa	**nuestros** libros **nuestras** casas
(vosotros/as)	**vuestro** libro **vuestra** casa	**vuestros** libros **vuestras** casas
(ellos / ellas, ustedes)	**su** libro / casa	**sus** libros / casas

Esta es *nuestra casa.*

Y este es *nuestro coche.*

▸ The possessives **su / sus** may refer to different people (**él, ella, usted, ellos, ellas, ustedes**). These possessives are only used when there is no potential for confusion.
- *Esos son Guillermo y **su** novia, Julia.*
- *Señora Castro, ¿es este **su** ordenador?*

▸ If it isn't clear who the possessor is, use **de** + name:
- *Esta es la casa **de** Manuel y esa, la **de** Jorge.*

Estas son *nuestras hijas.*

Y estos son *nuestros gatos.*

ADJECTIVES

▸ Adjectives always agree with the noun they refer to in terms of gender and number.

▸ In Spanish, adjectives are almost always placed after the noun:
- *Es un hotel **pequeño**.*
- *Marta es una chica muy **simpática**.*
- *Es un barrio **tranquilo**.*

▸ There are only a few adjectives that always go before the noun:
- **mejor**: mi **mejor** amigo, el **mejor** libro de esta novelista;
- adjectives that express order, like **primero**, **segundo** and **último**: el **primer** premio, el **segundo** plato, la **última** oportunidad.

> **Take note**
>
> The adjectives **primero** and **tercero** lose the **-o** when used before a noun:
> mi **primer** libro, el **tercer** premio.

QUANTIFIERS

QUANTIFIERS WITH NOUNS

| | WITH COUNTABLE NOUNS | WITH UNCOUNTABLE NOUNS | |
	SINGULAR	SINGULAR	PLURAL
No hay	ø zumo / leche	**ningún** huevo / **ninguna** cebolla	**dos (tres…)** huevos / **dos (tres…)** cebollas
Hay	ø zumo / leche	**un** huevo / **una** cebolla **algún** huevo / **alguna** cebolla	**algunos** huevos / **algunas** cebollas **varios** huevos / **varias** cebollas

- *¿Hacemos **una** tortilla de patatas?*
- *Claro. ¿Hay **ø** huevos?*
- *Sí, hay **algún** huevo, creo, pero no sé cuántos. A ver… Solo hay **dos**.*
- *Vale, pues tenemos que comprar. ¿Y **ø** cebollas?*
- *No, no hay **ninguna** cebolla.*
- *Y no tenemos **ø** aceite tampoco.*

Take note

Un, **algún** and **ningún** become **uno**, **alguno** and **ninguno** when they are not followed by a noun.
- *¿Tienes **algún** huevo?*
- *No, no tengo **ninguno**. Ah, sí, mira, aquí hay **uno**.*

▸ The following quantifiers compare against a standard quantity, with what is seen as the "normal" or correct amount.
- *Necesito tres huevos para preparar el pastel. En la nevera hay dos huevos.* → *Hay **pocos** huevos.*

WITH UNCOUNTABLE NOUNS (always in the singular)	WITH COUNTABLE NOUNS (in the plural)
poco zumo / **poca** leche	**pocos** huevos / **pocas** cebollas
bastante zumo / leche	**bastantes** huevos / cebollas
mucho zumo / **mucha** leche	**muchos** huevos / **muchas** cebollas
demasiado zumo / **demasiada** leche	**demasiados** huevos / **demasiadas** cebollas

poco zumo | **bastante** zumo | **mucho** zumo | **demasiado** zumo | **pocas** cebollas | **bastantes** cebollas | **muchas** cebollas | **demasiadas** cebollas

QUANTIFIERS WITH ADJECTIVES

no… nada poco un poco bastante muy demasiado	tímido tímida tímidos tímidas

Take note

Poco is not used with adjectives that are considered negative.
- *Es **poco** ~~estúpido~~.*

▸ **No** + verb + **nada** + adjective. When this structure is used, you have to put **no** before the verb.
- *Tu amigo **no** es **nada** tímido, habla con todo el mundo.*
- ~~*Tu amigo es nada tímido, habla con todo el mundo.*~~

▸ **Poco** + adjective. **Poco** is used with adjectives that are considered positive, to express that a person or thing does not have this quality to the desirable extent.
- *¿Qué te parece la novela?*
- *Es **poco** interesante, he leído treinta páginas y no me gusta.* (= It´not interesting enough).

Más gramática

‣ **Un poco** + adjective. **Un poco** is used with adjectives that are considered negative, to express that a person or thing has a low level of this quality. **Un poco** is also used to mitigate, sometimes out of courtesy.

- *¿Qué tal la película?*
- *Pues **un poco** lenta, la verdad...* (= It's slow, but not very slow).
- *Tu amiga es **un poco** tímida, ¿no?* (= She's shy, but she's your friend so I don't want to speak badly of her).
- *Bueno, cuando la conoces mejor, es muy simpática.*

> **Take note**
>
> **Un poco** is not used with adjectives that are presented as positive:
>
> - *Tu amiga es **un poco** ~~inteligente~~.*

‣ **Muy** + adjective means the same thing as adjective + **-ísimo/a/os/as**

- *Tu hermano es **muy** alto, ¿verdad?*
- *Sí, mide dos metros. Es **altísimo**.*

- *¡Esta camiseta es **carísima**!*
- *Sí, es **muy** cara, pero me gusta. ¡Me la llevo!*

‣ **Demasiado** always expresses excess.

- *¿Te gusta esta camiseta?*
- *Sí, pero es muy cara, ¿no?*
- *Es verdad, es **demasiado** cara, no me la llevo.*

QUANTIFIERS WITH ADVERBS

No... nada **un poco** **bastante** **muy** **demasiado**	cerca lejos bien mal

‣ **No** + verb + **nada** + adverb. When this structure is used, you have to put **no** before the verb.

- ***No** conduce **nada** mal, es un conductor bastante bueno.* ~~*Conduce **nada** mal, es un conductor bastante bueno.*~~

‣ **Un poco** + adverb. **Un poco** is used with adverbs that are considered negative, to indicate a low level of something. **Un poco** is also used to mitigate, sometimes out of courtesy.

- *El tren de las 8 h a veces llega **un poco** tarde, pero no mucho.*
- *Habla inglés **un poco** mal, ¿verdad?*
- *Bueno, estudia mucho... pero no, no habla muy bien.*

‣ **Demasiado** always expresses excess.

- *¿Vamos al bar nuevo de la playa?*
- *No, ahora no: está **demasiado** lejos y no hay autobús por la noche.*

QUANTIFIERS WITH VERBS

‣ In general, quantifiers are placed after the verbs they refer to.

No corre **nada**	corre **(un) poco**	corre **bastante**	corre **mucho**	corre **demasiado**

‣ **Demasiado** always expresses an excess of something.

- *Trabajas **demasiado**, necesitas vacaciones.*

‣ **No** + verb + **nada**. When this structure is used, you have to put **no** before the verb.

- *Mi hermano **no** hace **nada**: no estudia, no trabaja...* ~~*Mi hermano hace **nada**: no estudia, no trabaja...*~~

COMPARATIVES

▸ The following structures are used to make comparisons:

más / menos + adjective / noun / adverb + **que**	verb + **más / menos que**
• *Mario es **más** <u>alto</u> **que** Carlos.* • *La camiseta azul es **más** <u>barata</u> **que** la verde.* • *Argentina tiene **menos** <u>habitantes</u> **que** México.* • *Mi casa está **más** <u>cerca</u> de la escuela **que** mi oficina.*	• *Yo <u>hablo</u> **más que** tú.* • *Ana <u>trabaja</u> **menos que** yo.*

▸ Some adjectives and adverbs have special comparative forms.

más grande	→ **mayor**	más bien	→ **mejor**
más pequeño/a	→ **menor**	más mal	→ **peor**
más bueno/a	→ **mejor**		
más malo/a	→ **peor**		

- *Mi hermana es **mayor** que yo.*
- *Soy un año **menor** que tú.*
- *Yo cocino **mejor** que tú.*

- *Este restaurante es **peor** que el de tu calle.*
- *Yo cocino **mejor** que Lola.*
- *En los hoteles siempre duermo **peor** que en casa.*

SUPERLATIVES

▸ Superlatives are used to say that a place, person or thing has the highest level of a given quality (larger, smaller, etc.) of all the things in the same group.
- *El Aconcagua es **la** montaña **más** alta **de** América.*
- *El lago Titicaca es **el más** alto **del** mundo.*

NEGATION

▸ In a negation, the word **no** is always placed before the verb.
- ***No** <u>soy</u> español.*   ~~Soy **no** español.~~
- ***No** <u>hablo</u> bien español.*   ~~Hablo **no** bien español.~~
- ***No** <u>tengo</u> hermanos.*   ~~Tengo **no** hermanos.~~

▸ If negative words like **ningún / ninguna**, **nada**, **nadie**, **nunca** or **tampoco**, are placed after the verb, then **no** must be placed before the verb.
- *Me gusta mucho.*
- ○ *Pues a mí, **no** <u>me gusta</u> nada.*   ~~Pues a mí, me gusta **nada**.~~

> **Take note**
>
> **Ningún / ninguna**, **nada**, **nadie**, **nunca** and **tampoco** can also be used before the verb. En ese caso, no se usa **no**.
> - *En este barrio **nada** <u>cambia</u>.*
> - *Yo **nunca** <u>he ido</u> a China, y ¿tú?*
>
> - *No me gustan las películas antiguas.*
> - ○ *A mí **tampoco** <u>me gustan</u> mucho.*

Más gramática

- ▸ Personal pronouns are the words used to refer to the person or persons speaking, the person or persons listening, or to people and things that are not in the conversation.

  - *Yo soy profesora.*
  - *¿Ustedes son chilenos?*
  - *¿Vos sabés dónde hay una farmacia?*
  - *Ellas no han visto las fotos del viaje.*

  - *Siempre me levanto a las 7 h.*
  - *El té, lo tomo siempre con un poco leche.*
  - *¿Conoces a Marta? Me voy de vacaciones con ella.*
  - *Me gusta la playa.*

- ▸ The form of personal pronouns changes depending on their place in the sentence and according to their function.

PERSONS LISTENING FORMS OF ADDRESS

- ▸ **Usted**. This pronoun is used as a form of respect, or to mark social distance. In general, the pronoun is used for older people (especially strangers) and in professional relationships. **Usted** is used to address one person, but both the verb forms and the direct, indirect and reflexive object pronouns are the same as those used for the third person (**usted** se levanta, **ella** se levanta; A **usted** lo conozco, ¿verdad?, A **él** lo conozco, ¿verdad?).

- ▸ **Tú** and **vos**. These forms are used to talk to a person without any special mark of respect. Use of **Tú** or **Vos** depends on geographical location.

- ▸ **Ustedes**. This pronoun is used to address several people at once. The verb conjugations and direct, indirect and reflexive object pronouns are the same as those used for the third person plural (**ustedes** se levantan, **ellas** se levantan).

- ▸ **Vosotros/as.** This pronoun is used only in Spain and is used to address several people at once in informal situations. In Spain, **ustedes** is a mark of respect, and is used as a plural form of usted.

PERSONAL PRONOUNS TO INDICATE SUBJECT

- ▸ In Spanish, the verb ending matches the subject, which means personal pronouns are rarely used for this purpose.

  - *Esta es mi clase, ~~yo~~ estudio Matemáticas.*
  - *Perdona, ¿~~tú~~ tienes hora?*

- ▸ Subject pronouns are only used to highlight a person, or to compare them with others.

  - *Yo tengo dieciocho años. ¿Y vosotros?*
  - *Yo tengo diecinueve y él tiene veinte.*

- ▸ They are also used in the third person if more than one person is being spoken about, to avoid confusion.

  - *Juan y Julia han vivido en Rusia, pero él no habla ruso.*

Nosotras estudiamos Biología, ¿y vosotras?

Yo estudio Geología y ellas, Física.

1st person singular	**yo**	• *Yo vivo en Barcelona, ¿y tú?*
2nd person singular	**tú / vos, usted**	• *Mi reloj no funciona, ¿tú tienes hora? / ¿vos tenés hora? / ¿usted tiene hora?*
3rd person singular	**él / ella**	• *Él es argentino y ella, española.*
1st person plural	**nosotros / nosotras**	• *¿Tú vas a la fiesta? Nosotras no vamos; no tenemos tiempo.*
2nd person plural	**vosotros / vosotras, ustedes**	• *¿Ustedes trabajan aquí? / ¿Vosotros trabajáis aquí?*
3rd person plural	**ellos / ellas**	• *Ellos son argentinos y ellas, españolas.*

PERSONAL PRONOUNS WITH PRONOMINAL VERBS

▸ Some verbs, like **llamarse**, **levantarse** and **ducharse**, are always constructed with the pronouns **me**, **te**, **se**, **nos**, **os**, **se**. These are known as pronominal verbs.

1st person singular	**me**	(yo) **me** levant**o** (yo) **me** h**e** levantado
2nd person singular	**te / se**	(tú) **te** levant**as** / (vos) **te** levant**ás** / (usted) **se** levant**a** (tú, vos) **te** h**as** levantado / (usted) **se** h**a** levantado
3rd person singular	**se**	(él) **se** levant**a** (ella) **se** h**a** levantado
1st person plural	**nos**	(nosotras) **nos** levant**amos** (nosotras) **nos** h**emos** levantado
2nd person plural	**os / se**	(vosotros) **os** levant**áis** / (ustedes) **se** levant**an** (vosotros) **os** hab**éis** levantado / (ustedes) **se** han levantado
3rd person plural	**se**	(ellos) **se** levant**an** (ellas) **se** h**an** levantado

PERSONAL PRONOUNS THAT DEPEND ON THE DIRECT OBJECT

▸ Third person direct object pronouns (lo, la, **los**, las) appear when, in the context, it is already clear what the direct object of a verb is, and you do not want to repeat it.

- *¿Tienes el pasaporte?*
- *Sí, **lo** llevo en la maleta. Y las tarjetas de crédito, ¿**las** tienes tú?*

	FEMININE	**MASCULINE**
SINGULAR	lo	la
PLURAL	los	las

- *Me gusta mucho este abrigo. **Lo** llevo siempre.*
- *El libro, **lo** necesito para mi clase.*
- *Me gusta mucho esta chaqueta. **La** llevo siempre.*
- *La libreta, **la** necesito para mi clase.*

- *Me gustan mucho estos zapatos. **Los** llevo siempre.*
- *Los libros, **los** necesito para mi clase.*
- *Me gustan mucho estas sandalias. **Las** llevo siempre.*
- *Las libretas, **las** necesito para mi clase.*

PERSONAL PRONOUNS THAT DEPEND ON THE INDIRECT OBJECT

▸ Some verbs, such as **gustar** and **encantar**, which express sentiments and opinions about things, people or activities, have a special structure.

▸ The person who holds this opinion or has this feeling expresses it via an indirect object pronoun (**me**, **te**, **le**, **nos**, **os**, **les**) and with **a** + pronoun:

- ***A mí** no **me** gusta este plato. ¿**A ti te** gusta?*

‣ The thing or activity that causes this feeling is the subject, and it agrees with the verb.

- *No me gust**a** <u>el golf</u>, pero me encant**an** <u>los deportes de equipo</u>.*
  SUBJECT   SUBJECT

(A mí)	me		
(A ti, vos)	te	gusta	el cine. (NOUN IN THE SINGULAR)
(A él / ella, usted)	le		ir al cine. (VERBS)
(A nosotros / nosotras)	nos		las películas de amor.
(A vosotros / vosotras)	os	gustan	(NOUN IN THE PLURAL)
(A ellos / ellas, ustedes)	les		

‣ For these verbs, the indirect object pronoun must always be used. On the other hand, use of **a** + tonic pronoun (**a mí, a ti / vos, a él / ella / usted, a nosotros/as, a vosotros/as, a ellos / ellas / ustedes**) is not mandatory.

- *Pablo es muy aventurero, a él **le** encanta viajar solo.*
- *¿Qué aficiones tenéis?*
- ***A mí me** encanta el teatro. ¿Y a ti?*
- ~~*A mí encanta el teatro. ¿Y a ti?*~~

*A Juan **le** encanta el mar.*
INDIRECT OBJECT   SUBJECT

PERSONAL PRONOUNS WITH A PREPOSITION

‣ After prepositions (**a, de, con, en, para, por**…), a special type of pronoun is used, called a tonic pronoun.

1st person singular	**mí (conmigo)**	• *A **mí** me encanta el cine, ¿y a ti?* • *¿Esto es para **mí**? ¡Gracias!* • *El lunes comes con ella, pero el sábado cenas **conmigo**.*
2nd person singular	**ti (contigo)** **vos** **usted**	• *¿A **ti** / **vos** te gusta el cine? / ¿A **usted** le gusta el cine?* • *Esto es para **ti** / para **vos** / para **usted**.* • *El lunes como con ella, pero el sábado ceno **contigo**.*
3rd person singular	**él, ella**	• *¿A **ella** le gusta el cine?* • *El regalo es para **él**.* • *El sábado cenamos con **ella**.*
1st person plural	**nosotros, nosotras**	• *A **nosotros** nos gusta el cine, ¿y a ti?* • *¿Esto es para **nosotras**? ¡Gracias!* • *El sábado Alicia cena con **nosotros**.*
2nd person plural	**vosotros, vosotras** **ustedes**	• *¡Feliz cumpleaños! Esto es para **ustedes** / **vosotras**.* • *No tenemos coche. ¿Podemos ir con **ustedes** / **vosotros**?*
3rd person plural	**ellos, ellas**	• *¿A **ellas** les gusta el cine?* • *¿Están aquí tus padres? Esto es para **ellos**.* • *Hoy cenamos con **ellos**.*

> **Take note**
> With the preposition **con**, decimos **conmigo** and **contigo**.

¿Vienes conmigo o vas con él?   *Voy contigo.*

PRONOUNS POSITIONS

▸ Pronouns are always placed before the conjugated verb.
- *Me* despierto pronto.
- *Me* gusta leer.

▸ In a verbal periphrasis like **tener que** + infinitive, **querer** + infinitive, **poder** + infinitive and **saber** + infinitive, pronouns go before the conjugated verb or after the infinitive (making one word with the infinitive), but never between the verb and the infinitive, and never repeated.

- *Me* tengo que levantar pronto mañana.
- Tengo que levantar**me** pronto mañana.
- ¿*Te* quieres despertar pronto mañana?
- ¿Quieres despertar**te** pronto mañana?

- ~~Me tengo que levantarme pronto mañana.~~
- ~~Tengo que me levantar pronto por la mañana.~~
- ~~¿Quieres te despertar pronto mañana?~~
- ~~¿Te quieres despertarte pronto mañana?~~

> **Take note**
>
> With a verb in the past perfect, the pronoun is always placed before the verb **haber**.
> - *Me* he levantado tarde.
> - ~~He me levantado tarde.~~
> - ~~He levantadome tarde.~~

INTERROGATIVES

▸ Interrogatives (**cómo, dónde, cuándo, qué**...) are used to ask about an unknown aspect in open-ended questions; in other words, in questions that cannot be answered with **sí** or **no**.

quién/es	• ¿Con **quién** fuiste al cine?
cuánto/a/os/as	• ¿**Cuánto** es? • ¿**Cuántos** años tienes? • ¿**Cuántas** hermanas tienes?
dónde	• ¿**Dónde** está Michoacán? • ¿De **dónde** eres?
cuándo	• ¿**Cuándo** llega Enrique?
cómo	• ¿**Cómo** estás? • ¿**Cómo** te llamas? • ¿**Cómo** se escribe "ventana"?
por qué	• ¿**Por qué** estudias ruso?

> **Take note**
>
> - All interrogatives take an acute accent.
> - When the verb is accompanied by a preposition, it is placed before the interrogative.
>   - ¿**De** dónde eres?
>   - **De** Sevilla.
> - In Spanish, exclamation marks and question marks are used at both the beginning and the end of the sentence.

QUÉ AND QUÉ + NOUN, CUÁL / CUÁLES

▸ To ask for a type of thing, without specifying or referring to a noun, use **qué**.
- ¿**Qué** compro para la fiesta?
- Bebidas o patatas fritas.

- ¿**Qué** es el atún?
- Un pescado.

▸ **Qué** is also used to ask about activities.

- ¿**Qué** quieres hacer esta tarde?
- Podemos ir al cine, ¿no?

▸ When you want to ask about something in particular, within a group of things (and you know what kind of thing it is), use **qué** + noun or **cuál / cuáles**.

- **¿Qué** zapatos te gustan más: los negros o los blancos?
- ○ Los negros.

- **¿Cuál** es tu apellido?
- ○ Goicoechea.

- **¿Cuál** es la moneda de México?
- ○ El peso, ¿no?

> **Take note**
>
> In some places, the following form is also used - **cuál / cuáles** + noun:
> - **¿Cuáles** zapatos te gustan más?

PREPOSITIONS

LOCATION

- Las montañas están **en** el este del país.
- Las montañas están **al** este de los lagos.
- El pueblo está **en** el norte del país.
- El bosque está **al** sur de los lagos.

> **Take note**
>
> a + el = al
>
> de + el = del

La casa está **a la izquierda del** árbol.

La casa está **a la derecha del** árbol.

La casa está **en** la esquina.

La casa está **en** la calle.

DISTANCE

Está	a	(unos) 20 minutos	
		(unos) 200 metros	
		muy **lejos**	**de** aquí.
		bastante **lejos**	**de** la universidad.
		un poco **lejos**	
Está		bastante **cerca**	
		muy **cerca**	
		aquí al lado.	
		aquí mismo.	

- La casa está **cerca de** la playa.
- La casa está **lejos de** la ciudad.
- La casa está **a 5 minutos de** la playa.
- La casa está **a 300 metros del** árbol.

Bastante = quite

POSITION AND MOVEMENT

- *Todos los domingos vamos **de** casa **a** la playa.*
- *Me gusta pasear **por** la playa.*

PREPOSITIONS OF TIME

a + time (de la mañana / tarde / noche) **al** mediodía	• *Me levanto **a** las ocho.* • *Hacemos una pausa para comer **a** la una.* • *Nosotros comemos **al** mediodía.*
por + part of the day	• *No trabajo **por** la tarde.* • *Me levanto tarde **por** la mañana.* • *Prefiero estudiar **por** la noche.*
[**de** + start] + [**a** + finish]	• *Trabajamos **de** 9 h **a** 18 h.*
en + month / season / year	• *Mi cumpleaños es **en** abril, **en** primavera.* • *La historia empieza **en** 2010.*
antes de + infinitive **después de** + infinitive	• *Hago deporte **antes de** cenar.* • *Juego en internet **después de** cenar.*

> **Take note**
>
> You can also talk about time using **cuando** + conjugated verb:
>
> - *Veo la televisión **cuando** ceno.*

POR AND PARA: CURRENT MOTIVATIONS AND FUTURE OBJECTIVES

CURRENT MOTIVATIONS	FUTURE OBJECTIVES
por + noun	**para** + infinitive
• *¿Por qué estudias español?* ◦ ***Por** mi trabajo, tengo que responder correos en español.* ◦ ***Por** mi novia, es mexicana y quiero hablar español con ella.*	• *¿Por qué estudias español?* ◦ ***Para** leer en español La casa de los espíritus. Me encanta, pero ahora solo puedo leerla en inglés.* ◦ ***Para** vivir en Uruguay. Quiero vivir allí.*
porque + conjugated verb	**porque quiero** / **quieres**... + infinitive
• *¿Por qué estudias español?* ◦ ***Porque** mi novio es colombiano.* ◦ ***Porque** trabajo con españoles.*	• *¿Por qué estudias español?* ◦ ***Porque quiero** leer en español.* ◦ ***Porque quiero** vivir en Uruguay.*

*Emma quiere aprender español **porque** trabaja en España.*

*Sam quiere aprender español **porque** quiere trabajar en España.*

Más gramática

una vez		el día	• Me lavo los dientes **tres veces al día**.
dos veces	a	la semana	• Tengo clase **cuatro veces a la semana**.
tres veces...		el mes	• Voy al gimnasio **una vez al mes**.
varias veces		el año	• Visito a mi familia **varias veces al año**.

Siempre	• **Siempre** hago los deberes por la noche.
Casi siempre	• Estudio por la noche **casi siempre**. *almost always*
Muy a menudo	• **Muy a menudo** pregunto dudas a mi profesor.
A menudo	• Hacemos exámenes **a menudo**. *often*
Normalmente	• **Normalmente** me despierto pronto.
A veces	• **A veces** me levanto de mal humor.

... **no** + verb... **casi nunca**	• **No** como pescado **casi nunca**.
casi nunca + verb	• **Casi nunca** como pescado. *Almost never*
... **no** + verb... **nunca**	• **No** llevo el ordenador a clase **nunca**.
nunca + verb	• **Nunca** llevo el ordenador a clase.

ADDING INFORMATION Y / NI / TAMBIÉN / TAMPOCO

‣ **Y** is used to join two or more elements of the same type within a sentence.
  - En mi barrio hay un teatro **y** dos cines.
  - Para comer, quiero una ensalada **y** un bocadillo. (= Ensalada + bocadillo).

‣ To point out that other elements are included as well, but in another sentence, use **también**.
  - En mi barrio hay un teatro y dos cines. **También** hay dos escuelas.
  - Para comer, quiero una ensalada **y** un bocadillo. **También** quiero un zumo de naranja.

‣ To indicate that one person agrees with another (in terms of opinion, actions, etc.), use **también**.
  - A mí me gusta el cine europeo, ¿y a ti?
  ○ A mí **también**.

  - Paola siempre hace los deberes.
  ○ Yo **también**.

‣ To link two or more <u>negative</u> elements of the same type within a sentence, use **ni**.
  - En mi barrio **no** hay (ningún) teatro **ni** cines.
  - Para comer **no** quiero carne **ni** pescado.

> **Take note**
> When the word that follows **y** starts with **i** or **hi**, instead of **y** we use **e**.
>
> Ignacio **y** Javier   pero   Javier **e** Ignacio

> **Take note**
> To indicate that one person disagrees with another (in terms of opinion, actions, etc.), use **no**:
> - A mí me gusta el cine europeo, ¿y a ti?
> ○ A mí **no**. Solo me gusta el cine americano.
>
> - Paola siempre hace los deberes.
> ○ Yo **no**. Yo los hago a veces.

- To point out that other elements are included as well, but in another sentence, use **tampoco**.
  - *En mi barrio **no** hay cines; **tampoco** hay teatros.*
  - *Para comer **no** quiero carne **ni** pescado. **Tampoco** quiero huevos.*
- To indicate that one person agrees with another's negative statement (in terms of opinion, actions, etc.), use **tampoco**.
  - *A mí **no** me gusta el cine europeo, ¿y a ti?*
  - *A mí **tampoco**.*

  - *Paola **no** hace nunca los deberes.*
  - *Yo **tampoco**.*

*Marta quiere un trozo de tarta de chocolate y helado de vainilla. **También** quiere café.*

*Lea **no** quiere tarta de chocolate **ni** helado de vainilla. **Tampoco** quiere café.*

> **Take note**
>
> To indicate that a person has a different opinion, or that he or she does not agree with the negation, use **sí**:
> - *A mí no me gusta el cine europeo, ¿y a ti?*
>   - *A mí **sí**, me encanta.*
> - *Paola nunca hace los deberes.*
>   - *Yo **sí**. Los hago siempre.*

THE CONJUNCTION **O**

- This conjunction is used to present alternatives, when it is only possible to choose one option.
  - *¿Prefieres carne **o** pescado?*
  - *Carne para mí, gracias.*
  - *Podemos ir al cine **o** a cenar...*
  - *¿Pueden ser las dos cosas? Primero vamos al cine y después cenamos.*

> **Take note**
>
> When the word that follows **o** starts with **o / ho**, instead of **o**, use **u**. *No sé si quiere este **u o**tro.*

PERO, EN CAMBIO

- **Pero** is used to introduce new information in the sentence that somehow contradicts the expectations of the above information.
  - *Soy japonesa (y, normalmente, los japoneses hablan japonés con su familia), **pero** hablo español con mi familia.*
  - *Come mucho (y, normalmente, la gente que come mucho no está muy delgada), **pero** está muy delgado.*
- **En cambio**, is used to point out that the information given in a sentence is very different or contrary to the information in the previous sentence. *on the other hand*
  - *Mi hermana y yo somos muy diferentes. Yo tengo el pelo muy negro y corto; **en cambio**, ella lo tiene rubio y largo.*

VERBS

CONJUGATIONS

- There are two elements in every verb: the root and the ending. The root contains the meaning of the verb. The ending contains the tense and grammatical person.
- In Spanish there are three conjugations, which are distinguished by their endings in the infinitive: **-ar** (first conjugation), **-er** (second conjugation) and **-ir** (third conjugation).

estudiar → ENDING
↓
ROOT

Más gramática

PRESENTE DE INDICATIVO

	CANTAR	LEER	VIVIR
(yo)	canto	leo	vivo
(tú, vos)	cantas, cantás	lees, leés	vives, vivís
(él / ella, usted)	canta	lee	vive
(nosotros / nosotras)	cantamos	leemos	vivimos
(vosotros / vosotras)	cantáis	leéis	vivís
(ellos / ellas, ustedes)	cantan	leen	viven

‣ The different grammatical persons in the presente de indicativo are pronounced differently: in some verbs the tonic syllable (underlined in the table) is in the root; in others, it is in the ending.

‣ The first person singular ending is the same in all three conjugations: **-o**.

‣ The endings of verbs in the second and third conjugations are very similar. They are the same, except for the **vos**, **nosotros/as** and **vosotros/as**, forms, which have the tonic syllable in the ending.

‣ The majority of verb irregularities in the present tense are in the verb root: **quiero**, **puedes**, **tienen** and only in the grammatical persons with the tonic syllable in the root: **yo**, **tú**, **usted**, **él / ella**, **ustedes** and **ellos / ellas**. The majority of verb irregularities are in the second conjugation (**-er**) and third conjugation (**-ir**).

USES OF THE PRESENTE DE INDICATIVO

‣ The presente de indicativo is used to talk about things that are currently happening.
- *¡**Estoy** aquí!*
- ***Sé** conducir.*
- *Mi casa **es** bastante grande.*

‣ To talk about habits or actions that we do regularly.
- ***Voy** al gimnasio los lunes y los miércoles.*

‣ To ask for things and actions.
- *¿Me **trae** una cerveza, por favor?*

‣ To give instructions.
- ***Bajas** las escaleras, **giras** a la derecha y ahí está la biblioteca.*

IRREGULAR VERBS IN THE PRESENTE DE INDICATIVO

Dipthongisation: **e > ie**, **o > ue**

	CERRAR	PODER	JUGAR
(yo)	cierro	puedo	juego
(tú, vos)	cierras, cerrás	puedes, podés	juegas, jugás
(él / ella, usted)	cierra	puede	juega
(nosotros / nosotras)	cerramos	podemos	jugamos
(vosotros / vosotras)	cerráis	podéis	jugáis
(ellos / ellas, ustedes)	cierran	pueden	juegan

‣ Many verbs from the three conjugations with an **e** or an **o** in the tonic syllable in the root are irregular in the presente de indicativo. Verbs are irregular in grammatical persons with **e** and **o** in the tonic syllable: **yo**, **tú**, **usted**, **él / ella**, **ustedes** and **ellos / ellas**.

Vowel raising: **e > i**

	PEDIR
(yo)	pido
(tú, vos)	pides, pedís
(él / ella, usted)	pide
(nosotros / nosotras)	pedimos
(vosotros / vosotras)	pedís
(ellos / ellas, ustedes)	piden

▸ Changing **e** to **i** happens in many verbs in the third conjugation (**-ir**) when the last vowel in the root is **e**, like p**e**dir and s**e**guir.

-g- in the first person singular

▸ There is a group of verbs that add the letter **g** in the first person singular.

salir → **salgo** poner → **pongo** valer → **valgo**

▸ This irregularity may also be combined with changes to the vowels (**e > ie, e > i**) in the other grammatical persons, which is the case in **tener**, **venir** and **decir**.

	TENER	**VENIR**	**DECIR**
(yo)	tengo	vengo	digo
(tú, vos)	tienes, tenés	vienes, venís	dices, decís
(él / ella, usted)	tiene	viene	dice
(nosotros / nosotras)	tenemos	venimos	decimos
(vosotros / vosotras)	tenéis	venís	decís
(ellos / ellas, ustedes)	tienen	vienen	dicen

Tener - to have - used to express possession, age and obligation.

-zc- in the first person singular

▸ Verbs that end in **-acer**, **-ecer**, **-ocer** and **-ucir** are also irregular in the first person singular.

con**ocer** → **conozco** prod**ucir** → **produzco** cond**ucir** → **conduzco**

PRETÉRITO PERFECTO

To have - must be used with another conjugated verb to make sense

	PRESENT TENSE OF HABER	**+ PAST PARTICIPLE**
(yo)	he	
(tú, vos)	has	
(él / ella, usted)	ha	cantado
(nosotros / nosotras)	hemos	leído
(vosotros / vosotras)	habéis	vivido
(ellos / ellas, ustedes)	han	

▸ The pretérito perfecto is made up of two verbs: the present of **haber** (**he, has, ha**...), which agrees with the subject, and the past participle (**cantado, bebido, vivido**). The past participle is the same for all grammatical persons.

Más gramática

Haber and the past participle always go next to each other, with nothing in between. Pronouns and negation always go before **haber**.

- *No **he ido** a América nunca.*
- ~~*He no ido a América nunca.*~~
- *¿La última película de Cuarón? La **he visto**.*
- ~~*¿La última película de Cuarón? Hemos la visto.*~~

▸ The pretérito perfecto is used to refer to life experiences (actions or events that occurred at an undefined past moment): it is not important when they happened, only that they happened.

- *Nunca **he estado** en Gijón, ¿y tú?*
- ∘ *No, nunca.*
- *¿**Has visto** alguna vez un oso panda?*
- ∘ *Sí, en China. Son impresionantes.*

PAST PARTICIPLE

▸ The past participle is formed by adding the ending **-ado** for verbs in the first conjugation (**-ar**) and **-ido** to the root of verbs in the second conjugation (**-er**) and the third conjugation (**-ir**).

cantar → **cant**ado

beber → **beb**ido

vivir → **viv**ido

▸ There are some irregular past participles.

abrir	→ **abierto**		ver	→ **visto**
decir	→ **dicho**		volver	→ **vuelto**
escribir	→ **escrito**		romper	→ **roto**
hacer	→ **hecho**			
morir	→ **muerto**			
poner	→ **puesto**			

IMPERSONAL SE

▸ In Spanish, passive or impersonal speech (speech that does not specify who carries out the action of a verb, and expresses it in a general sense) can be constructed in several different ways. One of these is the construction **se** + verb in the third person.

- *En español, **se puede** expresar la impersonalidad con **se** + verbo en tercera persona del singular.* (=In general, everyone can express themselves this way).
- *El presente **se utiliza** mucho en español.* (=In general, everyone uses it frequently).
- *La tortilla española **se hace** con patatas, huevos y cebollas.* (=In general, everyone makes it that way).
- *En España **se cena** muy tarde.* (=In general, everyone eats dinner late).

Verbs

REGULAR VERBS

PRESENTE	PRETÉRITO PERFECTO	PRESENTE	PRETÉRITO PERFECTO	PRESENTE	PRETÉRITO PERFECTO
estudiar *(learn / study)*	Participio: **estudiado**	**comer** *(eat)*	Participio: **comido**	**vivir** *(live)*	Participio: **vivido**
estudio	he estudiado	como	he comido	vivo	he vivido
estudias, estudiás	has estudiado	comes, comés	has comido	vives, vivís	has vivido
estudia	ha estudiado	come	ha comido	vive	ha vivido
estudiamos	hemos estudiado	comemos	hemos comido	vivimos	hemos vivido
estudiáis	habéis estudiado	coméis	habéis comido	vivís	habéis vivido
estudian	han estudiado	comen	han comido	viven	han vivido

IRREGULAR VERBS

PRESENTE	PRETÉRITO PERFECTO	PRESENTE	PRETÉRITO PERFECTO	PRESENTE	PRETÉRITO PERFECTO
actuar *(act)*	Participio: **actuado**	**adquirir** *(buy / acquire)*	Participio: **adquirido**	**almorzar** *(lunch)*	Participio: **almorzado**
actúo	he actuado	adquiero	he adquirido	almuerzo	he almorzado
actúas, actuás	has actuado	adquieres, adquirís	has adquirido	almuerzas, almorzás	has almorzado
actúa	ha actuado	adquiere	ha adquirido	almuerza	ha almorzado
actuamos	hemos actuado	adquirimos	hemos adquirido	almorzamos	hemos almorzado
actuáis	habéis actuado	adquirís	habéis adquirido	almorzáis	habéis almorzado
actúan	han actuado	adquieren	han adquirido	almuerzan	han almorzado
caer *(fall)*	Participio: **caído**	**coger** *(take)*	Participio: **cogido**	**comenzar** *(begin / start)*	Participio: **comenzado**
caigo	he caído	cojo	he cogido	comienzo	he comenzado
caes, caés	has caído	coges, cogés	has cogido	comienzas, comenzás	has comenzado
cae	ha caído	coge	ha cogido	comienza	ha comenzado
caemos	hemos caído	cogemos	hemos cogido	comenzamos	hemos comenzado
caéis	habéis caído	cogéis	habéis cogido	comenzáis	habéis comenzado
caen	han caído	cogen	han cogido	comienzan	han comenzado
conducir *(drive)*	Participio: **conducido**	**conocer** *(meet / know)*	Participio: **conocido**	**dar** *(give)*	Participio: **dado**
conduzco	he conducido	conozco	he conocido	doy	he dado
conduces, conducís	has conducido	conoces, conocés	has conocido	das	has dado
conduce	ha conducido	conoce	ha conocido	da	ha dado
conducimos	hemos conducido	conocemos	hemos conocido	damos	hemos dado
conducís	habéis conducido	conocéis	habéis conocido	dais	habéis dado
conducen	han conducido	conocen	han conocido	dan	han dado

Verbs

PRESENTE	PRETÉRITO PERFECTO	PRESENTE	PRETÉRITO PERFECTO	PRESENTE	PRETÉRITO PERFECTO
decir *(say)*	Participio: **dicho**	**dirigir** *(direct)*	Participio: **dirigido**	**distinguir** *(distinguish)*	Participioe: **distinguido**
digo	he dicho	dirijo	he dirigido	distingo	he distinguido
dices, decís	has dicho	diriges, dirigís	has dirigido	distingues, distinguís	has distinguido
dice	ha dicho	dirige	ha dirigido	distingue	ha distinguido
decimos	hemos dicho	dirigimos	hemos dirigido	distinguimos	hemos distinguido
decís	habéis dicho	dirigís	habéis dirigido	distinguís	habéis distinguido
dicen	han dicho	dirigen	han dirigido	distinguen	han distinguido
dormir *(sleep)*	Participio: **dormido**	**enviar** *(send)*	Participio: **enviado**	**estar** *(be)*	Participio: **estado**
duermo	he dormido	envío	he enviado	estoy	he estado
duermes, dormís	has dormido	envías, enviás	has enviado	estás	has estado
duerme	ha dormido	envía	ha enviado	está	ha estado
dormimos	hemos dormido	enviamos	hemos enviado	estamos	hemos estado
dormís	habéis dormido	enviáis	habéis enviado	estáis	habéis estado
duermen	han dormido	envían	han enviado	están	han estado
haber *(have (auxiliary))*	Participio: **habido**	**hacer** *(do / made)*	Participio: **hecho**	**incluir** *(include)*	Participio: **incluido**
he		hago	he hecho	incluyo	he incluido
has		haces, hacés	has hecho	incluyes, incluís	has incluido
ha / hay *(impersonal)*	ha habido	hace	ha hecho	incluye	ha incluido
hemos		hacemos	hemos hecho	incluimos	hemos incluido
habéis		hacéis	habéis hecho	incluís	habéis incluido
han		hacen	han hecho	incluyen	han incluido
ir *(go)*	Participio: **ido**	**leer** *(read)*	Past participle: **leído**	**mover** *(move)*	Participio: **movido**
voy	he ido	leo	he leído	muevo	he movido
vas	has ido	lees, leés	has leído	mueves, movés	has movido
va	ha ido	lee	ha leído	mueve	ha movido
vamos	hemos ido	leemos	hemos leído	movemos	hemos movido
vais	habéis ido	leéis	habéis leído	movéis	habéis movido
van	han ido	leen	han leído	mueven	han movido
oír *(hear)*	Participio: **oído**	**poder** *(can / be able to)*	Participio: **podido**	**poner** *(put)*	Participio: **puesto**
oigo	he oído	puedo	he podido	pongo	he puesto
oyes, oís	has oído	puedes, podés	has podido	pones, ponés	has puesto
oye	ha oído	puede	ha podido	pone	ha puesto
oímos	hemos oído	podemos	hemos podido	ponemos	hemos puesto
oís	habéis oído	podéis	habéis podido	ponéis	habéis puesto
oyen	han oído	pueden	han podido	ponen	han puesto
querer *(want / love)*	Participio: **querido**	**reír** *(laugh)*	Participio: **reído**	**reunir** *(meet / gather)*	Participio: **reunido**
quiero	he querido	río	he reído	reúno	he reunido
quieres, querés	has querido	ríes, reís	has reído	reúnes, reunís	has reunido
quiere	ha querido	ríe	ha reído	reúne	ha reunido
queremos	hemos querido	reímos	hemos reído	reunimos	hemos reunido
queréis	habéis querido	reís	habéis reído	reunís	habéis reunido
quieren	han querido	ríen	han reído	reúnen	han reunido

PRESENTE	PRETÉRITO PERFECTO	PRESENTE	PRETÉRITO PERFECTO	PRESENTE	PRETÉRITO PERFECTO
saber *(know)*	Participio: **sabido**	**salir** *(go out / leave)*	Participio: **salido**	**ser** *(be)*	Participio: **sido**
sé	he sabido	salgo	he salido	soy	he sido
sabes, sabés	has sabido	sales, salís	has salido	eres, sos	has sido
sabe	ha sabido	sale	ha salido	es	ha sido
sabemos	hemos sabido	salimos	hemos salido	somos	hemos sido
sabéis	habéis sabido	salís	habéis salido	sois	habéis sido
saben	han sabido	salen	han salido	son	han sido
servir *(serve / use)*	Participio: **servido**	**tener** *(have / have got)*	Participio: **tenido**	**traer** *(bring / get)*	Participio: **traído**
sirvo	he servido	tengo	he tenido	traigo	he traído
sirves, servís	has servido	tienes, tenés	has tenido	traes, traés	has traído
sirve	ha servido	tiene	ha tenido	trae	ha traído
servimos	hemos servido	tenemos	hemos tenido	traemos	hemos traído
servís	habéis servido	tenéis	habéis tenido	traéis	habéis traído
sirven	han servido	tienen	han tenido	traen	han traído
valer *(cost / be of use)*	Participio: **valido**	**vencer** *(win)*	Participio: **vencido**	**venir** *(come)*	Participio: **venido**
valgo	he valido	venzo	he vencido	vengo	he venido
vales, valés	has valido	vences, vencés	has vencido	vienes, venís	has venido
vale	ha valido	vence	ha vencido	viene	ha venido
valemos	hemos valido	vencemos	hemos vencido	venimos	hemos venido
valéis	habéis valido	vencéis	habéis vencido	venís	habéis venido
valen	han valido	vencen	han vencido	vienen	han venido
ver *(see)*	Participio: **visto**				
veo	he visto				
ves	has visto				
ve	ha visto				
vemos	hemos visto				
veis	habéis visto				
ven	han visto				

IRREGULAR PARTICIPLES

abrir *(open)*	abierto	**freír** *(fry)*	frito / freído	**poner** *(put)*	puesto
cubrir *(cover)*	cubierto	**hacer** *(made / do)*	hecho	**romper** *(break)*	roto
decir *(say)*	dicho	**ir** *(go)*	ido	**ver** *(see)*	visto
escribir *(write)*	escrito	**morir** *(die)*	muerto	**volver** *(go back)*	vuelto
resolver *(solve)*	resuelto				

GLOSARIO

VOCABULARY BY LESSON → P. **231**

ALPHABETICAL GLOSSARY → P. **250**

ABBREVIATIONS

f	feminine
m	masculine
pl	plural
colloq	colloquial

VOCABULARY BY LESSON

- All words are given in chronological order in their respective context of meaning
- Verbs with irregular forms in present tense are marked (**g**), (**i**), (**ie**), (**ue**), (**zc**)

GENERAL TERMINOLOGY

acento gráfico *m*	acute accent	**indicativo** *m*	indicative
acentuación *f*	accentuation	**infinitivo** *m*	infinitive
actividad *f*	activity	**infografía** *f*	infographic
adivinar	to guess	**intercambiar**	to exchange
adjetivo *m*	adjective	**investigar**	to research
afirmación *f*	statement	**irregularidad** *f*	irregularity
añadir	to add	**jugar** *(ue)*	to play
analizar	to analyse	**leer**	to read
anotar	to note down	**letra** *f*	letter
aprender	to learn	**léxico** *m*	vocabulary
apuntar	to note down	**marcar**	to mark
artículo determinado *m*	definite article	**masculino**	masculine
artículo indeterminado *m*	indefinite article	**mirar**	to look at
cambiar	to change	**mostrar** *(ue)*	to show
clasificar	to classify	**nombre** *m*	name
comparar	to compare	**norma** *f*	guideline
completar	to complete	**número** *m*	number
comprobar *(ue)*	to check	**objeto directo** *m*	direct object
conjugación *f*	conjugation	**orden** *m*	order
contestar	to answer	**participio** *m*	participle
contrastar	to compare	**plural** *m*	plural
definir	to define	**preguntar**	to ask
deletrear	to spell	**preparar**	to prepare
demostrativo *m*	demonstrative	**preposición** *f*	preposition
descubrir	to discover	**presente de indicativo** *m*	present tense
dibujar	to draw	**pretérito perfecto** *m*	present perfect
diccionario *m*	dictionary	**pronombre interrogativo** *m*	interrogative pronoun
diferenciar	to differentiate	**pronombre personal** *m*	personal pronoun
dividir	to divide	**pronunciación** *f*	pronunciation
ejemplo *m*	example	**pronunciar**	to pronounce
ejercicio *m*	exercise	**raíz** *f*	root
elegir (j)	to choose	**reflexionar**	to think about
entender *(ie)*	to understand	**regla** *f*	rule
entonación *f*	intonation	**relacionar**	to connect to
escoger (j)	to choose	**repetir** *(i)*	to repeat
escribir	to write	**responder**	to answer
escuchar	to listen to	**respuesta** *f*	answer
esquema *m*	diagram	**significar**	to mean
estructura *f*	structure	**singular** *m*	singular
excepción *f*	exception	**subrayar**	to underline
explicar	to explain	**sujeto** *m*	subject
explorar	to explore	**superlativo** *m*	superlative
expresar	to express	**sustantivo** *m*	noun
expresión *f*	expression	**tachar**	to cross out
femenino	feminine	**terminación** *f*	ending
ficha *f*	form	**tiempo verbal** *m*	verb tense
fijarse	to pay attention to	**tomar nota**	to take note
frase *f*	sentence	**traducir** *(zc)*	to translate
género *m*	gender	**verbo irregular** *m*	irregular verb
grabación *f*	recording	**verbo pronominal** *m*	pronominal verb
hablar	to talk	**verbo regular** *m*	regular verb
hacer preguntas *(g)*	to ask questions		
identificar	to identify		
imaginar	to imagine		
indicar	to indicate		

VOCABULARY by lesson

0. EN EL AULA — IN THE CLASSROOM

1. ME LLAMO ANDERSON. ¿Y TÚ? — MY NAME IS ANDERSON. WHAT´S YOURS?

hola	hello
me llamo	my name is
y	and
tú	you
¿cómo te llamas?	what's your name?

2. SONIDOS — SOUNDS

hablar	to talk
el español	Spanish
otro/a	other
la lengua	language

3. HOLA, ¿QUÉ TAL? — HELLO, HOW ARE YOU?

el saludo	greeting
¿cómo estás?	how are you?
buenas tardes	good afternoon
buenos días	good morning
buenas noches	goodnight
¿qué tal?	how are you?
la despedida	farewell
hasta pronto	see you soon
chau	bye
hasta luego	see you later
adiós	goodbye

4. ¿CÓMO SE ESCRIBE? — HOW DO YOU WRITE...?

Buenos Aires	Buenos Aires
Cuba	Cuba
Honduras	Honduras
Kenia	Kenya
España	Spain
Quito	Quito
Uruguay	Uruguay
Venezuela	Venezuela
Yalta	Yalta
Zaragoza	Zaragoza
ese/a	this
yo	I

5. LAS COSAS DE LA CLASE — CLASSROOM OBJECTS

la silla	chair
el proyector	projector
la papelera	bin
la tableta	tablet
el estuche	pencil case
la mesa	table
el libro	book
el bolígrafo	pen
el ordenador	computer
el cuaderno	exercise book
la pizarra	blackboard
la hoja de papel	sheet of paper
la mochila	backpack

¿cómo se dice...?	how do you say...?
¿qué significa...?	what does... mean?
¿cómo se pronuncia...?	how do you pronounce...?

6. ¿QUÉ SIGNIFICA "VALE"? — WHAT DOES "VALE" MEAN?

¿cómo se escribe ...?	how do you spell...?
sí	if
la ventana	window
vale	OK
puedes	can (you)
hablar	to talk
más alto	louder
por favor	please
este/a	this/that
la tarde	afternoon
estaba pensando	I was thinking
que	that
podríamos	we could
ir a	to go to
el / la	the
la playa	beach
más despacio	slower
repetir (i)	to repeat
en	in/on
lo siento	I'm sorry
no hablo japonés	I don't speak Japanese
gracias	thank you
esto	this
la página	page
la actividad	activity

1. NOSOTROS Y NOSOTRAS — US

1. PALABRAS EN ESPAÑOL — WORDS IN SPANISH

el cine	cinema
ideal	ideal
bienvenidos/as	welcome
la escuela	school
el esquí	skiing
el snowboard	snowboarding
los baños	bathrooms
el aeropuerto	airport
internacional	international
el museo	museum
de / del	of
el arte	art
costarricense	Costa Rican
el taxi	taxi
Málaga	Malaga
la calle	street
el almendro	almond tree
el restaurante	restaurant
el metro	metro
el sol	sun
el hotel	hotel

significar — to mean

2. LOS NOMBRES EN ESPAÑOL
NAMES IN SPANISH

señor/a — Mr / Mrs
¿quién es? — who is it?
¡hombre! — well, hi!
¿cómo andas? — how are you doing?
soy yo — It's me
mi amor — my love
amigo/a — friend
me llaman… — they call me…

3. ESTUDIANTES DE ESPAÑOL
SPANISH STUDENTS

soy — I am
canadiense — Canadian
un laboratorio — laboratory
científico/a — scientist
tengo… años — I am … years old
el año — year
brasileño/a — Brazilian
trabajo de … — I work as a…
cocinero/a — chef
alemán/ana — German
estudiante — student
la arquitectura — architecture
marroquí — Moroccan
diseñador/a de moda — fashion designer
mi nombre es… — my name is…
argentino/a — Argentinian
profesor/a — teacher
francés/esa — French
periodista — journalist
Canadá — Canada
con — with
el acento — accent
la universidad — university
el taller — workshop
la escuela — school
de — of
el restaurante — restaurant
el canal de televisión — television channel
el nombre — name
la nacionalidad — nationality
la profesión — profession
la edad — age
inglés/esa — English
traductor/a — translator

4. EN LA RECEPCIÓN
AT RECEPTION

el apellido — surname
el correo electrónico — email address
el teléfono — telephone
camarero/a — waiter / waitress
tener (g) (ie) — to have
preguntar — to ask
el lugar — place

el origen — origin
el número — number
¿cuál es tu número de teléfono? — what is your phone number?
¿cuál es tu nombre? — what is your name?
¿cuántos años tienes? — how old are you?
¿a qué te dedicas? — what do you do?
¿en qué trabajas? — what do you do for a living?
¿tienes móvil? — do you have a mobile phone?
¿tienes correo electrónico? — do you have an email address?
¿de dónde eres? — where are you from?

5. ¿USTEDES SON ESTUDIANTES?
ARE YOU STUDENTS?

también — too
vos — you (singular)
usted — you (formal)
venir de (g) (ie) — to come from
colombiano/a — Colombian
España — Spain
vosotros/as — you (plural)
Chile — Chile

6. LETRAS Y SONIDOS
LETTERS AND SOUNDS

ginecólogo/a — gynaecologist
juez/a — judge
bloguero/a — blogger
belga — Belgian
cirujano/a — surgeon
jefe/a — boss
ingeniero/a — engineer
lingüista — linguist
psicólogo/a — psychologist
nicaragüense — Nicaraguan
correo — email
suizo/a — Swiss
arquitecto/a — architect
cubano/a — Cuban
médico/a — doctor
la zumba — zumba
venezolano/a — Venezuelan

LÉXICO
VOCABULARY

enfermero/a — nurse
secretario/a — secretary
deportista — athlete
comercial — sales representative
el gimnasio — gym
el hospital — hospital
el periódico — newspaper
el bar — bar
el banco — bank
la empresa de transportes — transport company
la empresa de telecomunicaciones — telecommunications company
el despacho de abogados — lawyers office
el despacho de arquitectura — architects office
la agencia de viajes — travel agency

la agencia de publicidad	advertising agency
la tienda	shop
el supermercado	supermarket
el yoga	yoga

GRAMÁTICA Y COMUNICACIÓN — GRAMMAR AND COMMUNICATION

italiano/a	Italian
portugués/esa	Portuguese
estadounidense	American
chófer	chauffeur
policía	police officer
agente	agent
modelo	model
Berlín	Berlin
París	Paris
trabajo como…	I work as a…

7. EL TANGO, ARGENTINO — ARGENTINE TANGO

el tango	tango
el sushi	sushi
la pizza	pizza
el flamenco	flamenco
la balalaica	balalaika
el cruasán	croissant
la bossa nova	bossa nova

8. MIS PALABRAS — MY WORDS

el amor	love
la casa	house
la familia	family

9. PERSONAS INTERESANTES — INTERESTING PEOPLE

las redes sociales	social media
actor / actriz	actor
guionista	scriptwriter
director/a	director

10. LAS PERSONAS DE LA CLASE — YOUR CLASSMATES

la palabra	word
la expresión	expression
las vacaciones	holidays
la ropa	clothes
el libro	book
la dirección	address
la diseñador/a grafico/a	graphic designer

2. QUIERO APRENDER ESPAÑOL — I WANT TO LEARN SPANISH

1. IMÁGENES DE LA CULTURA HISPANA — IMAGES FROM HISPANIC CULTURE

el universo	universe
nada	nothing

la soledad	solitude/loneliness
la historia	history
la comida	food
la música	music
la vida	life
la vida nocturna	nightlife
la literatura	literature
la naturaleza	nature
el pueblo	village
la ciudad	city/town

2. ESTE FIN DE SEMANA — THIS WEEKEND

escuchar	to listen
la música	music
ir a/ al	to go to
el concierto	concert
ver	to watch
la televisión	television
la exposición	exhibition
salir de noche (g)	to go out at night
visitar	to visit
lugar	place
histórico/a	historical
salir a cenar	to go out for dinner
cocinar	to cook
ir de compras	to go shopping
la playa	beach
ir de excursión	to go hiking
leer	to read
jugar a (ue)	to play
el videojuego	video game
hacer (g)	to do/to make
el curso	course
el teatro	theatre
querer (ie)	to want/to love
el sábado	Saturday
el concierto	concert
aprender	to learn
el idioma	language
aprender a bailar	to learn to dance
salir con amigos	to go out with friends

3. HABLAR UN IDIOMA — SPEAKING A LANGUAGE

ser	to be
plurilingüe	plurilingual
decir (i) (g)	to say
cuando	when
comunicarse	to communicate
más de uno/una	more than one
la actualidad	news
el fenómeno	phenomenon
común	common/shared
existir	to exist
cada vez más	more and more
el contexto	context
estar	to be
estar en contacto con	to be in contact with
natural	natural

viajar	to travel		
el turismo	tourism		
la serie	series		
la película	film		
el país	country		
todo el mundo	everybody		
el mundo	world		
compañero/a de trabajo	work colleague		

4. ¿FEMENINA O MASCULINA?
MASCULINE OR FEMININE?

masculino/a	masculine
femenino/a	feminine
la revista	magazine
el coche	car
la clase	class
el diario	daily
terminado/a	finished
normalmente	normally

5. ¿QUIERES VER UNA PELÍCULA?
DO YOU WANT TO WATCH A FILM?

sí	yes
último/a	last
muy	very
bien	well
nuevo/a	new
bueno/a	good
la idea	idea
siempre	always
interesante	interesting

6. ¿HABLAS INGLÉS?
DO YOU SPEAK ENGLISH?

buscar	to find
alguien	someone
practicar	to practice
irlandés/esa	Irish
el inglés	English
vivir	to live
¡qué bien!	That's great!
Madrid	Madrid
comprender	to understand
casi	almost
todo	everything
mejor	better
chico/a	boy/girl
mejorar	to improve
turista	tourist

7. YO HAGO MUCHOS EJERCICIOS
I DO A LOT OF EXERCISES

la página web	website
el blog	blog
hacer ejercicios	to do exercises
muchos	many/a lot
el ejercicio	exercise
la gramática	grammar

8. QUIERO, QUIERES, QUIERE
I WANT, YOU WANT, HE / SHE WANTS

hispanohablante	Spanish speaker
el habla hispana	Spanish speaking
hispanoamericano/a	Hispanic American
Perú	Peru
latinoamericano/a	Latin American
pasar	to spend

9. ¿POR QUÉ ESTUDIAN ESPAÑOL?
WHY ARE THEY STUDYING SPANISH??

para	for/ in order to
por	for/because of
novio/a	boyfriend/girlfriend
chatear	to chat
Costa Rica	Costa Rica
porque	because

LÉXICO
VOCABULARY

el francés	French
el alemán	German
el chino	Chinese
el ruso	Russian
el árabe	Arabic
el italiano	Italian
compañero/a	classmate
el museo	museum
el intercambio	exchange
nativo/a	native
la foto	photo
la serie	series
la película	film
la música	music
la radio	radio
el podcast	podcast
el periódico	newspaper
el libro	book
el diario	newspaper
la página web	website
el pronunciación	pronunciation
el fútbol	football
la tenis	tennis
tocar (un instrumento)	to play (an instrument)
la guitarra	guitar

10. UN PAÍS EN IMÁGENES
A COUNTRY IN IMAGES

la bandera	flag
Colombia	Colombia
el vallenato	Vallenato (popular Colombian folk music)
la escultura	sculpture
el maíz	corn
el color	colour
el parque nacional	national park
el realismo	realism
mágico/a	magical
Cartagena de Indias	Cartagena de Indias

11. ¿QUÉ QUIERES HACER EN ESTE CURSO?
WHAT DO YOU WANT TO DO DURING THIS COURSE?

la información	information
en	in/on
la internet	internet
el plato	dish
típico/a	typical
la postal	postcard
mucho/a	many/a lot
la canción	song
nosotros/as	we

12. EL ESPAÑOL Y YO
SPANISH AND I

la residencia	residence
¿por qué?	why?
¿qué?	what?
la cosa	thing
el plan	plan
el futuro	future
el kazajo	Kazakh

13. TURISTAS EN MADRID
TOURISTS IN MADRID

la paella	paella
el flamenco	flamenco
la tapa	tapa
la caña	small draught beer
la cerveza	beer
la gente	people

3. ¿DÓNDE ESTÁ SANTIAGO?
WHERE IS SANTIAGO?

1. CIUDADES QUE SE LLAMAN SANTIAGO
CITIES CALLED SANTIAGO

el mapamundi	world map
por fin	finally
después	after
largo/a	long
el camino	road/journey
segundo/a	second
importante	important
la isla	island
la capital	capital
su	his/her/its
la montaña	mountain
nevado/a	snow-covered
la cordillera	mountain range
los Andes	Andes

2. TRES CIUDADES CON EL MISMO NOMBRE
THREE CITIES WITH THE SAME NAME

más poblado/a	most populated
peregrinaje	pilgrimage
reconocimiento	acknowledgement
el cafetal	coffee plantation
antiguo/a	old

cerca	nearby
la ciudad universitaria	university town
el/ la más antiguo/a	the oldest
el área	area
el interés turístico	tourist interest
mismo/a	same
más de	more than
llamarse	to be called
Granada	Granada
Madrid	Madrid
varios/as	several
llamado/a	called
Santiago	Santiago
aquí	here
el centro	centre
fundado/a	founded
siglo	century
millón	million
el habitante	inhabitant
seguro/a	safe
mayor	biggest
la calidad	quality
Latinoamérica	Latin America
la plaza	square
el arma	weapon
el palacio	palace
la moneda	currency
la iglesia	church
el mercado	market
central	central
la ubicación	location
permitir	to allow
viajero/a	traveller
llegar	to arrive
poco/a	little
el tiempo	time
el campo	countryside
además	in addition
los alrededores	surroundings
algún, alguno/a	some
la zona	zone
la producción	production
el vino	wine
conocido/a	well-known
visitado/a	visited
como	like
el valle	valley
hasta	until
La Habana	Havana
actual	current
situado/a	located
el sureste	south east
medio/a	average
la construcción	construction/building
el castillo	castle
la roca	rock
primer, primero/a	first
la catedral	cathedral

los restos	remains
la plantación	plantation
el café	coffee
el edificio	building
la ciudad colonial	colonial city
la población	population
aproximadamente	approximately
el noroeste	north west
la península ibérica	Iberian peninsula
Galicia	Galicia
la comunidad autónoma	autonomous community
el casco antiguo	old town
el Patrimonio de la Humanidad	World Heritage Site
desde	since/from
el monumento	monument/landmark
miles	thousands
el peregrino	pilgrim
de todas partes	from everywhere
cada año	every year
el punto	point
el final	end
famoso/a	famous
el Camino de Santiago	Way of Saint James
hay	there is/are
República Dominicana	Dominican Republic

3. CAPITAL: SANTIAGO / CAPITAL: SANTIAGO

el clima	climate
el producto	product
oficial	official
el peso	peso
la empanada	empanada
el cobre	copper
seco/a	dry
el norte	north
templado/a	mild
frío/a	cold
el sur	south
el desierto	desert

4. EL BLOG DE LOLA / LOLA'S BLOG

el lunes	Monday
febrero	February
la semana	week
precioso/a	beautiful
unos/as	some
la arena	sand
negro/a	black
bonito/a	pretty
la costa	coast
el Pacífico	Pacific
increíble	incredible
hoy	today
simpático/a	kind
amable	friendly
el tamal	tamale
favorito/a	favourite

el pepián	pepián
hace mucho calor	it is very hot
húmedo/a	humid
llover	to rain
todos los días	every day
el día	day
pero	but
no importa	it does not matter
mañana	morning
las ruinas mayas	Mayan ruins
la selva	jungle
tener (muchas) ganas	to (really) feel like doing something
dicen	they say
cinco	five
el templo	temple
luego	later
el mercado	market
el autobús	bus
México	Mexico

5. ¿ARGENTINA TIENE MÁS DE 75 MILLONES DE HABITANTES? / DOES ARGENTINA HAVE MORE THAN 75 MILLION INHABITANTS?

el lago	lake
tropical	tropical
en todo	entirely
el oeste	west
el bife	steak
el caballo	horse
el mate	mate
la bebida	drink
dos	two
el equipo	team
el béisbol	baseball
nevar (ie)	to snow
el cerro	mountain
el volcán	volcano
comer	to eat
la carne	meat
¿no?	right?
antes de	before

6. JUEGA Y GANA / PLAY TO WIN

el concurso	contest
lindo/a	cute
contestar	to answer
la pregunta	question
sobre	about
ganar	to win
fabuloso/a	fabulous
¿cuál?	which one?
la enchilada	enchilada
¿cuánto/a/os/as?	how much/how many?
el euro	euro
el dólar	dollar
el animal	animal
aparecer (zc)	to appear
el cóndor	condor

VOCABULARY by lesson

el águila	eagle
el jaguar	jaguar
la serpiente	snake
¿cómo?	how
atlántico/a	Atlantic
lluvioso/a	rainy
el tequila	tequila
el estado	state
la fiesta	party
popular	popular
la cantidad	amount
el modo	way

7. MUNDO LATINO EN SUPERLATIVO — THE LATIN WORLD IN THE SUPERLATIVE

activo/a	active
poblado/a	populated
el mundo hispano	Hispanic world
el mayor productor	biggest producer
el aguacate	avocado

8. ¿QUÉ TIEMPO HACE? — WHAT'S THE WEATHER LIKE?

hace frío	It is cold
hace sol	It is sunny
hace viento	It is windy
el sol	sun
esta nublado	It is cloudy
la nube	cloud
Tarifa	Tarifa
San Sebastián	San Sebastian
Tenerife	Tenerife
Barcelona	Barcelona
Jaca	Jaca
Santander	Santander
Gotemburgo	Gothenburg
el verano	summer
el otoño	autumn
el invierno	winter
la primavera	spring
amazónico/a	Amazonian
Inglaterra	England
Mallorca	Majorca
el Sáhara	Sahara
Siberia	Siberia
el Caribe	Caribbean

LÉXICO — VOCABULARY

árido/a	arid
cálido/a	warm
el noreste	north east
el este	east
el suroeste	south west
el río	river
la catarata	waterfall
Europa	Europe
África	Africa
América	America
Asia	Asia

Oceanía	Oceania
el Océano Pacífico	Pacific Ocean
el Océano Atlántico	Atlantic Ocean
el Océano Índico	Indian Ocean

GRAMÁTICA Y COMUNICACIÓN — GRAMMAR AND COMMUNICATION

el petróleo	oil
el estadio de fútbol	football stadium
grande	big
Guatemala	Guatemala
Ecuador	Ecuador
Paraguay	Paraguay
la contaminación	pollution
tipo de	type of
Centroamérica	Central America
la infusión	tea
nacer (zc)	to be born
el ceviche	ceviche
el cuy	Guinea pig
el quechua	Quechua
las castañuelas	castanets
el instrumento musical	musical instrument
musical	musical
Caracas	Caracas

9. ¿OSOS EN ESPAÑA? — BEARS IN SPAIN?

¿verdad?	right?
no sé	I don't know
el elefante	elephant
el oso	bear
la palmera	palm tree
el molino de viento	windmill
la pista de esquí	ski slope
la torre	tower
el camello	camel

10. ¿DE QUÉ PAÍS SE TRATA? — WHICH COUNTRY IS IT?

ahí	there
el guaraní	Guaraní
estrecho/a	narrow
Norteamérica	North America
el cristal	glass
Tanzania	Tanzania

11. ¿TE SORPRENDE? — ARE YOU SURPRISED?

Colonia Tovar	Colonia Tovar
la colonia	colony
pequeño/a	small
descendiente	descendent
por eso	for that reason
el aspecto	aspect
el carnaval	carnival
Tenerife	Tenerife
Gran Canaria	Gran Canaria
Cádiz	Cádiz
el deporte	sport
el santuario	sanctuary

el rosario	rosary
Michoacán	Michoacan
la reserva natural	nature reserve
la mariposa monarca	Monarch butterfly
el mes	month
noviembre	November
marzo	March
La Plata	La Plata
completamente	completely
planificado/a	planned
la forma	shape
la cuadrícula	grid
a partir de	from
el salar	salt flat
Uyuni	Uyuni
Bolivia	Bolivia
la sal	salt
el/la más grande	biggest
el kilómetro	kilometre
la tonelada	tonne

12. UN PAÍS INTERESANTE — AN INTERESTING COUNTRY

China	China
Pekín	Beijing
el chino mandarín	Mandarin Chinese
el dialecto	dialect
Tailandia	Thailand

13. UN CONCURSO SOBRE PAÍSES — COUNTRY QUIZ

Asunción	Asuncion
Montevideo	Montevideo
Tacuarembó	Tacuarembo

14. CURIOSIDADES DE VENEZUELA — INTERESTING FACTS ABOUT VENEZUELA

nunca	never
declarado/a	declared
el cacao	cocoa
Coro	Coro
el salto	waterfall
el ángel	angel
el teleférico	cable car
Mérida	Merida

4. ¿CUÁL PREFIERES? — WHICH ONE DO YOU LIKE MOST?

1. DE COMPRAS — SHOPPING

el mercadillo	market
el rastro	flea market
el Rastro	popular open air flea market in Madrid
la tienda	shop
Palma de Mallorca	Palma de Mallorca
el centro comercial	shopping centre
la galería	shopping centre
el mercado artesanal	craft market
Otavalo	Otavalo
el zapato	shoe
el bolso	bag
la higiene	hygiene
la artesanía	crafts
vender	to sell
siempre	always
de segunda mano	second hand

2. ROPA DE SEGUNDA MANO — SECOND HAND CLOTHES

la camiseta	t-shirt
la marca	brand
costar (ue)	to cost
de manga corta	short sleeve
corto/a	short
marrón	brown
la talla	size
de rayas	stripy
blanco/a	white
usado/a	used
de tirantes	with straps
estampado/a	with a print
azul	blue
cómodo/a	comfortable
rosa	pink
el top	top
elegante	elegant
fácil de llevar	easy to wear
los vaqueros	jeans
la falda	skirt
la camisa	shirt
la mujer	woman
de manga larga	long sleeve
el tejido	fabric
agradable	nice
el algodón	cotton
sencillo/a	simple
para mí	for me

3. YO NUNCA LLEVO SECADOR DE PELO — I NEVER BRING A HAIR DRYER

la chaqueta	jacket
los pantalones cortos	shorts
el pantalón	trousers
el bañador	swimsuit
la ropa interior	underwear
las sandalias	sandals
la toalla de playa	beach towel
las gafas de sol	sunglasses
el medicamento	medicine
el cargador de móvil	phone charger
el carné de identidad	ID card
el dinero	money
la tarjeta de crédito	credit card
el peine	comb

VOCABULARY by lesson

la pasta de dientes	toothpaste
la crema solar	sun cream
el cepillo de dientes	toothbrush
el champú	shampoo
el gel de baño	shower gel
el secador de pelo	hair dryer
las zapatillas deportivas	trainers
el antifaz	eye mask
el tapón	earplugs
el ordenador portátil	laptop

4. ¿QUÉ TENGO QUE LLEVAR? — WHAT DO I HAVE TO TAKE?

ir de viaje/compras	go on holiday/go shopping
el extranjero	abroad
tomar el sol	to sunbathe
alquilar	to rent
tener que	to have to
el carné de conducir	driving license
el pasaporte	passport
el cumpleaños	birthday
la cena	dinner

5. LLEVA UNA CHAQUETA MARRÓN — HE'S WEARING A BROWN JACKET

el jersey	jumper
gris	grey
de cuadros	check
la gorra	cap

6. LA AZUL ES MUY PEQUEÑA — THE BLUE ONE IS VERY SMALL

verde	green
caro/a	expensive
rojo/a	red
la maleta	suitcase
práctico/a	practical
moderno/a	modern
feo/a	ugly
barato/a	cheap
clásico/a	classic
original	original
amarillo/a	yellow

7. ¿ESTA O ESTA? — THIS ONE OR THAT ONE?

el vestido	dress

9. EN LA TIENDA — AT THE SHOPS

farmacéutico/a	pharmacist
cliente/a	customer
¿qué desea?	what do you want?
el factor solar	solar factor
pues	so
mire	look
¿cuánto cuesta?	how much does it cost?
bueno/a	good
llevarse	to take
el precio	price

comprar	to buy
al final	finally

LÉXICO — VOCABULARY

naranja	orange
lila	purple
beis	beige
la pulsera	bracelet
la bufanda	scarf
el gorro	hat
el cinturón	belt
el abrigo	coat
las botas	boots

GRAMÁTICA Y COMUNICACIÓN — GRAMMAR AND COMMUNICATION

preferir (ie)	to prefer
usar	to use
viejo/a	old
aquí tiene	here you go

10. ¿QUÉ ROPA PREFIERES? — WHICH CLOTHES DO YOU LIKE MOST?

el festival de música	music festival
la música pop	pop music

11. ¿CUÁNTO CUESTA? — HOW MUCH DOES IT COST?

más	more
menos	less

12. UNA SEMANA FUERA — A WEEK AWAY

Bariloche	Bariloche
el paseo a caballo	horse riding
la ruta gastronómica	food tour
el surf	surfing
la guía de viaje	travel guide
guía	guide

13. CÓMO NOS VESTIMOS — HOW WE DRESS

hombre de negocios	businessman
mujer de negocios	businesswoman
el negocio	business
conductor/a	driver
escolar	school
quince	fifteen
empleado/a	employee
azul claro	light blue
la corbata	tie
dormir (ue)	to sleep
la boda	wedding
el calcetín	sock
grueso/a	thick
el pijama	pyjamas

14. EL MERCADILLO DE LA CLASE — CLASSROOM MARKET

diferente	different
tipo	type

el accesorio	accessory
el objeto	object
decidir	to decide
atención	take note
máximo	maximum
colocar	to place
tu	you
hermano/a	brother/sister

15. MIS TIENDAS PREFERIDAS
MY FAVOURITE SHOPS

la prenda	item of clothing
la ocasión especial	special occasion
sostenible	sustainable
hecho/a	made
el material reciclado	recycled material
exclusivo/a	exclusive

5. TUS AMIGOS SON MIS AMIGOS
YOUR FRIENDS ARE MY FRIENDS

1. LAS FOTOS DE OLIVIA
OLIVIA'S PHOTOS

mi	my
la foto	photo
el padre	father
primo/a	cousin
sobrino/a	nephew/niece
el seminario	seminar

2. ¿QUIÉN ES?
WHO IS IT?

músico/a	musician
San Francisco	San Francisco
la luz	light
saber	to know
robar	to steal
el nacimiento	birth
la madre	mother
hijo/a	son/daughter
el álbum	album
preferido/a	favourite
Londres	London

3. CONTACTOS
CONTACTS

la lengua materna	mother tongue
me encanta	I love …
encantar	to love
me gusta	I like …
gustar	to like
gran	big
la pasión	passion
la fotografía	photography
¡un abrazo!	take care!
el portugués	Portuguese
mexicano/a	Mexican
escribir	to write
el/la mar	sea

esperar	to wait
Bilbao	Bilbao
el grupo de música	band/music group
extrovertido/a	extroverted
aventurero/a	adventurous
divertido/a	fun
hablador/a	talkative
normal	normal
bastante	quite
sociable	sociable
abierto/a	open
al principio	at the start
un poco	a little
tímido/a	shy
la afición	hobby

4. TIEMPO LIBRE
FREE TIME

Bogotá	Bogota
¿qué tipo de…?	what type of…?
el pop latino	Latin pop
el reguetón	Reggaeton
el pop-rock	pop rock
artista	artist
últimamente	recently
la música electrónica	electronic music
cantante	singer
la música independiente	indie music
la música clásica	classical music
el jazz	jazz
la mujer	wife
el vinilo	record
la música soul	soul music

5. ¿A TI TAMBIÉN?
WHAT ABOUT YOU?

fatal	awful
la ópera	opera
tampoco	either
cantar	to sing

6. LA MÚSICA Y YO
ME AND MUSIC

el karaoke	karaoke
la música en vivo	live music

7. LA FAMILIA DE PACO Y DE LUCÍA
PACO AND LUCÍA'S FAMILY

el marido	husband
abuelo/a	grandfather/grandmother
nieto/a	grandson/granddaughter
tío/a	uncle/aunt
viudo/a	widower/widow
casado/a	married
soltero/a	single
hijo/a único/a	only child
único/a	only
divorciado/a	divorced
el exmarido	ex-husband

8. DE VACACIONES CON MI FAMILIA — ON HOLIDAY WITH MY FAMILY

¿adónde vas tú?	where are you going?
Menorca	Menorca
solo	alone
el campamento	camping
familiar	family member
bueno	right
disfrutar	to enjoy
septiembre	September

9. ES RUBIA Y TIENE EL PELO LARGO — SHE'S BLOND WITH LONG HAIR

rubio/a	fair-haired
el pelo largo	long hair
bajito/a	short
moreno/a	dark-haired
el pelo rizado	curly hair
el pelo corto	short hair
castaño/a	chestnut-coloured
el bigote	moustache
la barba	beard

LÉXICO — VOCABULARY

delgado/a	thin
gordo/a	fat
calvo/a	bald
cerrado/a	reserved
serio/a	serious
inteligente	intelligent
alegre	cheerful
el pelo liso	straight hair
el ojo	eye
la exmujer	ex-wife
la pareja	partner
bailarín/ina	dancer
compositor/a	composer
salsa	salsa
el flamenco	flamenco

GRAMÁTICA Y COMUNICACIÓN — GRAMMAR AND COMMUNICATION

el golf	golf
el té	tea
como yo	like me
Bélgica	Belgium

10. ¿TIENES HERMANOS? — DO YOU HAVE ANY BROTHERS OR SISTERS?

el poema	poem
el violín	violin
el/la mayor	the oldest

11. NUESTROS GUSTOS MUSICALES — OUR MUSIC TASTES

el gusto musical	music taste

12. ES UNA MUJER DE UNOS 30 AÑOS — SHE'S A 30 YEAR OLD WOMAN

niño/a	boy/girl
señor/a mayor	elderly man/woman

13. SOY UNA PERSONA BASTANTE TÍMIDA — I'M QUITE A SHY PERSON

creer	to believe
ni	neither

14. YO QUIERO CONOCER AL HERMANO DE FLAVIA — I WANT TO MEET FLAVIA'S BROTHER

elegido/a	chosen
conmigo	with me
el aspecto físico	physical feature
el carácter	personality
invitado/a	guest
Río de Janeiro	Rio de Janeiro
informático/a	computer technician
conocer (zc)	to know
claro	of course
me parece	It seems to me

15. ¿QUÉ DICE DE TI LA MÚSICA QUE ESCUCHAS? — WHAT DO YOUR MUSIC TASTES SAY ABOUT YOU?

calmado/a	calm
romántico/a	romantic
apasionado/a	passionate
sensible	sensible
tranquilo/a	quiet

6. DÍA A DÍA — DAILY LIFE

1. LOS JUEVES POR LA NOCHE — THURSDAY NIGHTS

el momento	moment
el miércoles	Wednesday
la hora de cenar	dinner time
la hora	hour
el domingo	Sunday
el perro	dog
levantarse	to get up
media hora	half an hour
el jueves	Thursday
el fin de semana	weekend

2. ¿TE LEVANTAS DE BUEN HUMOR? — DO YOU WAKE UP IN A GOOD MOOD?

en (plena) forma	in (great) shape
por la mañana/noche	in the morning/at night
¿cómo eres?	what are you like?
de buen humor	in a good mood
casi siempre	almost always
a menudo	often
casi nunca	almost never
dedicar tiempo (a algo)	to spend time (on something)
desayunar	to have breakfast

el minuto	minute
temprano	early
durante	during
a primera hora	first thing
la tarde-noche	afternoon-night
sentirse	to feel
sentirse cansado/a	to feel tired
sentirse con sueño	to feel sleepy
¿con qué frecuencia...?	How often...?
tomar algo	to have a drink
a veces	sometimes
la vez	time
... veces al día/ la semana/ al mes	... times per day/week/month
entre semana	during the week
el compromiso	engagement
siguiente	next
¿a qué hora...?	what time is...?
acostarse (ue)	to go to bed
habitual	regular
nunca antes	never before
el resultado	result
la mayoría	majority
la respuesta	answer
no es un problema	it is not a problem
madrugar	to get up early
la energía	energy
adaptarse	to adapt
el horario	schedule
la preferencia	preference
odiar	to hate

3. ES UNA PERSONA MUY SANA — HE/SHE IS A VERY HEALTHY PERSON

sano/a	healthy
fiestero/a	party animal
intelectual	intellectual
casero/a	home-loving
cuidar	to take care of
la alimentación	diet/food
fumar	to smoke
dicen que...	they say that...

4. ¿QUÉ HORA ES? — WHAT TIME IS IT?

menos cuarto	quarter to
y cuarto	quarter past
y media	half past

5. ¿A QUÉ HORA ES EL CONCIERTO? — WHAT TIME IS THE CONCERT?

¿qué hora es?	What time is it?
irse	to leave
ya	already
servir	to serve
empezar	to start
ocurrir	to happen
algo	something

6. UN DÍA NORMAL — A NORMAL DAY

a las	at

7. SIEMPRE HAGO LA CAMA DESPUÉS DE DESAYUNAR — I ALWAYS MAKE THE BED AFTER BREAKFAST

lavarse	to wash
ducharse	to take a shower
ver la televisión	to watch television
hacer la cama (g)	to make the bed

8. UN DÍA ESPECIAL — A SPECIAL DAY

la feria	fair
la flor	flower
celebrar	to celebrate
el desfile	parade
silletero/a	Silletero (Colombian flower vendors)
preparar	to prepare
despertarse (ie)	to wake up
vestirse	to get dressed
el traje tradicional	traditional costume
animar	to encourage
participar	to participate
reunirse	to get together
almorzar (ue)	to have lunch
juntos/as	together
particular	particular
la amistad	friendship
el día siguiente	next day
tarde	late

9. TODOS LOS DÍAS — EVERY DAY

maniático/a	fanatical
perezoso/a	lazy
organizado/a	organised
raro/a	strange
el viernes	Friday
fuera	outside
tomar café	to have a coffee
puntual	punctual

LÉXICO — VOCABULARY

la clase de canto	singing class
el martes	Tuesday
el mediodía	midday

GRAMÁTICA Y COMUNICACIÓN — GRAMMAR AND COMMUNICATION

en punto	o'clock
el avión	plane

10. MIS MOMENTOS PREFERIDOS DE LA SEMANA — MY FAVOURITE TIMES OF THE WEEK

nuestro/a	our
el baile	dance

11. UN DÍA ESPECIAL PARA MÍ — A SPECIAL DAY FOR ME

¿qué día es?	what day is it?
la celebración	celebration
la tradición	tradition
el orden	order
¿dónde?	where?
¿con quién?	With whom?
el Domingo de Adviento	Advent Sunday
la Navidad	Christmas
pronto	soon
la galleta	biscuit
navideño/a	Christmas
el adorno	decoration
el chocolate	chocolate
caliente	hot
adornar	to decorate
la figura	figure
todos/as juntos/as	all together

12. LA RUTINA DEL ÉXITO — A ROUTINE FOR SUCCESS

la infografía	infographic
la rutina	routine
exitoso/a	successful
la clave	key
el éxito	success
la práctica	to practice
compartir	to share
meditar	to meditate
desconectar	to disconnect

13. PREMIOS — AWARDS

el premio	prize
comilón/ona	food lover
trabajador/a	hard-working
dormilón/ona	sleepyhead
¿cuántas horas…?	how many hours…?
la siesta	siesta
entregar	to deliver

14. UNA SEMANA EN LA VIDA DE UN CHICO ESPAÑOL — A WEEK IN THE LIFE OF A SPANISH GUY

la pausa	break
el transporte público	public transport
la oficina	office
quedar con alguien	to meet up with someone

7. ¡A COMER! — LET'S EAT!

1. UNA COMIDA EN CASA — LUNCH AT HOME

la aceituna	olive
la tortilla de patatas	Spanish omelette
la gamba	prawn
el chorizo	chorizo
el jamón	ham
el queso	cheese
el pan	bread
la croqueta	croquette
la ensalada	salad
los nachos	nachos
la chistorra	chistorra
la pasta	pasta
picar	to grab a snack
indio/a	Indian

2. BOCADILLOS — SANDWICHES

el bocata	sandwich (colloq)
el calamar	squid
el jamón serrano	Serrano ham
vegetal	vegetable
el tomate	tomato
la lechuga	lettuce
el queso fresco	fresh cheese
el jamón york	boiled ham
el pollo	chicken
el pepino	gherkin
el atún	tuna
el bocadillo	sandwich
pedir (i)	to order
la mayonesa	mayonnaise
la mostaza	mustard
el kétchup	ketchup
el embutido	cured meat
el pescado	fish
la verdura	vegetable
la hortaliza	vegetable
el lácteo	dairy
llevar	to have
el huevo	egg
la cebolla	onion
la sobrasada	sobrassada
el ingrediente	ingredient
el humus	hummus

3. ¿QUÉ DESEAN? — WHAT CAN I GET YOU?

el menú	menu
para empezar	to start
la sopa del día	soup of the day
la ensalada mixta	mixed salad
la lasaña	lasagne
la espinaca	spinach
el plato principal	main course
el salmón	salmon
al horno	roasted
el horno	oven
la milanesa	breaded meat dish
al vapor	steamed
la hamburguesa	hamburger
vegano/a	vegan
las patatas fritas	chips
el postre	dessert
la fruta de temporada	seasonal fruit
el yogur natural	plain yoghurt
el flan	flan

ser alérgico/a a — to be allergic
tener intolerancia — to have a food intolerance

4. LA CUENTA, POR FAVOR — THE BILL, PLEASE

¿me pone un café? — Can I get a coffee?
poner — to serve
ahora mismo — right now
la botella — bottle
el agua — water
¿cuánto es? — how much is it?
el gazpacho — gazpacho
las lentejas — lentils
los fideos — noodles
de primero — for first course
de segundo — for second course
la merluza — hake
el agua con gas — sparkling water
perdone — excuse me
enseguida — coming right up
la cuenta — bill
el café solo — espresso

5. ¿DE CHOCOLATE O CON CHOCOLATE? — MADE OF CHOCOLATE OR WITH CHOCOLATE?

el helado — ice cream
la vainilla — vanilla
la tarta — cake
la fresa — strawberry
el plátano — banana
los frutos secos — nuts

6. ¿CÓMO TOMAS EL TÉ? — HOW DO YOU DRINK YOUR TEA?

el café con leche — coffee with milk
sin — without
el azúcar — sugar
el limón — lemon
el refresco — soft drink
el hielo — ice
del tiempo — at room temperature
especializado/a — specialised
a ver — let's see
¿cómo lo tomas? — how do you drink it?
de acuerdo — all right
sobre todo — above all

7. VERDURA DE TEMPORADA — SEASONAL VEGETABLES

aburrido/a — boring
suficiente — enough
fundamental — fundamental
manera — way
crudo/a — raw
guisado/a — stewed
salteado/a — sautéed
a la plancha — grilled
asado/a — roasted
cocido/a — baked

la zanahoria — carrot
a la parrilla — barbecued

LÉXICO — VOCABULARY

la calabaza — pumpkin
el calabacín — courgette
la remolacha — beetroot
el vino blanco — white wine
el vino rosado — rosé wine
el vino tinto — red wine
la ternera — beef/veal
la res — beef
el cerdo — pork
las salchichas — sausages
los cereales — grains
las legumbres — legumes
el trigo — wheat
el arroz — rice
la harina — flour
los garbanzos — chickpeas
las judías — green beans
los frijoles — beans
el pan blanco — white bread
el pan integral — wholemeal bread
la manzana — apple
la naranja — orange
el marisco — seafood
el aceite de oliva — olive oil
el aceite de girasol — sunflower oil
la salsa — sauce
la taza — mug
la cucharilla — teaspoon
el vaso — cup
la copa — glass
la servilleta — napkin
el tenedor — fork
el plato — dish
el cuchillo — knife
la cuchara — spoon

GRAMÁTICA Y COMUNICACIÓN — GRAMMAR AND COMMUNICATION

el guacamole — guacamole
los macarrones — macaroni
el champiñón — mushroom
el acompañamiento — side dish
el establecimiento — establishment
recomendable — recommended
la carta — menu

8. CAFÉ CON LECHE SIN AZÚCAR — LATTE WITH NO SUGAR

a media mañana — mid-morning
la canela — cinnamon
el yogur de sabores — flavoured yoghurt
el zumo — juice
la bebida vegetal — vegetable-based drink
la miel — honey

9. COMIDA EN LA CALLE — STREET FOOD

la arepa	arepa
Panamá	Panama
el taco	taco
el anticucho	anticucho
la empanada	empanada
la masa	dough/pastry
relleno/a	filled
salado/a	savoury
dulce	sweet

10. MAPA GASTRONÓMICO DE… — CULINARY MAP OF…

el cocido montañés	Cantabrian bean stew

11. EL MENÚ DE HOY — TODAY'S MENU

proponer (ng)	to suggest

12. UN DÍA POR MADRID: ¡VIAJE DELICIOSO! — A DAY IN MADRID: A DELICIOUS TRIP!

el chocolate caliente	hot chocolate
los churros	churros
la diferencia	difference
el cocido madrileño	Madrid stew
plato único	single course
justificar	to explain
las patatas bravas	patatas bravas
la característica	characteristics
la salsa brava	spicy sauce
el entrante	starter
perfecto/a	perfect
probar (ue)	to try

8. EL BARRIO IDEAL — THE PERFECT NEIGHBOURHOOD

1. PUERTO MADERO — PUERTO MADERO

el puerto	port
bien comunicado/a	well connected
mal comunicado	poorly connected
ruidoso/a	noisy
el servicio	service
el barrio	neighbourhood

2. UN BARRIO TÍPICO — A TYPICAL NEIGHBOURHOOD

la zona peatonal	pedestrian area
el contenedor de basura	waste container
el cajero automático	cash machine
la estación de metro	metro station
el parking	car park
la escuela	school
la biblioteca	library
la parada de autobús	bus stop
el polideportivo	sports centre
la papelera	bin

3. CIUDADES PREFERIDAS — FAVOURITE CITIES

la independencia	independence
la calle peatonal	pedestrian street
la rambla	boulevard
la avenida	avenue
conectar	to connect
cercano/a	nearby
la recomendación	recommendation
el ambiente	atmosphere
nocturno/a	nocturnal
sevillano/a	person from Seville
el sitio	place
demasiado/a	too/too much
la ribera	river
al lado de	next to

4. MI BARRIO — MY NEIGHBOURHOOD

la contaminación	pollution
zona verde	green space
sucio/a	dirty
el tráfico	traffic
ningún/a	no
lo que más	the most
lo que menos	the least

5. LA ESTACIÓN DE METRO ESTÁ AL LADO DEL RESTAURANTE — THE METRO STATION IS NEXT TO THE RESTAURANT

el paseo	walk
a la izquierda de	to the left of
cerca de	close to
seguir (i)	to follow
todo recto	straight on
a la derecha de	to the right of
la esquina	corner
lejos de	far from

6. ¿HAY ALGÚN SUPERMERCADO POR AQUÍ? — IS THERE A SUPERMARKET ROUND HERE?

reciclar	to recycle
el plástico	plastic
la farmacia	pharmacy
justo	exactly
girar	to turn

LÉXICO — VOCABULARY

limpio/a	clean
con mucho encanto	very charming
la oferta cultural	cultural offerings
el estadio	stadium
la estación de taxis	taxi rank
la oficina de correos	post office
el correo	post
la gasolinera	petrol station
la farola	lighthouse
la estación de tren	train station
el semáforo	traffic light

el taller	workshop

7. MADRID — MADRID

atractivo/a	attractive
similar	similar
emblemático/a	iconic
bohemio/a	bohemian
el piso	flat
joven	young
venido/a	come from
la corrala	interior courtyard
el bloque de pisos	block of flats
el patio interior	interior patio
comunitario/a	community
tradicionalmente	traditionally
obrero/a	worker
la vivienda	home
económico/a	affordable
los años 60	1960s
céntrico/a	central
a principios de	at the start of
Lima	Lima
La Habana	Havana
Ciudad de México	Mexico City

8. LUGARES INTERESANTES — INTERESTING PLACES

Bruselas	Brussels
la tienda de muebles	furniture shop
la tienda de antigüedades	antiques shop

9. BUENAS CIUDADES PARA VISITAR Y PARA VIVIR — GOOD CITIES TO LIVE IN AND TO VISIT

la seguridad	safety
la hospitalidad	hospitality
la limpieza	cleanliness
la situación geográfica	geographical location
el mercado laboral	labour market
administrativo/a	administrative
en cambio	on the other hand

10. UN BARRIO IDEAL — THE IDEAL NEIGHBOURHOOD

no hay	there is no/there are no
el marinero	sailor
pescador/a	fisherman

11. EL BARRIO DE SAN TELMO — THE NEIGHBOURHOOD OF SAN TELMO

el adoquín	paving stone
residencial	residential
allí	there
estilo colonial	Colonial style

9. ¿SABES CONDUCIR? — DO YOU KNOW HOW TO DRIVE?

1. EL ESTUDIO DE LAURA — LAURA'S STUDY

el bajo	bass

2. DOS COMPAÑEROS DE PISO PARA RAQUEL — TWO FLATMATES FOR RACHEL

continuar	to continue
compañero/a de piso	flatmate
confuso/a	confused
venir (g) (ie)	to come
distinto/a	different
elegir (j) (i)	to choose
la poesía	poetry
Ámsterdam	Amsterdam
Nueva York	New York
perder (ie)	to lose
la llave	key
geólogo/a	geology
Boston	Boston
París	Paris
la verdad	true
práctico/a	practical
los gastos	expense
¿qué opinas?	what do you think?
opinar	to have an opinion on
el beso	kiss
detallista	perfectionist
el regalo	present

3. UNA NUEVA VIDA — A NEW LIFE

neorrural	neorural
abandonado/a	abandoned
tomar una decisión	to take a decision
consistir	to consist of
la comodidad	comfort
el estrés	stress
volver a (hacer algo)	to go back to (doing something)
interesarse por	to be interested in
extinguido/a	extinct
pastor/a	shepherd
plantar	to plant
el huerto	vegetable garden
criar	to raise
el estilo de vida	lifestyle
desde hace	since
montar	to set up
la casa rural	house in the country
dejar	to leave
organizar	to organise
la jornada	day
la meditación	meditation
atraído/a	attracted
espectacular	spectacular
el paisaje	countryside
atender (ie)	to look after
relajado/a	relaxed
echar de menos	to miss
cerca de	around
repoblar (ue)	to repopulate
la iniciativa	initiative

la ecoaldea	eco-village
el programa educativo	education programme
en venta	for sale
valer (g)	to be worth

4. CUALIDADES Y DEFECTOS
STRENGTHS AND WEAKNESSES

antipático/a	unkind
responsable	responsible
egoísta	selfish
generoso/a	generous
impuntual	late
impaciente	impatient
ambicioso/a	ambitious
emprendedor/a	enterprising
despistado/a	absent-minded
paciente	patient
irresponsable	irresponsible
creativo/a	creative
puntual	punctual
desorganizado/a	disorganised
la cualidad	strength/quality
el defecto	weakness/defect
maestro/a	teacher
peluquero/a	hairdresser
recepcionista	receptionist
vendedor/a	sales person

5. ¿ERES UNA PERSONA DESPISTADA?
ARE YOU A FORGETFUL PERSON?

ponerse la ropa del revés	put your clothes on backwards
darse cuenta	to realise
olvidar	to forget
el documento	document
quemar	to burn
el paraguas	umbrella
dejarse algo	to forget something
confundir	to confuse
la cita	appointment
equivocarse	to be wrong about
pasar de largo	to go by
saludar	to greet
intentar	to try
a la vez	at the same time
la lista	list
definir	to define
apuntar	to note down
atento/a	attentive
concentrado/a	focused

6. ¿NO SABES O NO PUEDES?
YOU DON'T KNOW HOW TO OR YOU CAN'T?

el piano	piano
la composición	composition
dibujar	to draw
nadar	to swim
el ajedrez	chess
coser	to sew

esquiar	to ski
fatal	awful

7. NO TOCA LA BATERÍA NI LA TROMPETA
HE DOESN'T PLAY THE DRUMS OR THE TRUMPET

el archivo	file
la categoría	category
compi	flatmate (colloq)
la batería	drums
la trompeta	trumpet
reparar	to repair
la personalidad	personality
la experiencia	experience
la habilidad	ability
el equipaje	equipment
hacer autoestop	to go hitch-hiking

LÉXICO
VOCABULARY

nervioso/a	nervous
insociable	unsociable
fotógrafo/a	photographer
agricultor/a	farmer

GRAMÁTICA Y COMUNICACIÓN
GRAMMAR AND COMMUNICATION

casarse	to get married
bañarse	to go for a bath
¡qué suerte!	lucky you!
Japón	Japan

8. BUSCA A ALGUIEN QUE...
LOOK FOR SOMEONE WHO ...

salir en la tele	to be on TV
enamorarse a primera vista	to fall in love at first sight
ganar un premio	to win a prize
mentir (ie)	to lie
de valor	valuable

10. YO: MIS EXPERIENCIAS Y MIS HABILIDADES
ME: MY EXPERIENCES AND SKILLS

montar en	to ride
la novela	novel
patinar	to skate
la competición	competition
la tela	fabric

11. CAMBIO DE VIDA
CHANGE OF LIFE

Sarabarri	Sarabarri
Navarra	Navarre
el proyecto	project
necesitar	to need
comerciante	shopkeeper
vendedor/a	sales person
de fuera	from outside/foreign
la revisión médica	medical check-up
enfermo/a	ill
intermediario/a	intermediary
hostelero/a	hotelier

los estudios	studies
dar clases	to give classes
adulto/a	adult

12. UN VIDEOCURRÍCULUM   A VIDEO CV

la enfermería	nursing
voluntario/a	volunteer
polifacético/a	well-rounded
dinámico/a	dynamic
cariñoso/a	caring
eficiente	efficient
comunicativo/a	talkative

alphabetical GLOSSARY

A

a la derecha de	to the right of	U8_5A
a la izquierda de	to the left of	U8_5A
a la parrilla	barbecued	U7_7C
a la plancha	grilled	U7_7A
a la vez	at the same time	U9_5A
a las	at	U6_6A
a media mañana	mid-morning	U7_8A
a menudo	often	U6_2A
a partir de	from	U3_11B
a primera hora	first thing	U6_2A
a principios de	at the start of	U8_7A
¿a qué hora...?	what time is...?	U6_2A
¿a qué te dedicas?	what do you do?	U1_4B
a veces	sometimes	U6_2A
a ver	let's see	U7_6B
abandonado/a	abandoned	U9_3A
abierto/a	open	U5_3C
abogado/a	lawyer	U1_LEX
abrazo *m*	hug	U5_3A
abrigo *m*	coat	U4_LEX
abuelo/a	grandfather/grandmother	U5_7A
aburrido/a	bored	U7_7A
accesorio *m*	accessory	U4_14A
aceite de girasol *m*	sunflower oil	U7_LEX
aceite de oliva *m*	olive oil	U7_LEX
aceituna *f*	olive	U7_1A
acento *m*	accent	U1_3B
acompañamiento *m*	side dish	U7_GyC
acostarse *(ue)*	to go to bed	U6_2A
actividad *f*	activity	U0_6
activo/a	active	U3_7A
actor/ actriz	actor	U1_9C
actual	current	U3_2A
actualidad *f*	news	U2_3A
adaptarse	to adapt	U6_2A
además	in addition	U3_2A
adiós	goodbye	U0_3
administrativo/a	administrative	U8_9A
¿adónde vas tú?	where are you going?	U5_8A
adoquín *m*	paving stone	U8_11D
adornar	to decorate	U6_11B
adorno *m*	decoration	U6_11B
adulto/a	adult	U9_11C
aeropuerto *m*	airport	U1_1A
afición *f*	hobby	U5_3D
África	Africa	U3_LEX
agencia de publicidad *f*	advertising agency	U1_LEX
agencia de viajes *f*	travel agency	U1_LEX
agente *m* y *f*	agent	U1_GyC
agradable	nice	U4_2A
agricultor/a	farmer	U9_LEX
agua con gas *m*	sparkling water	U7_4A
aguacate *m*	avocado	U3_7A
águila *m*	eagle	U3_6A
ahí	there	U3_10A

ahora mismo	right now	U7_4A
ajedrez *m*	chess	U9_6C
al final	in the end	U4_9C
al horno	roasted	U7_3A
al lado de	next to	U8_3C
al principio	at the start	U5_3C
al vapor	steamed	U7_3A
álbum *m*	album	U5_2A
alegre	cheerful	U5_LEX
alemán/ana	German	U1_3A
algo	something	U6_5B
algodón *m*	cotton	U4_2A
alguien	someone	U2_6A
algún, alguno/a	someone/some	U3_2A
alimentación *f*	diet/food	U6_3A
allí	there	U8_11D
almendro *m*	almond tree	U1_1A
almorzar *(ue)*	to have lunch	U6_8A
alquilar	to rent	U4_4A
alrededores *m, pl*	surroundings	U3_2A
amable	friendly	U3_4A
amarillo/a	yellow	U4_6C
amazónico/a	Amazonian	U3_8C
ambicioso/a	ambitious	U9_4A
ambiente *m*	atmosphere	U8_3A
América	America	U3_LEX
amigo/a	friend	U1_2C
amistad *f*	friendship	U6_8A
amor *m*	love	U1_8A
Ámsterdam	Amsterdam	U9_2B
Andes	Andes	U3_1
ángel *m*	angel	U3_14C
animal *m*	animal	U3_6A
animar	to encourage	U6_8A
antes de	before	U3_5C
anticucho *m*	anticucho	U7_9A
antifaz *m*	eye mask	U4_3B
antigüedad *f*	antique	U8_8A
antiguo/a	old	U3_2A
antipático/a	unkind	U9_4A
año *m*	year	U1_3A
años 60 *m*	1960s	U8_7A
aparecer *(zc)*	to appear	U3_6A
apasionado/a	passionate	U5_15C
apellido *m*	surname	U1_4A
aprender	to learn	U2_2C
aproximadamente	approximately	U3_2A
apuntar	to note down	U9_5A
aquí	here	U3_2A
aquí tiene	here you go	U4_GyC
árabe *m*	Arabic	U2_LEX
archivo *m*	file	U9_7A
área *m*	area	U3_2A
arena *f*	sand	U3_4A
arepa *f*	arepa	U7_9A
argentino/a	Argentinian	U1_3A
árido/a	arid	U3_LEX
arma *m*	weapon	U3_2A

arroz m	rice	U7_LEX
arquitecto/a	architect	U1_6
arquitectura f	architecture	U1_3A
arte m	art	U1_1A
artesanal	artisanal	U4_1A
artesanía f	crafts	U4_1A
artista	artist	U5_4A
asado/a	roasted	U7_7A
Asia	Asia	U3_LEX
aspecto físico m	physical feature	U5_14A
aspecto m	aspect	U3_11B
Asunción	Asuncion	U3_13A
atención	take note	U4_14A
atender (ie)	to look after	U9_3A
atento/a	attentive	U9_5A
atlántico/a	Atlantic	U3_6A
atractivo/a	attractive	U8_7A
atraído/a	attracted	U9_3A
atún m	tuna	U7_2A
autobús m	bus	U3_4A
automático/a	automatic	U8_2A
autónomo/a	self-employed	U3_2A
avenida f	avenue	U8_3A
aventurero/a	adventurous	U5_3C
avión m	plane	U6_GyC
azúcar m	sugar	U7_6A
azul	blue	U4_2A
azul claro	light blue	U4_13A

B

bailar	to dance	U2_2C
bailarín/ina	dancer	U5_LEX
baile m	dance	U6_10A
bajito/a	short	U5_9A
bajo m	ground floor	U9_1A
balalaica f	balalaika	U1_7A
banco m	bank	U1_LEX
bandera f	flag	U2_10B
bañador m	swimsuit	U4_3A
bañarse	to go for a swim	U9_GyC
baños m pl	bath	U1_1A
bar m	bar	U1_LEX
barato/a	cheap	U4_6C
barba f	beard	U5_9A
Barcelona	Barcelona	U3_8A
Bariloche	Bariloche	U4_12A
barrio m	neighbourhood	U8_1A
bastante	quite	U5_3C
basura f	rubbish	U8_2A
batería f	drums	U9_7A
bebida f	drink	U3_5A
bebida vegetal f	vegetable-based drink	U7_8A
beis	beige	U4_LEX
béisbol m	baseball	U3_5A
belga	Belgian	U1_6
Bélgica	Belgium	U5_GyC
Berlín	Berlin	U1_GyC

beso m	kiss	U9_2B
biblioteca f	library	U8_2A
bien	well	U2_5A
bien comunicado/a	well connected	U8_1A
bienvenidos/as	welcome	U1_1A
bife m	steak	U3_5A
bigote m	moustache	U5_9A
Bilbao	Bilbao	U5_3A
blanco/a	white	U4_2A
blog m	blog	U2_7B
bloguero/a	blogger	U1_6
bloque m	block	U8_7A
bloque de pisos m	block of flats	U8_7A
bocadillo m	sandwich	U7_2A
bocata m	sandwich (colloq.)	U7_2A
boda f	wedding	U4_13B
Bogotá	Bogota	U5_4A
bohemio/a	bohemian	U8_7A
bolígrafo m	pen	U0_5A
Bolivia	Bolivia	U3_11B
bolso m	bag	U4_1A
bonito/a	pretty	U3_4A
bossa nova f	bossa nova	U1_7C
Boston	Boston	U9_2B
botas f, pl	boots	U4_LEX
botella f	bottle	U7_4A
brasileño/a	Brazilian	U1_3A
Bruselas	Brussels	U8_8A
buen humor	good mood	U6_2A
buenas noches	goodnight	U0_3
buenas tardes	good afternoon	U0_3
buen, bueno/a	good	U2_5A
Buenos Aires	Buenos Aires	U0_4A
buenos días	good morning	U0_3
bufanda f	scarf	U4_LEX
buscar	to find	U2_6A

C

caballo m	horse	U3_5A
cacao m	cocoa	U3_14A
cada	every	U2_3A
Cádiz	Cadiz	U3_11B
café m	coffee	U3_2A
café con leche m	coffee with milk	U7_6A
café solo m	espresso	U7_4C
cafetal m	coffee plantation	U3_2A
cajero automático m	cash machine	U8_2A
calabacín m	courgette	U7_LEX
calabaza f	pumpkin	U7_LEX
calamar m	squid	U7_2A
calcetín m	sock	U4_13B
calidad f	quality	U3_2A
cálido/a	warm	U3_LEX
caliente	hot	U6_11B
calle f	street	U1_1A
calle peatonal f	pedestrian street	U8_3A
calmado/a	calm	U5_15C

alphabetical GLOSSARY

calor *m*	hot	U3_4A
calvo/a	bald	U5_LEX
camarero/a	waiter/waitress	U1_4A
camello *m*	camel	U3_9
camino *m*	road/journey	U3_1
Camino de Santiago *m*	Way of Saint James	U3_2A
camisa *f*	shirt	U4_2A
camiseta *f*	t-shirt	U4_2A
campamento *m*	camping	U5_8A
campo *m*	countryside	U3_2A
Canadá	Canada	U1_3B
canadiense	Canadian	U1_3A
canal de televisión *m*	television channel	U1_3C
canción *f*	song	U2_11B
canela *f*	cinnamon	U7_8A
cansado/a	tired	U6_2A
cantante	singer	U5_4A
cantar	to sing	U5_5A
cantidad *f*	amount	U3_6C
canto *m*	song	U6_LEX
caña *f*	small draught beer	U2_13A
capital *f*	capital	U3_1
Caracas	Caracas	U3_GyC
carácter *m*	personality	U5_14A
característica *f*	characteristics	U7_12A
cargador de móvil *m*	phone charger	U4_3A
Caribe	Caribbean	U3_8C
cariñoso/a	caring	U9_12C
carnaval *m*	carnival	U3_11B
carne *f*	meat	U3_5C
carné de conducir *m*	driving license	U4_4A
carné de identidad *m*	ID card	U4_3A
caro/a	expensive	U4_6A
carta *f*	menu	U7_GyC
Cartagena de Indias	Cartagena de Indias	U2_10B
casa *f*	house	U1_8C
casa rural *f*	house in the country	U9_3A
casado/a	married	U5_7C
casarse	to get married	U9_GyC
casco antiguo *m*	old town	U3_2A
casero/a	home-loving	U6_3A
casi	almost	U2_6A
casi nunca	almost never	U6_2A
casi siempre	almost always	U6_2A
castaño/a	chestnut-coloured	U5_9A
castañuelas *f, pl*	castanets	U3_GyC
castillo *m*	castle	U3_2A
catarata *f*	waterfall	U3_LEX
catedral *f*	cathedral	U3_2A
categoría *f*	category	U9_7A
cebolla *f*	onion	U7_2A
celebración *f*	celebration	U6_11A
celebrar	to celebrate	U6_8A
cena *f*	dinner	U4_4C
cenar	to have dinner	U2_2A
central	central	U3_2A
céntrico/a	central	U8_7A

centro *m*	centre	U3_2A
centro comercial *m*	shopping centre	U4_1A
Centroamérica	Central America	U3_GyC
cepillo de dientes *m*	toothbrush	U4_3A
cerca	nearby	U3_2A
cercano/a	nearby	U8_3A
cerdo *m*	pork	U7_LEX
cereales *m Pl*	grains	U7_LEX
cerrado/a	reserved	U5_LEX
cerro *m*	mountain	U3_5C
cerveza *f*	beer	U2_13A
ceviche *m*	ceviche	U3_GyC
champiñón *m*	mushroom	U7_GyC
champú *m*	shampoo	U4_3A
chaqueta *f*	jacket	U4_3A
chatear	to chat	U2_9A
chau	bye	U0_3
chico/a	boy/girl	U2_6A
Chile	Chile	U1_5A
China	China	U3_12A
chino *m*	Chinese	U2_LEX
chino mandarín *m*	Mandarin Chinese	U3_12A
chistorra *f*	chistorra	U7_1A
chocolate caliente *m*	hot chocolate	U7_12A
chocolate *m*	chocolate	U6_11B
chófer	chauffeur	U1_GyC
chorizo *m*	chorizo	U7_1A
churros *m, pl*	churros	U7_12A
científico/a	scientist	U1_3A
cinco	five	U3_4A
cine *m*	cinema	U1_1A
cinturón *m*	belt	U4_LEX
cirujano/a	surgeon	U1_6
cita *f*	appointment	U9_5A
ciudad *f*	city/town	U2_1A
ciudad colonial *f*	colonial city	U3_2A
Ciudad de México	Mexico City	U8_7E
ciudad universitaria *f*	university town	U3_2A
claro	of course	U5_14B
claro/a	light/clear	U4_13A
clase *f*	class	U2_4A
clásico/a	classic	U4_6C
clave *f*	key	U6_12A
cliente/a	customer	U4_9A
clima *m*	climate	U3_3B
cobre *m*	copper	U3_3B
coche *m*	car	U2_4A
cocido *m*	stew	U7_10A
cocido/a	baked	U7_7A
cocido madrileño *m*	Madrid stew	U7_12A
cocido montañés *m*	Cantabrian bean stew	U7_10A
cocinar	to cook	U2_2A
cocinero/a	chef	U1_3A
colocar	to place	U4_14A
Colombia	Colombia	U2_10B
colombiano/a	Colombian	U1_5A
colonia *f*	colony	U3_11B

Colonia Tovar	Colonia Tovar	U3_11B
colonial	colonial	U3_2A
color *m*	colour	U2_10B
comer	to eat	U3_5C
comercial	sales representative	U1_LEX
comerciante	shopkeeper	U9_11A
comida *f*	food	U2_1A
comilón/ona	food lover	U6_13A
como	like	U3_2A
cómo	how	U3_6A
¿cómo andas?	how are you doing?	U1_2A
¿cómo eres?	what are you like?	U6_2A
¿cómo estás?	how are you?	U0_3
¿cómo lo tomas?	how do you take it?	U7_6B
¿cómo se dice…?	how do you say…?	U0_5A
¿cómo se escribe …?	how do you spell…?	U0_6
¿cómo se pronuncia…?	how do you pronounce…?	U0_5A
¿cómo te llamas?	what is your name?	U0_1A
comodidad *f*	comfort	U9_3A
cómodo/a	comfortable	U4_2A
compañero/a de piso	flatmate	U9_2B
compañero/a de trabajo	work colleague	U2_3A
compartir	to share	U6_12A
competición *f*	competition	U9_10B
compi	flatmate (colloq.)	U9_7A
completamente	completely	U3_11B
composición *f*	composition	U9_6B
compositor/a	composer	U5_LEX
comprar	to buy	U4_9A
compras *f, pl*	shopping	U2_2A
comprender	to understand	U2_6A
compromiso *m*	engagement	U6_2A
común	common	U2_3A
comunicado/a	communicated	U8_1A
comunicarse	to communicate	U2_3A
comunicativo/a	talkative	U9_12C
comunidad autónoma *f*	autonomous community	U3_2A
comunitario/a	community	U8_7A
con	with	U1_3B
con mucho encanto	very charming	U8_LEX
¿con qué frecuencia…?	how often…?	U6_2A
¿con quién?	with whom?	U6_11A
concentrado/a	focused	U9_5A
concierto *m*	concert	U2_2C
concurso *m*	contest	U3_6A
cóndor *m*	condor	U3_6A
conducir *(zc)*	to drive	U4_4A
conductor/a	driver	U4_13A
conectar	to connect	U8_3A
confundir	to confuse	U9_5A
confuso/a	confused	U9_2B
conmigo	with me	U5_14A
conocer *(zc)*	to know	U5_14B

conocido/a	well-known	U3_2A
consistir	to consist of	U9_3A
construcción *f*	construction/building	U3_2A
contacto *m*	contact	U2_3A
contaminación *f*	pollution	U3_GyC
contenedor de basura *m*	waste container	U8_2A
contestar	to answer	U3_6A
contexto *m*	context	U2_3A
continuar	to continue	U9_2B
copa *f*	glass	U7_LEX
corbata *f*	tie	U4_13A
cordillera *f*	mountain range	U3_1
Coro	Coro	U3_14C
corrala *f*	interior courtyard	U8_7A
correo *m*	post	U1_4A
correo electrónico *m*	email	U1_6
corto/a	short	U4_2A
cosa *f*	thing	U2_12A
coser	to sew	U9_6C
costa *f*	coast	U3_4A
Costa Rica	Costa Rica	U2_9A
costar *(ue)*	to cost	U4_2A
costarricense	Costa Rican	U1_1A
creativo/a	creative	U9_4A
crédito *m*	loan	U4_3A
creer	to believe	U5_13B
crema *f*	cream	U4_3A
criar	to raise	U9_3A
cristal *m*	glass	U3_10A
croqueta *f*	croquette	U7_1A
cruasán *m*	croissant	U1_7A
crudo/a	raw	U7_7A
cuaderno *m*	exercise book	U0_5A
cuadrícula *f*	grid	U3_11B
¿cuál?	which one?	U3_6A
¿cuál es tu nombre?	what is your name?	U1_4B
¿cuál es tu número de teléfono?	what is your phone number?	U1_4B
cualidad *f*	strength/quality	U9_4A
cuando	when	U2_3A
¿cuántas horas…?	how many hours…?	U6_13D
¿cuánto cuesta?	how much does it cost?	U4_9A
¿cuánto es?	how much is it?	U7_4A
¿cuánto/a/os/as?	how much/how many?	U3_6A
¿cuántos años tienes?	how old are you?	U1_4B
cuatro	four	U6_11B
Cuba	Cuba	U0_4A
cubano/a	Cuban	U1_6
cuchara *f*	spoon	U7_LEX
cucharilla *f*	teaspoon	U7_LEX
cuchillo *m*	knife	U7_LEX
cuenta *f*	bill	U7_4A
cuidar	to take care of	U6_3A
cultural	cultural	U8_LEX
cumpleaños *m*	birthday	U4_4C
curso *m*	course	U2_2A

cuy *m*	Guinea pig	U3_GyC

D

dar clases	to give classes	U9_11C
darse cuenta	to realise	U9_5A
de	of	U1_1A
de acuerdo	all right	U7_6B
de cuadros	check	U4_5A
¿de dónde eres?	where are you from?	U1_4B
de estilo colonial	Colonial style	U8_11D
de fuera	from outside/foreign	U9_11A
de primero	for first course	U7_4A
de rayas	stripy	U4_2A
de segundo	for second course	U7_4A
de todas partes	from everywhere	U3_2A
de valor	valuable	U9_8A
decidir	to decide	U4_14A
decir *(i) (g)*	to say	U2_3A
decisión *f*	decision	U9_3A
declarado/a	declared	U3_14A
dedicar tiempo (a algo)	to spend time (on something)	U6_2A
defecto *m*	weakness/defect	U9_4A
definir	to define	U9_5A
dejar	to leave	U9_3A
dejarse algo	to forget something	U9_5A
del tiempo	at room temperature	U7_6A
delgado/a	thin	U5_LEX
demasiado/a	too much	U8_3A
deporte *m*	sport	U3_11B
deportista	athlete	U1_LEX
deportivo/a	sports	U4_3A
derecha *f*	right	U8_5A
desayunar	to have breakfast	U6_2A
descendiente	descendent	U3_11B
desconectar	to disconnect	U6_12A
desde	since/from	U3_2A
desde hace	since	U9_3A
desear	to want something	U4_9A
desfile *m*	parade	U6_8A
desierto *m*	desert	U3_3B
desorganizado/a	disorganised	U9_4A
despacho de abogados *m*	lawyers office	U1_LEX
despacho de arquitectura *m*	architects studio	U1_LEX
despedida *f*	goodbye	U0_5
despertarse *(ie)*	to wake up	U6_8A
despistado/a	absent-minded	U9_4A
después	after	U3_1
detallista	perfectionist	U9_CEL
día *m*	day	U3_4A
día siguiente *m*	next day	U6_8A
dialecto *m*	dialect	U3_12A
diario *m*	newspaper	U2_4A
dibujar	to draw	U9_6C
dicen	they say	U3_4A

dicen que...	they say that...	U6_3B
diferencia *f*	difference	U7_12A
diferente	different	U4_14A
dinámico/a	dynamic	U9_12C
dinero *m*	money	U4_3A
dirección *f*	address	U1_10B
director/a	director	U1_9C
diseñador/a grafico/a	graphic designer	U1_10B
diseñador/a de moda	fashion designer	U1_3A
disfrutar	to enjoy	U5_8A
distinto/a	different	U9_2B
divertido/a	fun	U5_3C
divorciado/a	divorced	U5_7C
documento *m*	document	U9_5A
dólar *m*	dollar	U3_6A
domingo *m*	Sunday	U6_1A
Domingo de Adviento	Advent Sunday	U6_11B
dónde	where	U6_11A
dormilón/ona	sleepyhead	U6_13A
dormir *(ue)*	to sleep	U4_13B
ducharse	to take a shower	U6_7A
dulce	sweet	U7_9C
durante	during	U6_2A

E

echar de menos	to miss	U9_3A
ecoaldea *f*	eco-village	U9_3A
económico/a	affordable	U8_7A
Ecuador	Ecuador	U3_GyC
edad *f*	age	U1_3D
edificio *m*	building	U3_2A
educativo/a	educational	U9_3A
eficiente	efficient	U9_12C
egoísta	selfish	U9_4A
ejercicio *m*	exercise	U2_7B
el / la	the	U0_6
el / la más	the most	U3_2A
electrónico/a	electronic	U1_4A
elefante *m*	elephant	U3_9
elegante	elegant	U4_2A
elegido/a	chosen	U5_14A
elegir *(j) (i)*	to choose	U9_2B
emblemático/a	iconic	U8_7A
embutido *m*	cured meat	U7_2A
empanada *f*	empanada	U3_3B
empezar	to start	U6_5B
empleado/a	employee	U4_13A
emprendedor/a	enterprising	U9_4A
empresa *f*	company	U1_LEX
empresa de telecomunicaciones *f*	telecommunications company	U1_LEX
empresa de transportes *f*	transport company	U1_LEX
en	in/on	U0_6

en cambio	on the other hand	U8_9C
en forma	in shape	U6_2A
en punto	o'clock	U6_GyC
¿en qué trabajas?	what do you do for a living?	U1_4B
en todo	entirely	U3_5A
en venta	for sale	U9_3A
enamorarse a primera vista	to fall in love at first sight	U9_8A
encantar	to love	U5_3A
encanto m	charm	U8_LEX
enchilada f	enchilada	U3_6A
energía f	energy	U6_2A
enfermería f	nursing	U9_12B
enfermero/a	nurse	U1_LEX
enfermo/a	ill	U9_11A
ensalada f	salad	U7_1A
ensalada mixta f	mixed salad	U7_3A
enseguida	coming right up	U7_4A
entrante m	starter	U7_12C
entre semana	during the week	U6_2A
entregar	to deliver	U6_13E
equipaje m	luggage	U9_7C
equipo m	team	U3_5A
equivocarse	to be wrong about	U9_5A
escolar	school	U4_13A
escribir	to write	U5_3A
escuchar	to listen to	U2_2A
escuela f	school	U1_1A
escultura f	sculpture	U2_10B
ese/a	this	U0_4C
España	Spain	U0_4A
español m	Spanish	U0_2A
especial	special	U4_15B
especializado/a	specialised	U7_6A
espectacular	spectacular	U9_3A
esperar	to wait	U5_3A
espinaca f	spinach	U7_3A
esquí m	skiing	U1_1A
esquiar	to ski	U9_6C
esquina f	corner	U8_5A
establecimiento m	establishment	U7_GyC
estación de metro f	metro station	U8_2A
estación de taxis f	taxi rank	U8_LEX
estación de tren f	train station	U8_LEX
estadio de fútbol m	football stadium	U3_GyC
estado m	state	U3_6A
estadounidense	American	U1_GyC
estampado/a	with a print	U4_2A
estar	to be	U2_3A
estar en contacto con	to be in contact with	U2_3A
esta nublado	it is cloudy	U3_8A
este m	this	U3_LEX
este/a/o	this	U0_6
estilo m	style	U8_11D
estilo de vida m	lifestyle	U9_3A
estrecho/a	narrow	U3_10A
estrés m	stress	U9_3A

estuche m	pencil case	U0_5A
estudiante	student	U1_3A
estudios m, pl	studies	U9_11B
euro m	euro	U3_6A
Europa	Europe	U3_LEX
exclusivo/a	exclusive	U4_15B
excursión f	hiking/trip	U2_2A
existir	to exist	U2_3A
éxito m	success	U6_12A
exitoso/a	successful	U6_12A
exmarido m	ex-husband	U5_7C
exmujer f	ex-wife	U5_LEX
experiencia f	experience	U9_7B
exposición f	exhibition	U2_2A
expresión f	expression	U1_10A
extinguido/a	extinct	U9_3A
extranjero m	abroad	U4_4A
extrovertido/a	extroverted	U5_3C

F

fabuloso/a	fabulous	U3_6A
fácil	easy	U4_2A
factor solar	solar factor	U4_9A
falda f	skirt	U4_2A
familia f	family	U1_8C
familiar	family member	U5_8A
famoso/a	famous	U3_2A
farmacéutico/a	pharmacist	U4_9A
farmacia f	pharmacy	U8_6B
farola f	lamppost	U8_LEX
fatal	awful	U5_5A
favorito/a	favourite	U3_4A
febrero	February	U3_4A
femenino/a	feminine	U2_4B
fenómeno m	phenomenon	U2_3A
feo/a	ugly	U4_6C
feria f	fair	U6_8A
festival de música m	music festival	U4_10A
fideos m, pl	noodles	U7_4A
fiesta f	party	U3_6A
fiestero/a	party animal	U6_3A
figura f	figure	U6_11B
fin de semana m	weekend	U6_1A
final m	end	U3_2A
físico/a	physical	U5_14A
flamenco m	flamenco	U1_7A
flan m	egg custard	U7_3A
flor f	flower	U6_8A
forma f	shape	U3_11B
foto f	photo	U2_LEX
fotografía f	photography	U5_3A
fotógrafo/a	photographer	U9_LEX
francés/esa	French	U1_3A
frecuencia f	frequency	U6_2A
fresa f	strawberry	U7_5C
fresco/a	fresh	U7_2A
frijoles m, pl	beans	U7_LEX

frío/a	cold	U3_3B
frito/a	fried	U7_3A
fruta *f*	fruit	U7_3A
fruta de temporada *f*	seasonal fruit	U7_3A
frutos secos *m, pl*	nuts	U7_5C
fuera	outside	U6_9D
fumar	to smoke	U6_3A
fundado/a	founded	U3_2A
fundamental	fundamental	U7_7A
fútbol *m*	football	U2_LEX
futuro *m*	future	U2_12A

G

gafas de sol *f, pl*	sunglasses	U4_3A
galería *f*	shopping centre	U4_1A
Galicia	Galicia	U3_2A
galleta *f*	biscuit	U6_11B
gamba *f*	prawn	U7_1A
ganar	to win	U3_6A
ganar un premio	to win a prize	U9_8A
garbanzos *m, pl*	chickpeas	U7_LEX
gas *m*	petrol	U7_4A
gasolinera *f*	petrol station	U8_LEX
gasto *m*	expense	U9_2B
gastronómico/a	culinary	U4_12A
gazpacho *m*	gazpacho	U7_4A
gel de baño *m*	shower gel	U4_3A
generoso/a	generous	U9_4A
gente *f*	people	U2_13B
geográfico/a	geographical	U8_9A
geólogo/a	geology	U9_2B
gimnasio *m*	gym	U1_LEX
ginecólogo/a	gynaecologist	U1_6
girar	to turn	U8_6C
girasol *m*	sunflower	U7_LEX
golf *m*	golf	U5_GyC
gordo/a	fat	U5_LEX
gorra *f*	cap	U4_5A
gorro *m*	hat	U4_LEX
Gotemburgo	Gothenburg	U3_8B
gracias	thank you	U0_6
gramática *f*	grammar	U2_7B
gran	big	U5_3A
Gran Canaria	Gran Canaria	U3_11B
Granada	Granada	U3_2A
grande	big	U3_GyC
gris	grey	U4_5A
grueso/a	thick	U4_13B
grupo (de música) *m*	band/music group	U5_3A
guacamole *m*	guacamole	U7_GyC
guaraní *m*	Guaraní	U3_10A
Guatemala	Guatemala	U3_GyC
guía de viaje *f*	travel guide	U4_12C
guía	guide	U4_12C
guionista	scriptwriter	U1_9C
guisado/a	stewed	U7_7A
gustar	to like	U5_3A
gusto musical *m*	music taste	U5_11A

H

habilidad *f*	ability	U9_7B
habitante	inhabitant	U3_2A
habitual	regular	U6_2A
habla hispana *f*	Spanish speaking	U2_8A
hablador/a	talkative	U5_3C
hablar	to talk	U0_2A
hacer (g)	to do/to make	U2_7B
hacer autoestop	to go hitch-hiking	U9_7C
hace calor	It is hot	U3_8A
hacer ejercicios	to do exercises	U2_7B
hace frío	It is cold	U3_8A
hacer la cama	to make the bed	U6_7A
hace sol	It is sunny	U3_8A
hace viento	It is windy	U3_8A
hamburguesa *f*	hamburger	U7_3A
harina *f*	flour	U7_LEX
hasta	until	U3_2A
hasta luego	see you later	U0_3
hasta pronto	see you soon	U0_3
hay	there is/are	U3_2B
hecho/a	made	U4_15B
helado *m*	ice cream	U7_5A
hermano/a	brother/sister	U4_14D
hielo *m*	ice	U7_6A
higiene *f*	hygiene	U4_1A
hijo/a	son/daughter	U5_2A
hijo/a único/a	only child	U5_7C
hispanoamericano/a	Hispanic American	U2_8A
hispanohablante	Spanish speaker	U2_8A
historia *f*	history	U2_1A
histórico/a	historical	U2_2A
hoja de papel *f*	sheet of paper	U0_5A
hola	hello	U0_1A
hombre	man	U1_2A
hombre/ mujer de negocios	businessman/businesswoman	U4_13A
Honduras	Honduras	U0_4A
hora *f*	time/hour	U6_1A
hora de cenar *f*	dinner time	U6_1A
horario *m*	schedule	U6_2A
horno *m*	oven	U7_3A
hortaliza *f*	vegetable	U7_2A
hospital *m*	hospital	U1_LEX
hospitalidad *f*	hospitality	U8_9A
hostelero/a	hotelier	U9_11A
hotel *m*	hotel	U1_1A
hoy	today	U3_4A
huerto *m*	vegetable garden	U9_3A
huevo *m*	egg	U7_2A
humanidad *f*	humanity	U3_2A
húmedo/a	humid	U3_4A
humor *m*	mood	U6_2A
humus *m*	hummus	U7_2C

I

ibérico/a	Iberian	U3_2A
idea f	idea	U2_5A
ideal	ideal	U1_1A
identidad f	identity	U4_3A
idioma m	language	U2_2C
iglesia f	church	U3_2A
impaciente	impatient	U9_4A
importante	important	U3_1
impuntual	late	U9_4A
increíble	incredible	U3_4A
independencia f	independence	U8_3A
independiente	independent	U5_4A
indio/a	Indian	U7_1C
infografía f	infographic	U6_12A
información f	information	U2_11A
informático/a	computer technician	U5_14B
infusión f	tea	U3_GyC
ingeniero/a	engineer	U1_6
Inglaterra	England	U3_8C
inglés/esa	English	U1_3E
ingrediente m	ingredient	U7_2C
iniciativa f	initiative	U9_3A
insociable	unsociable	U9_LEX
instrumento musical m	musical instrument	U3_GyC
intelectual	intellectual	U6_3A
inteligente	intelligent	U5_LEX
intentar	to try	U9_5A
intercambio m	exchange	U2_LEX
interés turístico m	tourist interest	U3_2A
interesante	interesting	U2_5A
interior m	interior	U4_3A
intermediario/a	intermediary	U9_11A
internacional	international	U1_1A
internet	internet	U2_11A
invierno m	winter	U3_8B
invitado/a	guest	U5_14B
ir a	to go to	U0_6
ir de compras	to go shopping	U2_2A
ir de viaje	to go travelling	U4_4A
irlandés/esa	Irish	U2_6A
irresponsable	irresponsible	U9_4A
irse	to leave	U6_5A
isla f	island	U3_1
italiano/a	Italian	U1_GyC
izquierda f	left	U8_5A

J

Jaca	Jaca	U3_8A
jaguar m	jaguar	U3_6A
jamón m	ham	U7_1A
jamón serrano m	Serrano ham	U7_2A
jamón york m	boiled ham	U7_2A
Japón	Japan	U9_GyC
japonés/esa m	Japanese	U0_6

jazz m	jazz	U5_4A
jefe/a	boss	U1_6
jersey m	jumper	U4_5A
jornada f	day	U9_3A
joven	young	U8_7A
judías f pl	green beans	U7_LEX
jueves m	Thursday	U6_1A
juez/a	judge	U1_6
jugar (ue)	to play	U2_2A
juntos/a	together	U6_8A
justificar	to explain	U7_12A
justo	exact	U8_6C

K

karaoke m	karaoke	U5_6A
kazajo m	Kazakh	U2_12B
Kenia	Kenya	U0_4A
kétchup m	ketchup	U7_2A
kilómetro m	kilometre	U3_11B

L

La Habana	Havana	U3_2A
La Plata	La Plata	U3_11B
laboral	working	U8_9A
laboratorio m	laboratory	U1_3A
lácteo m	dairy	U7_2A
lago m	lake	U3_5A
largo/a	long	U3_1
lasaña f	lasagne	U7_3A
latino/a	Latin	U5_4A
Latinoamérica	Latin America	U3_2A
latinoamericano/a	Latin American	U2_8A
lavarse	to wash	U6_7A
leche f	milk	U7_6A
lechuga f	lettuce	U7_2A
leer	to read	U2_2A
legumbres f, pl	legumes	U7_LEX
lejos de	far from	U8_5A
lengua f	language/tongue	U0_2A
lengua materna f	mother tongue	U5_3A
lentejas f, pl	lentils	U7_4A
levantarse	to get up	U6_1A
libro m	book	U0_5A
lila	purple	U4_LEX
Lima	Lima	U8_7E
limón m	lemon	U7_6A
limpieza f	cleanliness	U8_9A
limpio/a	clean	U8_LEX
lindo/a	cute	U3_6A
lingüista	linguist	U1_6
liso/a	straight	U5_LEX
lista f	list	U9_5A
literatura f	literature	U2_1A
llamado/a	called	U3_2A
llamarse	to be called	U3_2A
llave f	key	U9_2B

llegar	to arrive	U3_2A
llevar	to wear	U4_2A
llevar	to have	U7_2A
llevarse	to take	U4_9A
llover (ue)	to rain	U3_4A
lluvioso/a	rainy	U3_6A
lo que más	the most	U8_4D
lo que menos	the least	U8_4D
lo siento	I'm sorry	U0_6
Londres	London	U5_2B
luego	later	U3_4A
lugar m	place	U1_4B
lunes m	Monday	U3_4A
luz f	light	U5_2A

M

macarrones m, pl	macaroni	U7_GyC
madre f	mother	U5_2A
Madrid	Madrid	U2_6A
madrileño/a	person from Madrid	U7_12A
madrugar	to get up early	U6_2A
maestro/a	teacher	U9_4C
mágico/a	magical	U2_10B
maíz m	corn	U2_10B
mal comunicado	poorly connected	U8_1A
Málaga	Malaga	U1_1A
maleta f	suitcase	U4_6C
Mallorca	Majorca	U3_8C
manera	way	U7_7A
manga corta f	short sleeve	U4_2A
manga larga f	long sleeve	U4_2A
maniático/a	fanatical	U6_9A
mano f	hand	U4_1B
manzana f	apple	U7_LEX
mañana	morning	U3_4A
mapa m	map	U3_1
mapamundi m	world map	U3_1
mar m, f	sea	U5_3A
marca f	brand	U4_2A
marido m	husband	U5_7A
marinero/a	sailor	U8_10B
mariposa f	butterfly	U3_11B
marisco m	seafood	U7_LEX
marrón	brown	U4_2A
marroquí	Moroccan	U1_3A
martes m	Tuesday	U6_LEX
marzo	March	U3_11B
más	more	U2_3A
más alto	louder	U0_6
más de uno/una	more than one	U2_3A
más despacio	slower	U0_6
más poblado/a	most populated	U3_2A
masa f	dough/pastry	U7_9C
masculino/a	masculine	U2_4B
mate m	mate	U3_5A
material reciclado	recycled material	U4_15B
materno/a	maternal	U5_3A

máximo	maximum	U4_14A
maya	Mayan	U3_4A
mayonesa f	mayonnaise	U7_2A
mayor	biggest	U3_2A
mayoría f	majority	U6_2A
me encanta	I love	U5_3A
me gusta	I like	U5_3A
me llaman..	they call me...	U1_2C
me llamo...	my name is...	U0_1A
me parece	It seems to me	U5_14C
¿me pone un café?	can I get a coffee?	U7_4A
media hora	half an hour	U6_1A
medicamento m	medicine	U4_3A
médico/a	doctor	U1_6
medio/a	half	U3_2A
mediodía m	midday	U6_LEX
meditación f	meditation	U9_3A
meditar	to meditate	U6_12A
mejor	better	U2_6A
mejorar	to improve	U2_6A
Menorca	Menorca	U5_8A
menos	less	U4_11
menos cuarto	quarter to	U6_4A
mensaje m	message	U2_LEX
mentir (ie)	to lie	U9_8A
menú m	menu	U7_3A
mercadillo m	flea market	U4_1A
mercado m	market	U3_2A
mercado laboral m	labour market	U8_9A
Mérida	Merida	U3_14C
merluza f	hake	U7_4A
mes m	month	U3_11B
mesa f	table	U0_5A
metro m	metro	U1_1A
mexicano/a	Mexican	U5_3A
México	Mexico	U3_4A
mi	my	U5_1A
mi amor	my love	U1_2B
mi nombre es...	my name is...	U1_3A
Michoacán	Michoacan	U3_11B
miel f	honey	U7_8A
miércoles m	Wednesday	U6_1A
milanesa f	breaded meat dish	U7_3A
miles	thousands	U3_2A
millón	million	U3_2A
minuto m	minute	U6_2A
mire	look	U4_9A
mismo/a	same	U3_2A
mixto/a	mixed	U7_3A
mochila f	backpack	U0_5A
moda f	fashion	U1_3A
modelo	model	U1_GyC
moderno/a	modern	U4_6C
modo m	way	U3_6C
molino de viento m	windmill	U3_9
momento m	moment	U6_1A
moneda f	currency	U3_2A
montaña f	mountain	U3_1

montañés/esa	mountain	U7_10A
montar	to set up	U9_3A
Montevideo	Montevideo	U3_13A
monumento m	landmark	U3_2A
moreno/a	dark-haired	U5_9A
mostaza f	mustard	U7_2A
móvil m	mobile	U1_4B
mucho	a lot	U2_11B
muchos/as	many/a lot of	U2_7B
mueble m	furniture	U8_8A
mujer f	woman	U4_2A
mundo m	world	U2_3A
mundo hispano m	Hispanic world	U3_7A
museo m	museum	U1_1A
música f	music	U2_1A
música clásica f	classical music	U5_4A
música electrónica f	electronic music	U5_4A
música en vivo f	live music	U5_6A
música independiente f	indie music	U5_4A
música pop f	pop music	U4_10A
música soul f	soul music	U5_4A
musical	musical	U3_GyC
músico/a	musician	U5_2A
muy	very	U2_5A

N

nacer (zc)	to be born	U3_GyC
nachos m, pl	nachos	U7_1A
nacimiento m	birth	U5_2A
nacional	national	U2_10B
nacionalidad f	nationality	U1_3D
nada f	nothing	U2_1A
nadar	to swim	U9_6C
naranja f	orange	U7_LEX
naranja	orange	U4_LEX
nativo/a	native	U2_LEX
natural	natural	U2_3A
naturaleza f	nature	U2_1A
Navarra	Navarre	U9_11A
Navidad f	Christmas	U6_11B
navideño/a	Christmas	U6_11B
necesitar	to need	U9_11A
negocio m	business	U4_13A
negro/a	black	U3_4A
neorrural m	neorural	U9_3A
nervioso/a	nervous	U9_LEX
nevado/a	snow-covered	U3_1
nevar (ie)	to snow	U3_5C
ni	neither	U5_13B
nicaragüense	Nicaraguan	U1_6
nieto/a	grandson/granddaughter	U5_7A
ningún, ninguno/a	none	U8_4C
niño/a	boy/girl	U5_12B
¿no?	right?	U3_5C
no	no	U0_6
no es un problema	it is not a problem	U6_2A

no hay	there is no/there are no	U8_10A
no importa	it does not matter	U3_4A
no sé	I don't know	U3_9
noche f	night	U2_2A
nocturno/a	night	U8_3A
nombre m	name	U1_3C
noreste m	north east	U3_LEX
normal	normal	U5_3C
normalmente	normally	U2_4B
noroeste m	north west	U3_2A
norte m	north	U3_3B
Norteamérica	North America	U3_10A
nosotros/as	we	U2_11B
novela f	novel	U9_10A
noviembre	November	U3_11B
novio/a	boyfriend/girlfriend	U2_9A
nube f	cloud	U3_8A
nuestro/a	our	U6_10A
Nueva York	New York	U9_2B
nuevo/a	new	U2_5A
número m	number	U1_4B
nunca	never	U3_14A
nunca antes	never before	U6_2A

O

objeto m	object	U4_14A
obrero/a	worker	U8_7A
ocasión especial f	special occasion	U4_15B
Oceanía	Oceania	U3_LEX
océano m	ocean	U3_LEX
Océano Atlántico	Atlantic Ocean	U3_LEX
Océano Índico	Indian Ocean	U3_LEX
Océano Pacífico	Pacific Ocean	U3_LEX
ocurrir	to happen	U6_5B
odiar	to hate	U6_2A
oeste m	west	U3_5A
oferta cultural f	cultural offerings	U8_LEX
oficial	official	U3_3B
oficina f	office	U6_14A
oficina de correos f	post office	U8_LEX
ojo m	eye	U5_LEX
oliva f	olive	U7_LEX
olvidar	to forget	U9_5A
ópera f	opera	U5_5A
opinar	to have an opinion on	U9_2B
orden m	order	U6_11A
ordenador m	computer	U0_5A
ordenador portátil m	laptop	U4_3B
organizado/a	organised	U6_9A
organizar	to organise	U9_3A
origen m	origin	U1_4B
original	original	U4_6C
oso m	bear	U3_9
Otavalo	Otavalo	U4_1A
otoño m	autumn	U3_8B
otro/a	other	U0_2A

alphabetical GLOSSARY

P

paciente	patient	U9_4A
Pacífico *m*	Pacific	U3_4A
padre *m*	father	U5_1A
paella *f*	paella	U2_13A
página *f*	page	U0_6
página web *f*	website	U2_7B
país *m*	country	U2_3A
paisaje *m*	countryside	U9_3A
palabra *f*	word	U1_10A
palacio *m*	palace	U3_2A
Palma de Mallorca	Palma de Mallorca	U4_1A
palmera *f*	palm tree	U3_9
pan *m*	bread	U7_1A
pan blanco *m*	white bread	U7_LEX
pan integral *m*	wholemeal bread	U7_LEX
Panamá	Panama	U7_9A
pantalón *m*	trousers	U4_3A
pantalones cortos *m, pl*	shorts	U4_3A
papelera *f*	bin	U0_5A
para	for/in order to	U2_9A
para empezar	to start	U7_3A
para mí	for me	U4_2B
parada de autobús *f*	bus stop	U8_2A
paraguas *m*	umbrella	U9_5A
Paraguay	Paraguay	U3_GyC
pareja *f*	partner	U5_LEX
París	Paris	U1_GyC
parking *m*	car park	U8_2A
parque *m*	park	U2_10B
parque nacional *m*	national park	U2_10B
participar	to participate	U6_8A
particular	particular	U6_8A
pasaporte *m*	passport	U4_4A
pasar	to spend	U2_8A
pasar de largo	to go by	U9_5A
paseo *m*	walk	U4_12A
paseo a caballo *m*	horse riding	U4_12A
pasión *f*	passion	U5_3A
pasta *f*	pasta	U7_1C
pasta de dientes *f*	toothpaste	U4_3A
pastor/a	shepherd	U9_3A
patata *f*	potato	U7_1A
patatas bravas *f, pl*	patatas bravas	U7_3A
patatas fritas *f, pl*	chips	U7_12A
patinar	to skate	U9_10B
patio *m*	patio	U8_7A
patio interior *m*	interior patio	U8_7A
patrimonio *m*	heritage	U3_2A
Patrimonio de la Humanidad *m*	World Heritage Site	U3_14A
pausa *f*	break	U6_14A
peatonal	pedestrian	U8_2A
pedir *(i)*	to ask for/to order	U7_2A
peine *m*	comb	U4_3A
Pekín	Beijing	U3_12A

película *f*	film	U2_3A
pelo *m*	hair	U4_3A
pelo corto *m*	short hair	U5_9A
pelo largo *m*	long hair	U5_9A
pelo liso *m*	straight hair	U5_LEX
pelo rizado *m*	curly hair	U5_9A
peluquero/a	hairdresser	U9_4C
península *f*	peninsula	U3_2A
Península Ibérica *f*	Iberian peninsula	U3_2A
pepián *m*	pepián	U3_4A
pepino *m*	gherkin	U7_2A
pequeño/a	small	U3_11B
perder *(ie)*	to lose	U9_2B
perdone	excuse me	U7_4A
peregrinaje	pilgrimage	U3_2A
peregrino/a	pilgrim	U3_2A
perezoso/a	lazy	U6_9A
perfecto/a	perfect	U7_12C
periódico *m*	newspaper	U1_LEX
periodista	journalist	U1_3A
permitir	to allow	U3_2A
pero	but	U3_4A
perro *m*	dog	U6_1A
personalidad *f*	personality	U9_7B
Perú	Peru	U2_8A
pescado *m*	fish	U7_2A
pescador/a	fisherman/fisherwoman	U8_10B
peso *m*	peso	U3_3B
petróleo *m*	oil	U3_GyC
piano *m*	piano	U9_6B
picar	to grab a snack	U7_1C
pijama *m*	pyjamas	U4_13B
piso *m*	flat	U8_7A
pista de esquí *f*	ski slope	U3_9
pizarra *f*	blackboard	U0_5A
pizza *f*	pizza	U1_7A
plan *m*	plan	U2_12A
planeta *m*	planet	U3_7A
planificado/a	planned	U3_11B
plantación *f*	plantation	U3_2A
plantar	to plant	U9_3A
plástico *m*	plastic	U8_6B
plátano *m*	banana	U7_5C
plato *m*	dish	U2_11A
plato principal *m*	main course	U7_3A
plato único	single course	U7_12A
playa *f*	beach	U0_6
plaza *f*	square	U3_2A
pleno/a	full	U6_2A
plurilingüe	plurilingual	U2_3A
población *f*	population	U3_2A
poblado/a	populated	U3_2A
poco/a	little	U3_2A
podcast *m*	podcast	U2_LEX
poder *(ue)*	to can	U0_6
podríamos	we could	U0_6
poema *m*	poem	U5_10A
poesía *f*	poetry	U9_2B

policía	police	U1_GyC
polideportivo m	sports centre	U8_2A
polifacético/a	well-rounded	U9_12C
pollo m	chicken	U7_2A
poner (g)	to put	U7_4A
pop latino m	Latin pop	U5_4A
pop-rock m	pop rock	U5_4A
popular	popular	U3_6A
por eso	for that reason	U3_11B
por favor	please	U0_6
por fin	finally	U3_1
por la mañana/	in the morning/at night	
noche		U6_2A
¿por qué?	why?	U2_12A
porque	because	U2_9C
portátil	laptop	U4_3B
portugués/esa	Portuguese	U1_GyC
postal f	postcard	U2_11A
postre m	dessert	U7_3A
práctica f	practice	U6_12A
practicar	to practice	U2_6A
práctico/a	practical	U4_6C
precio m	price	U4_9A
precioso/a	beautiful	U3_4A
preferencia f	preference	U6_2A
preferido/a	favourite	U5_2A
preferir (ie)	to prefer	U4_GyC
pregunta f	question	U3_6A
preguntar	to ask	U1_4B
premio m	prize	U6_13A
prenda f	item of clothing	U4_15B
preparar	to prepare	U6_8A
primavera f	spring	U3_8B
primero/a	first	U3_2A
primo/a	cousin	U5_1A
principal	main	U7_3A
probar	to try	U7_12C
producción f	production	U3_2A
producto m	product	U3_3B
productor m	producer	U3_7A
profesión f	profession	U1_3D
profesor/a	teacher	U1_3A
programa	education programme	
educativo m		U9_3A
pronto	soon	U6_11B
pronunciación f	pronunciation	U2_LEX
proponer (g)	to suggest	U7_11B
proyecto m	project	U9_11A
proyector m	projector	U0_5A
psicólogo/a	psychologist	U1_6
publicidad f	advert	U1_LEX
público/a	public	U6_14A
pueblo m	village	U2_1A
puerto m	port	U8_1A
pues	so	U4_9A
pulsera f	bracelet	U4_LEX
punto m	point	U3_2A
puntual	punctual	U6_9D

Q

¿qué?	what?	U2_12A
que	that	U0_6
¡qué bien!	that's great!	U2_6A
¿qué desea?	what do you want?	U4_9A
¿qué día es?	what day is it?	U6_11A
¿qué hora es?	what time is it?	U6_5A
¿qué opinas?	what do you think?	U9_2B
¿qué significa...?	what does ... mean?	U0_5A
¡qué suerte!	lucky you!	U9_GyC
¿qué tal?	how are you?	U0_4
¿qué tipo de...?	what type of...?	U5_4A
quechua m	quechua	U3_GyC
quedar con alguien	to meet up with someone	U6_14C
quemar	to burn	U9_5A
querer (ie)	to want/to love	U2_2A
queso m	cheese	U7_1A
queso fresco m	fresh cheese	U7_2A
¿quién es?	who is it?	U1_2A
quince	fifteen	U4_13A
Quito	Quito	U0_4A

R

radio f	radio	U2_LEX
rambla f	boulevard	U8_3A
raro/a	strange	U6_9A
rastro m	flea market	U4_1A
realismo m	realism	U2_10B
recepcionista	receptionist	U9_4C
reciclar	to recycle	U4_15B
recomendable	recommended	U7_GyC
recomendación f	recommendation	U8_3A
reconocimiento	acknowledgement	U3_2A
redes sociales f, pl	social media	U1_9B
refresco m	soft drink	U7_6A
regalo m	present	U9_CEL
reguetón m	Reggaeton	U5_4A
relajado/a	relaxed	U9_3A
relleno/a	filled	U7_9C
remolacha f	beetroot	U7_LEX
reparar	to repair	U9_7A
repetir (i)	to repeat	U0_6
repoblar (ue)	to repopulate	U9_3A
República	Dominican Republic	
Dominicana		U3_2B
res f	beef	U7_LEX
reserva natural f	nature reserve	U3_11B
residencia f	residence	U2_12A
residencial	residential	U8_11D
responsable	responsible	U9_4A
respuesta f	answer	U6_2A
restaurante m	restaurant	U1_1A
restos m	remains	U3_2A
resultado m	result	U6_2A
reunirse	to get together	U6_8A
revisión médica f	medical check-up	U9_11A

alphabetical GLOSSARY

revista *f*	magazine	U2_4A
ribera *f*	riverbed	U8_3A
río *m*	river	U3_LEX
Río de Janeiro	Rio de Janeiro	U5_14B
rizado/a	curly	U5_9A
robar	to steal	U5_2A
roca *f*	rock	U3_2A
rojo/a	red	U4_6A
romántico/a	romantic	U5_15C
ropa *f*	clothes	U1_10B
ropa interior *f*	underwear	U4_3A
rosa	pink	U4_2A
rosario *m*	rosary	U3_11B
rubio/a	fair-haired	U5_9A
ruidoso/a	noisy	U8_1A
ruinas *f, pl*	ruins	U3_4A
rural	rural	U9_3A
ruso *m*	Russian	U2_LEX
ruta gastronómica *f*	food tour	U4_12A
rutina *f*	routine	U6_12A

S

sábado *m*	Saturday	U2_2C
saber	to know	U5_2A
sabor *m*	taste	U7_8A
Sáhara	Sahara	U3_8C
sal *f*	salt	U3_11B
salado/a	savoury	U7_9C
salar *m*	salt flat	U3_11B
salchichas *f, Pl*	sausages	U7_LEX
salir *(g)*	to go out	U2_2A
salir a cenar	to go out for dinner	U2_2C
salir con amigos	to go out with friends	U2_2C
salir de noche	to go out at night	U2_2C
salir en la tele	to be on TV	U9_8A
salmón *m*	salmon	U7_3A
salsa *f*	sauce	U7_LEX
salsa brava *f*	spicy sauce	U7_12A
salteado/a	sautéed	U7_7A
salto *m*	waterfall	U3_14C
saludar	to greet	U9_5A
saludo *m*	greeting	U0_3
San Francisco	San Francisco	U5_2A
San Sebastián	San Sebastian	U3_8A
sandalias *f, pl*	sandals	U4_3A
sano/a	healthy	U6_3A
Santander	Santander	U3_8A
Santiago	Santiago	U3_2A
santuario *m*	sanctuary	U3_11B
Sarabarri	Sarabarri	U9_11A
secador de pelo *m*	hair dryer	U4_3A
seco/a	dry	U3_3B
secretario/a	secretary	U1_LEX
seguir *(i)*	to follow	U8_5A
segunda mano	second hand	U4_1B
segundo/a	second	U3_1
seguridad *f*	safety	U8_9A

seguro/a	safe	U3_2A
selva *f*	jungle	U3_4A
semáforo *m*	traffic light	U8_LEX
semana *f*	week	U3_4A
seminario *m*	seminar	U5_1A
sencillo/a	simple	U4_2A
sensible	sensible	U5_15C
sentirse *(ie)*	to feel	U6_2A
sentirse cansado/a	to feel tired	U6_2A
sentirse con sueño	to feel sleepy	U6_2A
señor/a	man/woman	U1_2A
señor/a mayor	elderly man/woman	U5_12B
septiembre	September	U5_8A
ser	to be	U2_3A
ser alérgico/a	to be allergic	U7_3B
serie *f*	series	U2_3A
serio/a	serious	U5_LEX
serpiente *f*	snake	U3_6A
servicio *m*	service	U8_1A
servilleta *f*	napkin	U7_LEX
servir	to serve	U6_5B
sevillano/a	person from Seville	U8_3A
sí	yes	U0_6
Siberia	Siberia	U3_8C
siempre	always	U2_5A
siesta *f*	siesta	U6_13D
siglo	century	U3_2A
significar	to mean	U1_1B
siguiente	next	U6_2A
silla *f*	chair	U0_5A
silletero/a	Silletero (Colombian flower vendors)	U6_8A
similar	similar	U8_7A
simpático/a	kind	U3_4A
sin	without	U7_6A
sitio *m*	place	U8_3A
situación geográfica *f*	geographical location	U8_9A
situado/a	located	U3_2A
snowboard *m*	snowboarding	U1_1A
sobrasada *f*	sobrassada	U7_2B
sobre	about	U3_6A
sobre todo	above all	U7_6B
sobrino/a	nephew/niece	U5_1A
sociable	sociable	U5_3C
sol *m*	sun	U1_1A
solar	sun	U4_3A
soledad *f*	solitude	U2_1A
solo	alone	U5_8A
soltero/a	single	U5_7C
sopa *f*	soup	U7_3A
sostenible	sustainable	U4_15B
soy	I am	U1_3A
soy yo	It's me	U1_2A
su	its	U3_1
sucio/a	dirty	U8_4A
sueño *m*	sleepy	U6_2A
suficiente	enough	U7_7A

suizo/a	Swiss	U1_6
supermercado m	supermarket	U1_LEX
sur m	south	U3_3B
sureste m	south east	U3_2A
surf m	surfing	U4_12A
suroeste m	south west	U3_LEX
sushi m	sushi	U1_7A

T

tableta f	tablet	U0_5A
taco m	taco	U7_9A
Tacuarembó	Tacuarembo	U3_13A
Tailandia	Thailand	U3_12C
talla f	size	U4_2A
taller m	workshop	U1_3C
tamal m	tamale	U3_4A
también	too	U1_5A
tampoco	either	U5_5A
tango m	tango	U1_7
Tanzania	Tanzania	U3_10B
tapa f	tapa	U2_13A
tapón m	earplugs	U4_3B
tarde	afternoon	U0_6
tarde-noche f	evening	U6_2A
Tarifa	Tarifa	U3_8A
tarjeta f	card	U4_3A
tarjeta de crédito f	credit card	U4_3A
tarta f	cake	U7_5C
taxi m	taxi	U1_1A
taza f	mug	U7_LEX
té m	tea	U5_GyC
teatro m	theatre	U2_2A
tejido m	material/cloth	U4_2A
tela f	fabric	U9_10B
teleférico m	cable car	U3_14C
teléfono m	telephone	U1_4A
templado/a	mild	U3_3B
templo m	temple	U3_4A
temporada f	seasonal	U7_3A
temprano	early	U6_2A
tenedor m	fork	U7_LEX
tener (g) (ie)	to have	U1_4A
tener (muchas) ganas	to (really) feel like doing something	U3_4A
tener intolerancia a	to have an intolerance	U7_3B
tener que	to have to	U4_4A
Tenerife	Tenerife	U3_8A
tengo... años	I am ... years old	U1_3A
tenis m	tennis	U2_LEX
tequila m	tequila	U3_6A
ternera f	beef/veal	U7_LEX
terminado/a	finished	U2_4B
texto m	text	U2_LEX
tiempo m	time/weather	U3_2A
tienda f	shop	U1_LEX
tienda de antigüedades f	antiques shop	U8_8A

tienda de muebles f	furniture shop	U8_8A
¿tienes correo electrónico?	do you have an email address?	U1_4B
¿tienes móvil?	do you have a mobile phone?	U1_4B
tímido/a	shy	U5_3C
tío/a	uncle/aunt	U5_7A
típico/a	typical	U2_11A
tipo	type	U3_GyC
tirante m	strap	U4_2A
toalla f	towel	U4_3A
toalla de playa f	beach towel	U4_3A
tocar la guitarra	to play the guitar	U2_LEX
todo	all/every	U2_6A
todo el mundo	everybody	U2_3A
todo recto	straight on	U8_5A
todos los días	every day	U3_4A
todos/as juntos/as	all together	U6_11B
tomar algo	to have a drink	U6_2A
tomar café	to have a coffee	U6_9D
tomar el sol	to sunbathe	U4_4A
tomar una decisión	to take a decision	U9_3A
tomate m	tomato	U7_2A
tonelada f	tonne	U3_11B
top m	top	U4_2A
torre f	tower	U3_9
tortilla de patatas f	Spanish omelette	U7_1A
trabajador/a	hard-working	U6_13A
trabajo como...	I work as a...	U1_GyC
trabajo de ...	I work as a...	U1_3A
tradición f	tradition	U6_11A
tradicional	traditional	U6_8A
traductor/a	translator	U1_3E
tráfico m	traffic	U8_4A
traje tradicional m	traditional costume	U6_8A
tranquilo/a	quiet	U5_15C
transporte m	transport	U1_LEX
transporte público m	public transport	U6_14A
tren m	train	U8_LEX
trigo m	wheat	U7_LEX
trompeta f	trumpet	U9_7A
tropical	tropical	U3_5A
tu	your	U0_1A
tú	you	U4_14A
turismo m	tourism	U2_3A
turista	tourist	U2_6A
turístico/a	tourist	U3_2A

U

ubicación f	location	U3_2A
últimamente	recently	U5_4A
último/a	last	U2_5A
¡un abrazo!	a hug!	U5_3A
un poco	a little	U5_3C
único/a	only	U5_7C
universidad f	university	U1_3C
universitario/a	University student	U3_2A

universo *m*	universe	U2_1A
unos/as	some	U3_4A
Uruguay	Uruguay	U0_4A
usado/a	used	U4_2A
usar	to use	U4_GyC
usted	you (formal)	U1_5A
Uyuni	Uyuni	U3_11B

V

vacaciones *f, pl*	holidays	U1_10B
vainilla *f*	vanilla	U7_5A
vale	OK	U0_6
valer *(g)*	to be worth	U9_3A
valle *m*	valley	U3_2A
vallenato *m*	Vallenato (popular Colombian folk music)	U2_10B
vapor *m*	steam	U7_3A
vaqueros *m, pl*	jeans	U4_2A
varios/as	several	U3_2A
vaso *m*	cup	U7_LEX
vegano/a	vegan	U7_3A
vegetal	vegetable	U7_2A
vendedor/a	sales person	U9_4C
vender	to sell	U4_1A
venezolano/a	Venezuelan	U1_6
Venezuela	Venezuela	U0_4A
venido/a	come from	U8_7A
venir *(g) (ie)*	to come	U1_5A
ventana *f*	window	U0_6
ver	to see/watch	U2_2A
ver la televisión	to watch television	U6_7A
verano *m*	summer	U3_8B
¿verdad?	right?	U3_9
verdad *f*	true	U9_2B
verde	green	U4_6A
verdura *f*	vegetable	U7_2A
vestido *m*	dress	U4_7C
vestirse *(i)*	to get dressed	U6_8A
vez *f*	time	U2_3A
viajar	to travel	U2_3A
viaje *m*	trip	U1_LEX
viajero/a	traveller	U3_2A
vida *f*	life	U2_1A
vida nocturna *f*	night-life	U2_1A
videojuego *m*	video game	U2_2A
viejo/a	old	U4_GyC
viento *m*	wind	U3_8A
viernes *m*	Friday	U6_9B
vinilo *m*	record	U5_4A
vino *m*	wine	U3_2A
vino blanco *m*	white wine	U7_LEX
vino rosado *m*	rosé wine	U7_LEX
vino tinto *m*	red wine	U7_LEX
violín *m*	violin	U5_10A
visitado/a	visited	U3_2A
visitar	to visit	U2_2A
viudo/a	widower/widow	U5_7C

vivienda *f*	home	U8_7A
vivir	to live	U2_6A
volcán *m*	volcano	U3_5C
voluntario/a	volunteer	U9_12B
volver a (hacer algo)	to go back to (doing something)	U9_3A
vos	you (singular)	U1_5A
vosotros/as	you (plural)	U1_5A

Y

y	and	U0_1A
y cuarto	quarter past	U6_4A
y media	half past	U6_4A
ya	already	U6_5A
Yalta	Yalta	U0_4A
yo	I	U0_4C
yoga *m*	yoga	U1_LEX
yogur de sabores *m*	flavoured yoghurt	U7_8A
yogur natural *m*	plain yoghurt	U7_3A

Z

zanahoria *f*	carrot	U7_7B
zapatillas deportivas *f, pl*	trainers	U4_3A
zapato *m*	shoe	U4_1A
Zaragoza	Zaragoza	U0_4A
zona *f*	zone	U3_2A
zona peatonal *f*	pedestrian area	U8_2A
zona verde *f*	green space	U8_4A
zumba *f*	zumba	U1_6
zumo *m*	juice	U7_8A

1 AULA
INTERNACIONAL PLUS

AUTHORS
Jaime Corpas
Eva García
Agustín Garmendia

GRAMMAR REVIEW AND GUIDANCE
Marisa Santiago

REVIEW AND GUIDANCE FOR *MÁS EJERCICIOS*
Ana Aristu

PEDAGOGICAL COORDINATION
Neus Sans

PUBLISHING COORDINATOR AND EDITING **Agnès Berja, Pablo Garrido, Núria Murillo**

DESIGN **Laurianne López, dtm+tagstudy, Pablo Garrido**

LAYOUT **Laurianne López, dtm+tagstudy, Aleix Tormo**

CORRECTION **Pablo Sánchez**

CONSULTANTS FOR THE NEW EDITION
Marina Alonso (Instituto Cervantes de Bucarest), Mariana Álvarez (Humboldt Universität, Berlín), Ana Aristu (Universitat Autònoma de Barcelona), Alicia Cisneros (Estudio Sampere, Madrid), Jesús Fernández Álvarez (Universität Erfurt), Almudena Hasan (Instituto Cervantes de Argel), Isabel Lamigueiro (University College London), Gemma Linares (Universität Tübingen), Asun Martínez (Study Abroad, España), Jorge Morales Mardones (Centro de lengua española y cultura Adelante, San Petersburgo), Myriam Suárez (Suárez Spaanse taal en cultuur), Cristina Vizcaíno (Instituto Cervantes de Milán), Antje Wollenweber (Ernst Klett Sprachen)

COORDINATION OF THE ENGLISH EDITION **Jaume Muntal**

TRANSLATION OF THE ENGLISH EDITION **Hannah Bestow**

PROOFREADING OF THE ENGLISH EDITION **Lucy Radcliffe**

© The authors and Difusión, S.L. Barcelona 2020
ISBN: 978-84-18224-15-7
Depósito Legal: B 9304-2020
Printed in Spain by Novoprint

C/ Trafalgar, 10, entlo. 1ª
08010 Barcelona
Tel. (+34) 93 268 03 00
Fax (+34) 93 310 33 40
editorial@difusion.com

www.difusion.com